刑務所には時計がない

大学生が見た日本の刑務所

玉城英彦　藤谷和廣
山下　渚　紺野圭太

人間と歴史社

刑務所には時計がない
目次

プロローグ　9

第1章　学生たちが見た刑務所………11
　札幌刑務所の概要　13
　札幌刑務所の矯正処遇　14
　札幌刑務支所（女子刑務所）　15
　学生たちが見た刑務所の印象　16
　　● 刑務所内のほうが進んでいるかも　17／● 清潔感と開放感　18
　　● 社会の生活と変わらない　20／● 生活は恵まれている　22
　　● 恵まれた医療環境　23／● 中は静寂に包まれ　25
　　●「パノプティコン」を彷彿　26／● 徹底した管理　28
　　● 覚せい剤と窃盗がほとんど　30／● きわめて人間的　32
　　● 博物館か体育館のよう　34／● 衣食住、医療、娯楽も保障　35
　　● ここは本当に刑務所なのか　40／● 予想と異なる　41
　　● 札幌刑務所の視察内容　42／● 刑務所という特異性　44
　　● 住宅街に立地　45／● 異質な空間　47
　　● 世間話を楽しんでいた　48／● 立地に違和感　49
　　● 社会も派閥も存在　51
　　コラム　何が「不平等」なのか—自由刑　53
　　コラム　満期釈放者に働き口を　54

第2章　日本の犯罪の傾向と現状………55
　1　はじめに　57
　2　日本の刑務所の形態　58
　3　受刑者の罪名——どんな罪で入所しているか　60
　4　女子受刑者が増加　61
　5　被収容者の高齢化　63
　6　増加する再犯者率　64
　7　再犯者の実体　66
　8　再犯者率を減らすには　67
　9　日本政府の取組み　68
　10　再犯防止のための基本方針　70
　11　再犯防止に向けた重点課題　71
　12　再犯防止の外国の事例　75
　13　ボッラーテ刑務所の基本原則　76
　14　世界の刑務所の動向　79
　15　さいごに　80
　　　コラム　PFI刑務所　82

第3章　刑務所に関する法制度………83
　1　はじめに　85
　2　名古屋刑務所事件　85
　3　事件の要因　87
　4　保護房　88

5 懲罰　89
6 法改正と刑事視察委員会の設置　91
7 受刑者の処遇　92
8 外部交通　94
9 不服申立制度　95
10 選挙権および被選挙権の剥奪　96
11 独居拘禁　97
12 代用監獄　98
13 死刑　100
14 就労支援　102
15 おわりに　103
　　コラム　元受刑者支える「親父」──北洋建設小澤輝真社長　105
　　コラム　受刑者から小澤輝真氏への手紙　106

第4章　矯正医療の現状と課題・国際比較………107
　　はじめに　109
1 日本における矯正医療の現状と課題　109
　① 矯正医療とは　109
　② 矯正医療の役割　109
　③ 矯正医療を担う専門職：すべての刑務所に常勤医が？　110
　④ 矯正医療体制　111
　⑤ 矯正医療ならではの特徴　112
　⑥ 矯正医療における健康課題　113
2 ヨーロッパ諸国の現状と課題　116
　① 矯正医療と公衆衛生の統合　116
　② 被収容者に対する健康調査の実態：ベースとなる健康情報が不足　118
　③ 矯正医療の責任省庁　119
　おわりに　120
　　コラム　矯正医療の困難性　122

第5章　問題の解決──グループワークからの提言………123
1 刑務所の生活水準　125
　はじめに　125／刑務所の実態　125
　刑務所の生活水準──もっと厳しくするべきか　126
　「自由刑」とは　127／刑務所の生活水準への肯定的意見　128
　刑務所の問題点　129／まとめ　130
2 再犯防止（理論）　130
　はじめに　130／刑務所のイメージ：刑務所の方針について　130
　各国の刑務所紹介　131／刑務所において大切なこと　135
　社会への呼びかけ　136
3 再犯防止実践──窃盗症への治療法　137
　はじめに　137／日本の犯罪の特徴　137
　窃盗の再犯防止について　138／窃盗症の人の症状・特徴　139
　実際の体験談　140／赤城高原ホスピタル　140
　「改善策」について　141／まとめ　143
4 「刑罰」を考える　144
　はじめに　144／新たなシステム提案　144

　　　　　更生能力を高めるモデル　144／期待される効果と問題点　145
　　　　　「罪と刑罰」とリエントリー施設　146
　　　　　死刑判決を「終身刑判決」に　147／まとめ　149
　　　コラム　受刑者の人権保障　150

第6章　刑務所を知る──認識の変容………151
● イメージとのギャップに衝撃　153／● 刑の本質に気づく　154
● 偏見の目で見ていた　156／● 人が人を裁くことの難しさ　157
● 「運の平等主義」という考え方　159／● 「厳罰化」だけでは解決しない　160
● 「自由刑」の意味　160／● 誰でも犯罪者となり得る　162
● スタンダードを疑う　163／● まず実情を見る　164
● "たまたま"という偶然　166／● 反省重視の仕組み　167
● 社会復帰が目的　169／● 孤立が犯罪につながる　171
● 社会環境が「犯罪」を生み出す　172／● 結果は「運」でしかない　173
● 俯瞰的に見る　174／● 社会や法の限界を知る　176
● 空想的な思考は堅固な現実に押しつぶされる　177
● 罪を犯した人のとらえ方　178／● 犯罪の原因の解決こそ優先　180
　　　コラム　何が「不平等」なのか──運の平等主義　183

第7章　日本の刑務所──学生たちのパラダイムシフト………185
1　刑務所内に足を踏み入れる前に　187
2　刑務所の中へ　188
3　刑務所を歩く　190
4　刑務所内の居住と作業　191
5　女子刑務所　193
6　「罪を償う」ということ　195
7　贖罪の方法　196
8　グループワークの講評　198
　　【刑務所の生活水準】198／【再犯防止（理論）】199
　　【再犯防止実践──窃盗症への治療法】200／【「刑罰」を考える】201
9　変化のプロセス　202
10　ゼミを終えて　203
　　　コラム　矯正に携わる者としての「貢献感」　205

第8章　ある「罪の償い方」──連続殺人事件犯・永山則夫の贖罪………207
はじめに／激動の1968年──若者らの反体制のうねり
私には夢がある／生い立ち／二代にわたる悲劇／北海道・網走
ネグレクト／痛いほどの空腹／二度捨てられて／青森・板柳
兄のリンチ／家出をくり返す／姉の漬物石／父の存在
自殺願望／集団就職／上京・殺人・逮捕／運命的な出会いから連続殺人
逮捕される／『無知の涙』／『私とは何か』／心の足跡を訪ねて
贖罪／書くということ／逃避行──心の軌跡
ガチョウと黄金の卵／さいごに

エピローグ　243

刑務所には時計がない
　　──大学生が見た日本の刑務所

プロローグ

　凶悪犯による殺人や傷害などのニュースはメディアで毎日のように流れます。とくに最近の犯罪はインターネットによるSNSなどの"バーチャル"な世界に人が埋没し、現実に人と人とのつながりが欠損した状況の中で発生することが多いように思われます。
　罪を犯した人は有罪となって刑務所に入所しますが、これらの受刑者（被収容者）は"塀の中"でどのような生活を送っているのでしょうか。「衣・食・住は？」「医療は？」「毎日の作業は？」「規律は？」「自由の制限は？」「面会は？」……などなど、その実態を知ることは、私たち一般人には難しいことです。では、受刑者たちは、私たちが思い描く「監獄」の中に閉じ込められているのでしょうか。
　「時計」のない刑務所（実際、受刑者の室内にも時計はほとんど置かれていません）において、日本の被収容者は全員が「自由刑」に服しています。すなわち受刑者は自由を剥奪されたうえ、1日24時間管理され、刑務官の指示で動くだけの"ロボット"になっています。そういう意味では日本の刑務所は"異質"です。「受刑者は人間的な交流や関係を築く場を失っており、これが彼らの社会復帰を難しくさせている」といわれるゆえんもそこにあります。また、刑務所では「時間」の制限だけでなく「空間」も制限されています。「堀の中」という言葉が示すように、社会から隔離された自由のない空間の中で生活を余儀なくされています。
　このように、受刑者の時間と空間を制限するという自由刑が日本の刑務所の基本ですが、では人間の自由を束縛するということはどういうことなのでしょうか。自由のない規律ある生活の中での訓練は出所後の実社会でも適応するのでしょうか。自由が束縛された人間の尊厳と人権とは何でしょうか——。さらには罪とは、罰とは、そして罪を償うこととはどういうことか、そうした根源的な問いに学生たちは2カ月の間、試行錯誤を重ねながら懸命にその課題に対峙し、有用な答えを見いだそうとしました。
　誰もが犯罪と無縁ではありません。"たまたま"という偶然性、動機と

条件さえ合えば犯罪は成立します。すなわち、だれもが犯罪者になりうるのです。学生たちはやがて、自分が同じ運命にならないとは言い切れないということを自覚するとともに、「更生」が刑の本来の目的であるという認識にたどり着きます。「罪を犯して服役した人もいつかは社会に戻る。刑務所の理念は受刑者の更生であり、本来は受刑者のみんなに希望を取り戻させることである」との結論に達し、そのために「何ができるのか」と真剣に考えるようになりました。それはやがて出所者を受け入れる社会システム・環境へと発展し、人間の多様性にまで思索が展開してゆきます。

　刑務所は長い歴史の変遷を経て、現在のようなシステムが構築されており、私たちの一般社会の歴史が投影されたものです。その塀の中に収容されている被収容者（受刑者）の様相もまた、多かれ少なかれ地域社会で現実に生活している人びととの生きざま（境遇）を限りなく反映しています。そのことからいえば、「刑務所」という課題は人間の本質、そして社会の深部に触れる問題でもあるのです。

　本書は「大学生が見た日本の刑務所」に関する北海道大学新渡戸カレッジ・フェローゼミの活動を通じて、学生たちが刑務所に対する認識を高次へと昇華させていくプロセスを中心にまとめたものです。学生たちがこの重い課題にどのように対峙し、止揚し、自分たちを変化させて本質に迫っていったかを本書からかいま見ていただければ幸いです。

　最後に、グローバルな"多様性"の時代に生きる若き諸君に、イギリスの生物学者チャールズ・ダーウィン（『種の起源』の著者。1809～1882）の言葉を贈りたいと思います。彼は一貫して生物の"多様性"を主張しました。

　「もっとも強い者が生き残るのではなく、もっとも賢い者が生き延びるでもない。唯一生き残るのは、変化できる者である」

玉城英彦

第1章　学生たちが見た刑務所

玉城英彦

日本の刑務所に関するフェロー（玉城）ゼミ	
訪問先	「札幌刑務所」および「札幌刑務支所」見学
住所	〒007-8601　札幌市東区東苗穂2条1丁目5-1
訪問日	2017年10月23日（月）および10月24日（火）
訪問者	新渡戸カレッジ生19人、教員など5人
訪問の目的	日本の刑務所に関する新渡戸カレッジ・フェローゼミの活動の一環として札幌刑務所および支所を訪問し、刑務官の講義を受けた後に刑務所内を視察することにある。

　本書は「大学生が見た日本の刑務所」に関する北海道大学新渡戸カレッジ・フェローゼミの活動を通じて、学生たちが刑務所に対する認識を高次へと昇華させていくプロセスを中心にまとめたものである。ゼミは「日本の刑務所の歴史と現状・課題などを調査するとともに、諸外国の刑務所と比較し、わが国の刑務所の特異的な問題点を考察し、そこから日本社会の深層に迫る」ことを目的に、2017年10月から12月までの約2カ月間、フェロー・玉城英彦、外部講師の紺野圭太、学生支援員・山下渚および藤谷和廣が新渡戸カレッジの協力を得て実施した。
　ゼミは2017年10月14日（土）から2コマずつ、5回行なわれ、その最後の日曜日（2017年12月10日）には他のゼミのグループや他の新渡戸カレッジ生、フェロー、大学関係者らとともに全体発表会が行なわれた。この間にゼミのガイダンスから矯正医療に関する講義、刑務所に関する一般的な質疑応答、刑務所訪問、その考察、演習課題の確定、それに関する全体討議、そしてグループに分かれて課題毎の検討を行なった。刑務所視察のあと、学生は4〜5人からなる4つのグループ、すなわち①刑務所の生活一般について、②再犯防止の理論、③再犯防止の実践、そして④刑罰のグループに分かれて議論した。（なお学生の学部・年次は2018年3月時点）

1 札幌刑務所の概要

　本章ではまず、新渡戸カレッジ・フェローゼミ受講生の訪問先である「札幌刑務所」と「札幌刑務支所」の概要を「施設しおり」から抜粋・紹介し、続いて刑務所視察後に「学生たちが見た刑務所の印象」の要約を掲載する。

【札幌刑務所の概要】
　札幌刑務所は明治3年（1870）12月、現在の札幌市北1条西1丁目にあった北海道開拓使庁舎の一部を獄舎に充てたのが始まりである。何度かの改築工事を経て、平成26年（2014）に全体改築工事を完了し、現在のものに至っている。収容定員は約2,515人で、2016年末現在、1,336人が入所している。なお、全国の刑務所には築40年以上の古い施設も少なからずあることを付記しておく。

【札幌刑務所の特徴】
　札幌刑務所は、20歳以上で実刑期が10年未満の犯罪傾向が進んでいる者（B指標）および言語や風俗習慣で特別な配慮を要しない外国人受刑者（F指標）を収容している。その他、札幌矯正管区管内7刑事施設の精神および身体上に重度の疾患・障害のある受刑者を治療する「医療センター」としての業務と、管内各施設で確定した執行刑期1年6カ月以上で、年齢が26歳未満の初犯受刑者の処遇要領および収容施設を決める「調査センター」としての業務を行なっている。

【受刑者の処遇の原則】
　受刑者の処遇は、受刑者の資質および環境に応じ、その自覚に訴え、改善更生の意欲の喚起および社会生活に適応する能力を育成する。矯正処遇として、作業、改善指導および教科指導を実施している。また、矯正指導は定期的に評価し、仮釈放、制限の緩和および優遇措置などの審査にも反映させている。

2　札幌刑務所の矯正処遇

　表1は、札幌刑務所における受刑者の平日の1日のスケジュールである。6：50に起床、20分程度で朝食を終え、8時には矯正処遇の活動を開始。20分の昼食と2回の休憩をはさんで矯正処遇の活動が16：40まで続く。夕食後、数時間の余暇時間を終えて21：00に就寝——。こうした規律正しいスケジュールが受刑者に課されている。また、夕食後の余暇時間にはテレビ鑑賞、読書なども許されている。
　改善更生の意欲を喚起し、社会生活に適応するための能力を養うための矯正処遇は主に、1作業、2改善指導、3教科指導の3つがある。
　1「作業」とは、勤労意欲を高め、職業上有用な知識および技能を習得させることを目的に1日8時間実施する作業で、生産作業や社会貢献作業、自営事業、職業訓練などがある。更生の一環として行なわれる作業には作業奨励および出所後の更生資金として「作業報奨金」が支給される。作業報奨金は在所中に日用品や書籍などの購入ならびに家族への送金などに使用することができる。

表1　受刑者の1日（平日）の生活スケジュール

時間	活動
6:50	起床
7:00	朝点検
7:10	朝食
7:35	出室
8:00	矯正処遇など開始
10:00	休憩
12:00	昼食
12:20	矯正処遇など開始
14:30	休憩
16:40	矯正処遇など終了
16:50	入室
17:00	夕点検
17:10	夕食
18:00	余暇時間
21:00	就寝

　2「改善指導」には、一般改善指導と特別改善指導がある。「一般改善指導」とは、犯罪の責任を自覚させ健康な心身を養い、社会生活に適応するのに必要な知識や生活知識を修得させる指導のことをいい、すべての受刑者を対象に①被害者感情理解指導、②行動適正化指導、③自己啓発指導、④自己改善目標達成指導、⑤社会復帰支援指導および⑥対人関係円滑化指導が実施される。
　「特別改善指導」には、改善更生および円滑な社会復帰に支障があると認められる受刑者に対し、①薬物依存離脱指導、②暴力団離脱指導、③性犯罪再発防止指導、④被害者の視点を取り入れた教育および⑤就労支援指導がある。

③「教科指導」とは、社会生活の基礎となる学力を欠くことにより改善更生および円滑な社会復帰に支障があると認められた受刑者に対し実施する矯正処遇であり、社会の生活の基礎となる学力を付与するための「補修教科指導」、ならびに学力の向上と円滑な社会復帰を主眼とした「特別教科指導」がある。

3　札幌刑務支所（女子刑務所）

「札幌刑務支所」は、札幌刑務所の下部組織として同じ敷地内にある女子刑務所である。昭和14年（1939）11月、札幌刑務所敷地内に苗穂刑務支所を開設し、北海道内の女子受刑者および60歳以上の男子受刑者を収容したのが始まりである。昭和22年（1947）4月、苗穂刑務支所を廃止し、札幌刑務所女区として女子受刑者のみを収容するようになり、現在に至っている。収容定員は508名（受刑者423人、未決85人）で、2016年末現在、451人が収容されている。

日本には女子を収容できる刑務所が11ヵ所あり、「札幌刑務支所」はその一つで、札幌および東京矯正管区内で刑が確定した女子受刑者を収容・処遇するとともに女子の刑事被告人なども収容している。北海道のほかに、福島県、栃木県、岐阜県、愛知県、兵庫県、和歌山県、山口県岩国市、山口県美祢市、愛媛県および佐賀県に所在する。刑務所には「男子」とか「女子」という単語は付けられておらず、よって刑務所の名前だけからではそれが男子刑務所なのか女子刑務所なのかは見分けることができない。

基本的に、毎日のスケジュールは上述した男子のものとほぼ同じであるが、起床後のメイクアップやお風呂などのために、女性に配慮した時間割り当てがあり、多少時間が長くとってある。その他の矯正処遇などは男子受刑者とほぼ同じである。

一方、犯罪の種類（罪別）においては男女に大きな違いがあり、女子受刑者が犯した犯罪としてもっとも多いのは「覚せい剤取締法違反」で、次いで「窃盗」である。この二つの犯罪だけで全体のおよそ8割を占める。これについては後詳述する。

医療・衛生においては女性医師や産婦人科医などの配置など、女子受

刑者に配慮した人材配置がなされているが、出産や専門的診療を必要とする場合は外部の病院などで治療などが実施されている。

札幌刑務所と支所は同じ敷地内にあるため、必要に応じて両者の間で連携が行なわれている。たとえば、女子受刑者の食事は男子刑務所で調理され、男子受刑者の衣類の洗濯などは女子刑務所で行なわれている。医療・衛生においても、最低限の連携が行なわれている。

札幌刑務所（男子）と札幌刑務支所（女子）との大きな違いは、後者には母子像「懐」が施設の中央に設置されていることである。札幌刑務支所の「施設のしおり」には写真とともに以下のような解説が付されている。

母子像「懐」

「母の懐は子供にとって温かくかばい守ってくれる場所であり、その温もりは忘れることができないもの。円環は、その温もりを象徴的に、母子を包むように表しています」

とくに女子刑務官が、わが子をいとおしむ女子受刑者の心情に寄り添っているかのようで、女子刑務所の"温もり"を感じる。

学生たちが見た刑務所の印象

ゼミの学生は、初回のゼミの集まりで刑務所全般の生活や矯正医療について講義を受けた後、札幌刑務所と札幌支所を視察した。全員、刑務所の施設に入るのは初めてであった。

以下に、学生たちが見た「刑務所の印象」の要約を紹介する。

刑務所内のほうが進んでいるかも

稲見航一（農学部2年）

居室は個室（単独室）、大部屋（共同室）ともにかなり狭く感じました。部屋の中は窓から確認できるようになっています。部屋の反対側にも窓があるため、部屋の中に死角ができないようになっています。また、居室の中に置かれた物は最低限であり、整理整頓がゆき届いていました。持ち込める私物は、一人一つ与えられる黒のバックに入る分だけです。書籍などは受刑者に渡される前に刑務官が内容を確認し、場合によっては黒塗りなどの処置を施すこともあるそうです。

大部屋ではトイレは別室になっていますが、窓付きで外から中の様子がわかるようになっていました。個室のトイレは低い壁で仕切られているだけです。テレビを見る時間は決められています（平日は夜7〜9時）が、視聴するチャンネルは受刑者が選ぶことができます。部屋の内側にドアノブやカギ穴はなく、ピッキングなどで内側からカギを開けることは不可能です。矯正医療を行なう医療設備の見学も行きましたが、普通の病院なみに一通りの設備はそろっているように感じました。刑務支所では、矯正医療はたとえるなら「離島の診療所のようなものです」というお話を聞きました。収容人数に対して設備や医師の数は十分ではないようでした。しかし、がん検診などの予防医療においては「一般社会より刑務所内のほうがむしろ進んでいるかもしれない」とのことでした。

札幌刑務支所は、男子の刑務所とは異なる点が何点かありました。まず男子と違い、初犯から無期まで同じ刑務所に入ることになります。ただし、刑期の長さに応じて工場や居室を振り分けるなどの配慮はとられています。生活においても、男子と比較して起床時間が早く、入浴時間が長いなどの配慮がとられています。また刑務官は、男子の刑務所と比較すると、女子刑務所の雰囲気は全体的に"ゆるい"と言っていました。

自由刑と再犯防止

質疑応答のさい、「刑務官から見て、受刑者は刑罰を受けることを苦しんでいるように見えるか？」という問いが挙がりました。回答として、「刑務所で与える罰は"自由刑"で、自由を奪われること自体が刑罰なの

であり、苦しみを与えることが刑務官の仕事なのではない」ということを言われました。また、「職員として受刑者に再犯防止につながるような"気づき"を与えたい」ということも話されていました。
まず、今回訪問した設備が想像していたより新しく、きれいであったため驚きました。しかし、メモ帳などの刑務所内への持ち込み物の制限を受け、刑務官のキビキビした態度を見ていると、やはり刑務所の中は一般社会とは異なる厳しい雰囲気が流れているのだと実感しました。
今回の視察を通じ、刑務所では生活のすべてを管理され、プライバシーがほぼ皆無であるということがわかりました。個人的にはこれが大変な苦痛であるように感じます。ただ、刑務所には特別な努力をしなくても衣・食・住を手に入れることができるというメリットがあり、刑務所の環境に慣れてしまえば辛さを感じなくなってしまうのかもしれない。そのため、社会でまともな生活を送ることができない人の場合、刑務所での生活のほうが楽だと感じてしまう可能性は十分にあります。
出所者に「出番」と「居場所」を与えることをモットーにした再犯防止策が推進されていると聞きましたが、受刑者が出所後に社会できちんとした生活を送れるようにすることが再犯防止に大きく関わっていると考えました。

清潔感と開放感

佐賀旗生（工学部1年）

札幌刑務所・支所ともに清潔感がありました。窓や通路に逃走防止や飛び降り防止のためと思われる鉄格子がありましたが、カラフルに塗装されており、露骨に「閉じ込められている」という感覚になることはありませんでした。さらに、広々とした広場のような部分があり、開放感さえ感じられました。10メートルから20メートルごとに非常ボタンがありました。また、刑務所の出入口の扉は二重扉になっていました。二重扉は二つの扉が同時に開かないようになっていて、扉の間が部屋のようになっていました。個室（単独室）の扉は、刑務所のステレオタイプのような鉄格子でなく、普通の扉に会話用の穴と小窓がついているものでした。扉の横には個室の照明などのスイッチ、受刑者の情報などがあり

ました。そのスイッチは個室の外側にあり、内側は確認できませんでした。独房の広さは約3畳で、それに加え個室の奥にトイレのスペースがありました。トイレは座っている部分に目隠しがある以外は、独房の外から刑務官が覗けるようになっていました。雑居部屋（共同室）は、定員を考慮すると1人あたり1畳程度しかないようでしたが、6人部屋に対して1人というような人数でした。おもに刑務所では工作、支所では洋裁が行なわれていました。基本的に受刑者は手元を見ていて、顔を上げている人はごく少数でした。また私語は禁止されているようでした。受刑者の状況に合わせて「作業が割り当てられる」と説明を受けました。

刑務官の対応
職員の制服には、警察官のような青い服装の人と、濃紺の制服で編み上げ靴を履いている人の2種類がありました。刑務所では男性、支所では女性が刑務官でした。刑務官は2時間勤務、30分休憩のシフトでした。2時間勤務のほとんどの間、受刑者の「見回りをしている」と話していました。刑務官は、規律を重視しているように感じられました。たとえば、刑務所内で刑務官同士がすれ違うときは必ず敬礼を行なっていました。さらに、何かの報告を大声でするようなときもありました。私たちには非常にていねいな対応でしたが、受刑者に対しては指をさして後ろを向かせるなど、明確な上下関係があるようでした。受刑者は名前で呼ばれず、番号で管理され、呼ばれることとなっていました。

食事・入浴・新聞閲覧など
刑務所の食事は、管理栄養士が献立を作成し、受刑者が調理していました。献立はコッペパンのようなもの、スパゲティ、焼き魚などがあり、充実していました。刑務官によると、受刑者からの評判も良いそうです。受刑者の作業内容によって主食の量が異なると聞いていました。また、食事を多くすることはできませんが、残すことは許されると聞きました。入浴は、夏季は週に3回、冬季は2回できます。刑務所の入浴時間は1回15分、支所の入浴時間は20分でした。入浴回数が少ないように思いましたが、見学をしたかぎり臭いなどはとくにありませんでした。新聞や本は受刑者の矯正に悪影響がないかぎり認められるとのことでし

た。しかし、インターネットの閲覧は認められていませんでした。インターネットを閲覧できないということが正当なのか、疑問に感じました。なぜなら、現代社会ではインターネットに情報を頼っている人も存在するし、インターネットのほうが容易に情報にアクセスできると考えるからです。

ほとんどの待遇（食事・居住環境）が見学以前に想像していたものとくらべよかった。たとえば刑務所に対して「暗くて汚い場所」だというイメージを持っていました。しかし、実際のところは明るくきれいな場所でした。また、食事に関しても想像以上に美味しそうで、栄養バランスが取れているように見えました。このように、テレビやその他のものを通じて作られた刑務所に対するイメージとはかなり異なっていました。

社会の生活と変わらない

汐川裕蕫子（経済学部1年）

居室には一人の部屋（単独室）と集団の部屋（共同室）があります。それぞれの部屋にトイレ、流し、テレビ、机などがあります。「トイレ」は、集団の部屋では個室のようになっていて、空間が区切られてはいるものの、窓のようなものがついていてトイレの中が少し見えるような状態でした。一人の部屋では小さい仕切りの板のようなものがあるだけで、空間が区切られていませんでした。トイレはプライベートな空間であるのに、外から見られたり、日常の生活空間とつながっていたりするという点に関しては違和感を覚え、一般社会の生活とは大きく違うということを強く感じました。しかし、受刑者が本やノートを持ち込んで読書や勉強をしたり、家族の写真を飾ったりすることができるというのは人間的な生活だと感じました。

恵まれた医療環境

札幌刑務所は医療重点施設であるということもあり、さまざまな設備がそろっていました。驚いたことは、被収容者が治療を受けられるだけではなく、数々の検診を受けられるということでした。医務部長は、「社会一般の保健衛生および医療の水準に照らし適切な保健衛生上および医

療上の措置を講ずる」という言葉を強調していましたが、社会一般の医療と刑務所内の医療のギャップについては、病院を受診するのに時間がかかるものの、受けられる「医療の差はない」といっていました。刑務所内の医療は一般社会に劣るものだと思っていましたので、驚きました。薬も多く処方されます。むしろ刑務所の中のほうが医療の水準が高いのではないかとも思いました。また、健康管理が行なわれています。一般社会で検診を受けない人や、病気になっても病院に行かない人もいる一方で、刑務所内では検診も受けられ、医者にも診てもらえ、しかも「無料」という環境はかなり恵まれていると思います。

子どもを育てることも可能
刑務支所は、医務課長がいっていたとおり、「離島の診療所」という感じでした。医療重点施設である刑務所ほどの設備はありませんが、婦人科の設備があり、刑務所との医療共助もあり、医療の水準は十分高いと感じました。受刑者が出産するときは、外部の病院に3日ほど入院することができます。責任者の許可があれば、子どもが1歳（必要に応じて1歳半）になるまで、刑務所内で育てることも可能だそうです。子どもの健康などを考慮すると、現状では札幌刑務支所では難しいということでしたが、刑務所内で子どもを育てられるということはまったく知らなかったのでとても驚きました。

刑務所と刑務支所で、それぞれ一つずつ工場を見学しました。刑務支所ではほとんどが洋裁をしていて、刑務官が着ているシャツも作っているそうです。今回は、体が不自由などの理由で洋裁が難しい人が軽作業をしている工場を見学しました。事前に見た番組のように"黙々"と作業をしていました。また、作業をしている受刑者に会いました。男性の受刑者を見たときはそれほど感じませんでしたが、女性の受刑者の目つきには恐怖を感じました。刑務官の方は慣れているのだと思いました。

私はこれまで、刑務所は冷たいイメージがあって、受刑者は社会一般とはかけ離れた生活を送り、罰を受けているのだろうと思っていました。しかし、実際の刑務所は、罰を与えるというよりも、受刑者を「更生」させる場所であるとわかりました。たしかに、ときどき社会一般の生活とは違うと感じるところもありましたが、多くは社会の生活と変わらな

いか、医療・食事の面など、それ以上であるところが目立ちました。また職業訓練や社会復帰支援などもあり、受刑者が出所したあとの生活についてよく考えられていると感じました。

今回、刑務所の生活水準について少し"違和感"を覚えました。罪を犯した人が刑務所の中とはいえ、このように社会での生活と大差ない生活を送るのは「妥当でないのではないか」と感じました。これからの活動ではその点について考えていきたいと思います。

生活は恵まれている

高橋美百（法学部1年）

想像していたよりも、「生活は恵まれている」と思いました。しかし、「自由刑」というものは少しずつ正常な感覚を奪っていくように思われ、つらそうだと思いました。毎日同じような作業をして、同じようなことに気を使っていると刺激がなくなり、自分の自我が少しずつ変えられていったりするかもしれないと感じました。一方で、このような自由刑がつらくない人もいるだろうと思い、そういった人たちにとって「刑務所」という場所がどのように映っているか興味がでました。また、話で聞くのと実際に訪れて受刑者の横を通って空気に触れてみるまでは、抱けるイメージが薄っぺらく、実際に刑務所内で服役している人々のレベルまで考えることはできませんでしたが、すべての末端に人がいるということが改めて認識させられました。

「刑罰」を扱うグループとして、私が考えてみたいと思うことは、①人権を犯した者に対してどの程度まで人権侵害を認めてよいのか、②そもそもなぜ人権は守られなくてはならないのか、③死刑制度はなぜ否定されるのか、④犯した罪の重さと服役する刑の重さはつりあっているのか、⑤現行の自由刑制度は果たして機能しているのか、などです。

これらについて、①②に関しては人権擁護団体の主張などから考えていきたいと思います。③④に関してはフェローの意見ではありますが、そもそも罪と罰が一致（比例）するべきなのかという問題もあり得て、どこまでを考えてよいものか決めあぐねています。また⑤に関しては、人それぞれ異なる罪を背負っている中で、機械的に自由を奪う期間によっ

て刑罰が決定するのは問題なように思えますが、しかしこれは人権にかかわる部分として新しい刑罰の方法の模索は難しいだろうと思います。また刑務所へ入れる目的が懲罰であるのか更生であるのかによっても考え方は変わってくるだろうと思いました。こういったことを客観的に考えるために「世界の基準」に照らし合わせてみることが必要でしょう。

恵まれた医療環境

竹本良嬉（農学部2年）

傷病を抱えた被収容者に対しての治療体制が整っていることは、「被収容者の矯正の基盤形成」という理念に基づくものであると考えられます。健康でない状態で矯正指導を行なっても、効率が悪い、成功しない、などの不利益が生じるでしょう。一方で、刑務所内では治療だけではなく、健康診断も行なわれています。入所時に行なわれるほか、定期健康診断も存在し、がん検診やエイズ、C型肝炎などの検査も行なうことができるそうです。このような体制が整っているのは、「公衆衛生上の責任と役割を果たす」という理念に基づくものです。被収容者は自由を制限される「自由刑」を執行されているものの、「生存権」までもが侵されているわけではありません。よって、被収容者は一般市民と同様に健康診断や上記のような検査を自由に受けられるし、施設側もそのための体制を構築しています。以上のように、刑務所内の医療体制は、刑務所の本来の目的である「被収容者の矯正」と、「被収容者の権利」という二点のために、現在のような体制が取られています。よって、刑務所内の医療を充実させることは、「矯正医療」の理念達成のためには理想的なことであると考えられます。

医療費は税金で

一方、被収容者が受ける医療にかかる費用は「税金」で賄われています。つまり、被収容者の医療負担は"ゼロ"ということになります。被収容者は国民保険に加入できないため、本人やその家族が負担するとなると医療費は10割負担となってしまいますし、またそのような負担を家族に負わせることは人道的ではありません。さらに、外部の病院で治療

を受けるとなると診療報酬まで請求されてしまいます。被収容者にかかる医療費は国費で賄わざるを得ないといえるでしょう。しかしながら、刑務所内に限ったことではありませんが、「医療費」というものが国の財政を年々圧迫していることは確かです。刑務所の特異的な点を挙げると、被収容者を市中病院に連行する際は数人の刑務官が同行しなければならないという点でコストがかかるし、C型肝炎を患う被収容者(被収容者の半分は覚せい剤等所持の罪で収容されています)や基礎疾患の多い高齢の被収容者、精神を患っている被収容者なども多いため、刑務所内での投薬量は多いそうです。また健康診断に関しても、任意のうえ、有料であるために受診しない一般市民も多いかと思いますが、刑務所内では"無償"のため、ほとんどの被収容者は「とりあえず受けておこう」という気になるらしい。この点に関しては、予防医療の観点からみると、被収容者は非常に恵まれた環境にあるのでは、と思います。せめて支払いを保留にし、刑期満了後、保険に加入してから支払いを行なうなどの方法は取れないものでしょうか。

札幌刑務支所は札幌刑務所にくらべ、施設の規模が小さく、医療体制も未熟な様子が見受けられました。お話をうかがった医師も、「ないないづくし、離島医療のようなもの」といっていました。そして、そのような状況でも「この仕事のやりがいというのは、ずばり『使命感』である」ともいっていて、私はこの言葉にいたく共感しました。

正しい道に導くのが義務
そもそも札幌刑務所で刑務官の話をうかがい、見学していくなかで、刑務所の目的は「被収容者を正しく矯正し、社会に送り戻すこと」であるのだと強く感じました。私の小学生当時、元警官で教師に転職したという先生がいましたが、その先生は「犯罪者になってしまう前に正しく人を育てたいと思ったから教師になった」といっていました。これにももちろん同意はできます。しかし、どうしたってさまざまな事情で道を踏み外してしまう人間は存在します。そして、そのような人々が罪を犯した時点で追放するのではなく、再び正しい道に導くのが"われわれの"というか、市民としての「義務」ではないかと考えます。医療という"ふれあい"を通じて、被収容者(受刑者)は「一人の人間」として矯正さ

れる気になれるのではないかと感じました。

中は静寂に包まれ

田中 和（総合理系1年）

車の多い通りを横切った道に入り自転車を進めると、多くの木々が紅葉していました。美しい秋晴れに魅了されて自転車をこいでいると、車の音はすっかり聞こえなくなっていました。まるで日中の人がいない住宅街のようです。前を見やると、大きく、いかにも新しげな建物が見えてきます。これが札幌刑務所です。入口の前の駐車場は何一つ音がしません。日に照らされたアスファルトが輝いているのみでした。私が幼いころ生まれ育った土地の雰囲気に似ていて、一瞬足が止まりました。施設内に入っても、中は静寂に包まれていました。自分の中では刑務官の怒鳴る声が入口まで響くようなことを想像していましたが、そんなことはありませんでした。

黒いボストンバック

それではいよいよ刑務所内見学です。私たちは2列になって廊下を進みました。受刑者が収容される部屋までの廊下は、外の冷気が伝わって"ひんやり"としていました。両脇には窓がいくつかありましたが、どれも内側に格子が取り付けられていました。受刑者が収容される集団部屋（共同室）と、一人部屋（単独室）のあるところに着きました。部屋の中は畳にトイレに蛇口と質素なものです。どの部屋にも黒いボストンバックが置かれていましたが、これは被収容者が唯一部屋の中に持ち込むことができる物品が詰まっているとのことでした。もちろん中身は刑務官の「検閲」を事前に受けることとなります。たいていの人は本を持ち込むらしいです。本の内容についても、暴力団関連のことで有罪となった受刑者に対しては「更生にふさわしくない」として、その部分の記述を消すなどするらしいです。またおもしろいことに、各部屋のナンバープレートには小さく別の数字が書かれていました。それは被収容者の所内での態度を「4段階評価」したもので、良い評価を受けたものは手紙や面会の回数が増えるなどの「優遇処置」を受けることができると

のことでした。どれも被収容者の更生を思ってのことです。

更生への道を切り開かせるのが仕事
私が持ち合わせていた知識は文献によるもののみであったため、見学するまでとしたあとでは、刑務所に対する印象はまったく違うものとなりました。所内を見学してみて、想像以上に「穏やかなところであった」と、いま思います。
当初、私のイメージでは、刑務所というのは受刑者の叫び声や刑務官が恐喝する声が常に響きわたっているところだとばかり考えていました。だから私が札幌刑務所の前に着いたときは、あまりの静けさに場所を間違えたのではないかとも思ったほどです。今回の刑務所視察がなければいままでの私の中のイメージは残り、刑務所は受刑者を痛めつけるためのところであるという、間違った解釈を持ち続けていたことでしょう。
実際は、受刑者の社会復帰を手伝う刑務官の方々が奮闘する場でした。これまで述べてきたように、受刑者が確実に社会復帰できるようにと、所内にはさまざまな工夫が施されていました。最後の質疑応答の時間で、所内の医務部長がいっていたことが印象的でした。
「苦しみを与えることが仕事じゃない。更生への道を切り開かせるのが刑務所の仕事なのです」……。

「パノプティコン」を彷彿

当麻拓己（医学部保健学科2年）

ぼくは「刑務所」というと、よくアメリカ映画のなかで使われる「豚箱」という言葉が浮かんでしまいます。要するに、刑務所とは罪を犯したものが「罰を受ける場所」であると思っていました。基本的な生活（三食しっかり食べられる、労働させられるなど）は保証されるものの、生活レベルは低く、受刑者どうしのケンカは日常茶飯事、不良行動をした受刑者には看守が問答無用で懲らしめるといった上下関係があるなど、ぼくたちのふだんの生活とはかけ離れた「厳しい環境」を想像していました。また、そのような刑務所の厳しさゆえに、それが抑止力となって「再犯防止」が成り立っているのかと思っていました。また、刑

務所の構造にも興味がありした。ぼくは上記のように、刑務所を「罰を受ける場所」として想像していたため、とても監視体制の整った形をしていると推測していました。頭をよぎったのは、高校のときに倫理の授業で習った「パノプティコン」という構造の刑務所です。パノプティコンとはイギリスの功利主義者ベンサム（Jeremy Bentham 1748〜1832）が発明した、「円形に配置された被収容者の個室が多層式看守塔に面するよう設計されており、ブラインドなどによって、被収容者たちにはお互いの姿や看守が見えなかった一方で、看守はその位置からすべての被収容者を監視する」ことができる構造をもった刑務所です。

カニ型の構造

刑務所の施設は殺風景ではあるものの、ホコリがあまり見あたらず、清潔で、体調を崩しにくいのではないかと感じました。集団部屋（共同室）と個人部屋（単独室）がありますが、前者は集団生活に慣れさせることが目的だといわれています。集団部屋には囲碁やトランプといった、自由時間に遊ぶことができるものもあり、受刑者間でのコミュニケーションもあるそうです。個人部屋については、狭いものの足を伸ばせて寝られるし、テレビも時間制限はあるが視聴は可能でした。部屋の「監視」については、渡り廊下からの監視と部屋の外に人が一人分くらい通れる通路がありました。受刑者が日中働く作業場では、看守の着る服を作る、受刑者が着た服を洗濯するなどの作業が行なわれていました。作業中、"私語"は受刑者どうしのケンカにつながるため禁止されていて、何かあるときだけ看守と会話することができるのです。作業場はいくつもあり、初犯の人、累犯者などに分けられています。また作業の頑張りによって、その受刑者の生活階級が上がるような「作業報酬制」が実施されていました。最後に、札幌刑務所の「構造」については北海道大学の「恵迪寮」の構造に似ていました。中央に多くの人が集まって作業をする場所を設け、そこから受刑者が生活する部屋のある長方形の構造がいくつも伸びていて、上空写真では「カニ（蟹）型」に見えます。この構造では、おもに受刑者のトラブル（ケンカや自殺）は受刑者の部屋、つまり上記の長方形の部分で起こるため、中央に職員や看守の拠点があると駆けつけやすいといいます。またカニ型の構造のほうが、

日中の作業のときに集まりやすいなどの利点があります。

高い「生活の質」に疑問
見学してわかったことをまとめると、日本の刑務所は受刑者を社会復帰させる「患者」のようなとらえ方をしており、彼らが出所したときに社会に出やすいよう「生活の質」は高く、そして受刑者への「教育」も怠らずに行なっているように見えました。ただ、この考えには、ぼくは"不安"があります。なぜなら、この考え方は犯罪者・受刑者の「人権」を尊重するあまり、社会への「負担」が大きくなっているからです。受刑者の医療費はぼくたちの税金、刑務所での生活の質は貧乏な一般家庭より高い、またそのような刑務所での生活は受刑者に"自分が犯罪者である"という自覚を持たせることが難しいとも感じます。今回の見学の経験を生かして上記のような問題の解決の糸口を探せたらと思います。

徹底した管理

原田遼河（総合理系1年）

まず、刑務所の"場所"に驚きました。刑務所とは山奥にひっそりとあるイメージがありましたが、そんなイメージとは裏腹に、まわりにパチンコ店や飲食店などがあったりして、こんな街中に刑務所があるということに非常に驚きました。そして刑務所の外観ですが、比較的新しい建物で、内装も"きれい"という印象を受けました。上空から見ても、「カニ（蟹）型」という可愛らしい造りで、刑務所という感じはあまりしませんでした。しかし、この造りには建物の中央部（蟹の甲羅の部分）に刑務官の事務所、末端部（蟹の足の部分）に被収容者の生活スペースを置くことで被収容者の事故（おもに自殺）が起きた際に「すぐに駆けつけられる」という意味があると聞き、納得しました。網走監獄が"放射状"に造られているのも、建物の中央部から末端部にいる受刑者を「監視しやすいように」という意味があったと聞いていたため、その工法に習ったのではないのかとも推測しました。さらに刑務所と刑務支所が"塀"で仕切られているのを見て、刑務所における男女関係に関わる管理の徹底さが伺えました。

刑務所のスケジュールを見て、時間の管理が徹底しているなかで、「自由時間」がかなり取られているということに気づかされました。これは"尊厳の配慮"と思われますが、「4時間」という時間はわりと長いという印象を受けました。これに加え、作業時間内の「運動」の時間も考えると、かなり良質な時間の使い方をしているなと思いました。しかし、常に監視されていることへのストレスがあるという意味では、「自由」と呼べるのか微妙なところであるなと感じました。

背筋の伸びる思い
また、刑務支所（女子刑務所）を見て思ったのですが、刑務支所の次官がいっていたように、和気あいあいとした雰囲気であるということです。個人的な意見ですが、思っていたよりは被収容者に"人間味"を感じる部分がありました。とくに女性であるがゆえの特徴だと思いますが、体育館で運動しているさいにも、グループになって会話をするといった、集団で集まっている様子はふだん私たちが見るような光景のように思われました。そして、刑務所内を歩いているときに、非常に背筋の伸びる思いがしました。これはふだんから規律に則って厳しく指導している刑務官の"威圧感"であるのか、刑務所という場所の重みから発せられる"緊張感"であるのか、あるいは犯罪者が"生活している場所"であるという認識がそうさせるのかもしれません。

"貢献感"のたいせつさ
最後に、刑務支所の矯正医官の話を聞いて印象に残ったことを述べます。それは、「自分はこの仕事が社会の役に立っているという『貢献感』というものを大事にしている」といっていたことです。この、刑務支所の医官という仕事は被収容者からの危険が伴う仕事であるにもかかわらず、公務員であるがゆえに給料が低いという現状があるため、なおさら精神的なモチベーションを保っていくのは難しいと思います。そんな中で「国の役に立っている」ということを実感できているのは"すごい"ことだと思いました。この"貢献感"はどの仕事においても非常に大切だと思います。私は将来研究職に就こうかと考えていますが、自分の追究していることが「社会のどこに役に立っているのか」をよく把握しておか

なければと思っています。貢献感はそういった「技術」(たとえばノーベルが開発したダイナマイト)を、正当な使用か悪用かに委ねるのを自ら判断する責任感をもとに、技術を用いて社会に利益を還元し、そのことが自分に実感として伝わってきたときに強まるものだと思うため、そのような責任感も大学生活において磨いていきたいスキルの一つです。

覚せい剤と窃盗がほとんど

松田美和（法学部1年）

刑務官の説明を聞いて、私は収容されている受刑者の「罪名」に関してのイメージと現実との差異を感じました。視察に来る前は、刑務所に収容されている者は、多くが殺人や強盗などの「重い罪」を犯しているものだと思っていましたが、実際には覚せい剤取締法違反、窃盗といった者がほとんどであるということを知って驚きました。そのせいで、刑務所は凶悪な犯罪者を収容している恐ろしい施設、という印象が少し和らぎました。

死角の無い設計

はじめに「病棟」を訪れ、次に「居室」を訪れました。居室には「単独室」と「共同室」の2種類があります。単独室は3畳ほどの広さで、部屋の中には布団、机、洗面所、トイレ、テレビなどがありました。また、受刑者の自殺を防止する目的で、居室内は死角が無いように設計されているそうです。共同室も、単独室と部屋の構造、雰囲気はほぼ同じで、2〜3倍ほどの広さでした。最後に、工場を見学。作業机には受刑者の名札が貼ってあり、担当職員が付いて、ミシン、アイロン、溶接などの作業を行ないます。受刑者が着用する服などもここで作られているそうです。工場内には「連続事故なし日数」というポスターが貼られており、安全な作業環境へのモチベーション管理がなされていました。

見学中に何度か受刑者と遠目にすれ違いましたが、みな緑色の作業服を着て刑務官に付き添われて移動していました。受刑者は毎日30分程度運動の時間があり、爪きりなどもその時間の前に行なわれるそうです。

物の多さ（刑務支所）
刑務所と支所には、明確に差異を感じた点が二つほどあります。一つ目は、居室内の物の多さです。やはり女性の受刑者ということで、生活に必要な物は男性よりも多くなるのでしょう。二つ目は、雰囲気の違いです。刑務支所では、受刑者が体育館で運動している様子を見ることができました。運動といってもバドミントンをしている者が2人いて、それ以外は床に座って和やかにおしゃべりをしていました。しかもみんなで輪になっておしゃべりしているのではなく、いくつかのグループに分かれていました。刑務支所内でも女子高校生のように仲良しグループがあるらしいです。刑務所よりも刑務支所のほうの雰囲気が明るいと感じました。その反面、人間関係の問題も刑務所より多く見受けられるそうです。ヒステリックになったり、口調が荒かったりする人が多いようです。また、刑務所も同様ですが、作業中・食事中の"私語"は禁止されており、刑務官とも必要以上の会話は禁止されています。会話が制限されるのはつらいものがあるだろうと思います。

自由が保障
見学に関して私が受けた印象は、生活に関する「自由」が想像よりも保障されていた点です。受刑者は作業・運動のあとテレビを観ることが可能で、本を持ち込み読むことができるということに驚きました。また医療設備も充実しており、受刑者はないがしろに扱われるのではなく、最低限の生活水準を保障されています。これは受刑者を苦しめるのではなく、再犯防止教育などに力を注ぐという現代の刑務所のあり方に基づくのだと思われます。今回、札幌刑務所・支所を訪れる前と後での刑務所に対する印象の違いをかなり感じました。受刑者は思ったよりも「自由」が保障されていると感じるとともに、個人情報保護の目的から名前ではなく「番号」で呼ばれるなど、想定はしていたものの、現実を知ると少し驚く点もいくつかありました。この視察をもとに、私たちのグループのテーマである「再犯防止」への実践的な取り組みについて考えていこうと思います。

きわめて人間的

御子神泰洋（文系総合1年）

まず第一にもった感想は、受刑者はかなり管理されているなということです。受刑者の生活は時間で管理され、余暇時間以外での私語は禁止されています。部屋に持ち込むことのできるものは制限されているし、部屋だけでなくトイレも外から監視できる造りになっていました。食事も、管理栄養士に管理された健康的な食事とはいえ、好きなものを食べることはできません。受刑者は全体として刑務官に管理されており、精神的ストレスは少なからずあるだろうなと思いました。

同時に、受刑者の生活はきわめて"人間的"であるとも思いました。受刑者の平日の生活を見ても、遅くなく起床し、8時間前後の作業を行ない、健康的な食事をとり、十分な睡眠をする。衣・食・住において不満に思うべき点はないし、物質的に恵まれた自分たちよりもよほど健康的な生活を行なっています。もし、この生活を望んでするのであれば、それはとても禁欲的で、人間的な生活であると思います。

一方で、ここでの生活を終えた受刑者が、いきなり刑務所の外の生活に戻ったとき、どのようになるのだろうかと考えると複雑なものがあります。自分であれば、久しぶりに手にした自由に溺れてしまい、入所前より生活は荒れてしまうのではないかと思います。「自由刑」により、受刑者の自由を奪うということはわかりますが、自由を取り戻したあとのことも考えるべきなのではないでしょうか。刑務所は受刑者を社会から隔離していますが、同時に受刑者を「社会復帰」させるための施設でもあります。はたして、本当に現在の仕組みが受刑者の社会復帰を後押ししているのでしょうか。出所後の「再犯率」の高さを鑑みても、検討の余地はあるのではないかと思いました。

多くの人が関わって成り立つ

二つ目は、刑務官を含め、刑務所で働く人間のことです。施設内を視察するなかでいくつかの部屋を軽くのぞくことができましたが、どの部屋でも多くの人が事務的な仕事をこなしていました。札幌刑務所自体が自分の予想以上に大きい施設であったことも影響しているでしょうが、

「刑務所」という施設は多くの人が関わって成り立っている施設なのだなと実感しました。また、札幌刑務支所を視察するなかで、若い人が多く就職しているということを聞いて、関心をもちました。他人を管理するという仕事上、人を選ぶ仕事であるとは思いますが、自分としてはさほど抵抗感は感じず、将来の方向性のひとつとして考えておくのも悪くはないのではないかと思いました。

正しい人間を育む
三つ目は、おもに受刑者のことです。刑務所に入所した受刑者は「自由刑」に服します。受刑者の生活は自由を大きく制限されるものの、かなり"人間的な生活"であると感じました。もちろん、自分が「この生活を送りたいか」と問われれば答えは"ノー"ですが、決して耐えがたいものとはいえないように思われます。それは経済的・物質的に恵まれた環境にある自分だからこそ、このように思うのかもしれません。経済的に貧しい環境にある人間からすると、刑務所での生活はふだんの生活より"恵まれた生活"となります。刑務所には受刑者の「更生」という目的がある以上、刑務所では「正しい人間」を育まなくてはいけません。そのため、刑務所での受刑者の"扱い"には不満を感じませんが、定められた刑期の「服役」というのがはたして意味のあるものなのか、疑問に思いました。また、「軽犯罪」で服役する受刑者は比較的刑期が短いため、定められた刑期を最低限の服役期間として、現場の刑務官が更生したと認めるまで出所させないというシステムのほうがよいのではないでしょうか。もちろんこれは国の指針にも関わる話ではありますが。犯罪者の「人権と福祉」という問題をどう解決すべきか……。この問題への関心も高まりました。

職場としての刑務所
本視察はとてもよい経験になりました。ふだんは見ることのない、ある意味で「影の世界」を見ることで、その仕組みを考えるきっかけになりました。また、一つの「職場」としての刑務所という部分を見ることができたのも勉強になりました。人間の歴史において、罪を犯す人はどの時代でも存在し、今後も完全になくすことはできないでしょう。「人は

なぜ罪を犯すのか」という問題はまた別の問題ではありますが、本来的な罪に対する罰のあり方、そして現在の社会的な状況、これらを加味したうえで刑務所のあり方を考えなければならないと思いました。

博物館か体育館のよう

村椿太一（工学部1年）

私は札幌刑務所まではバスに乗って行きました。バス停から降りてすぐの地域は都心からやや離れているものの、店舗がそれなりに立ち並んでおり、すぐ近くに刑務所があるとは考えにくいことでした。

交差点を曲がって、刑務所までつながる長い長い直線の道路を進んでいくと、徐々に建物の数が減っていったり、外観が古くなっていったりして、あまり人が訪れなさそうな雰囲気が感じられました。肝心の札幌刑務所、札幌刑務支所はというと、その直線道路にいるときから遠くに見えていました。それらはとてもきれいな建物であり、どこかの博物館あるいは体育館であるかのようにすら感じられたことでした。建物を上空から見下ろすと、被収容者が主に生活する区域は"カニの形"になっているそうで、古くは網走刑務所も円形の建物を中心に"放射状"に舎房が広がっていました。敷地面積に対する人数の収容数よりも、被収容者を確実に管理し、担当者間での連絡を効率的に行なえることのほうが重要視されるあたり、刑務所らしさを感じます。

刑務所の内装に関してはオシャレに感じました。自殺や自傷行為防止のためなのか、高所には必ずといっていいほど柵が設けられていますが、その他の面に関していうと、汚れの見えるところはほとんどなく、明るかったので近代的な「大学」のようにも感じました。「札幌ドーム5個分」と表現されるほどの広い敷地面積のわりに、一つの建物の中に必要なものすべて詰め込みましたといわんばかりに通路や扉が多く、建物の構造自体もかなり複雑に感じました。壁の色はほとんど白で塗られていましたが、その白は純粋な白ではなく、やや暗くクリーム色がかっていましたので、目に刺激を与えることはなく、住んでいるだけで落ち着けるように感じられました。

刑罰のあるべき姿

私が忘れられないのは、ゼミのメンバーの一人が出した「刑務所の中での生活は、われわれが想像していたよりは快適であると感じられました。刑務所で勤務するものからすると、被収容者は苦しんでいるように見えますか」という質問に対する「われわれは被収容者を苦しめたいのではなく、あくまでも刑罰を執行するのみです。被収容者の方々には犯罪をもうしないと気づいてもらいたい」という刑務官の回答です。

刑務所のあるべき姿、刑罰のあるべき姿を考えるのは難しい問題です。なぜ難しいのかと考えてみると、人の「感情」が関わっていること、そして「制約」が課せられているという、二つがあるからだと思います。被害者の方々は加害者を憎んでいるでしょう。悪いことをしたのだからその罰を受けてもらうべきだと感じているでしょう。では、刑罰はただ犯罪者を苦しめ、反省を促すものであればよいのでしょうか。犯罪を行なう者の精神状態はわれわれの想像とかけ離れている面もあると思います。一度だってしない人もいるというのに、なかには何度も犯罪をして刑務所にくり返し入ってしまう方がいるということを考えると明らかでしょう。そのような方々に対して、苦しみを与えたところで、それを罰と感じるのか、そして、それによって反省することがあるのか、といったことはわかりません。

そして、もう一つ新たな視点。刑罰には、必ずそれを執行する人がいるということです。空間、時間、お金といった「制約」があるなかで、見知らぬ他人に対して行なわなければならないのが「刑罰」です。刑務所の"あるべき姿とは"どのようなものなのかを、私はこのフェローゼミを通じて考えていきたいと思います。

衣食住、医療、娯楽も保障

木本円花（理学部2年）

「塀の中の暮らしは思ったよりも快適かもしれない」……。現地視察レポートを読んでいて、この言葉が私の胸に強くつき刺さりました。「刑務所の暮らし」と聞いて、私がいままで想像していたのは、暗く、衛生

環境のあまりよくない場所に大勢の人が集められていて、こんな場所早く出たいと誰もが思うような場所で暮らしているという生活です。
　しかし、現地視察レポートを見て、そのイメージが変わりました。通常の生活のようにすべての自由が許されているわけではありません。最低限の衣・食・住、そして「医療」は保障されています。さらに「娯楽」もある程度は許容されているということを知りました。「思っていたより生活水準が高かった」……。これが私が刑務所の生活に抱いた感想です。
　いま現在は、両親に養われているおかげで、私は刑務所よりははるかによい生活を送れていると思います。しかし、将来この生活水準が刑務所のものより下になってしまったとき、私は「いっそのこと、犯罪を起こして刑務所に入りたい」、そう思わずにいられるのでしょうか。その疑問が私の心にわだかまりとして残りました。
　いま現在も、刑務所の外には"刑務所以下"の生活水準の人がいます。なぜ、法を犯していない人のほうが法を犯した人よりも苦しい生活を余儀なくされているのでしょうか。このことについて私は強く疑問を抱きました。しかも、刑務所での生活の「費用」はその苦しい生活をしている人たちがおさめた「税金」によってまかなわれているのです。この問題は深く考察する必要があるのではないかと考えました。このように、私が刑務所の生活についてまず感じたのは、その生活水準の高さでした。
　次に考えたのは、そのような高い生活水準で生活することは、はたして罪を償うことになるのかどうかということです。しかし、現地視察レポートの次の一文を読んで考えが少し変わりました。「自由刑というものは少しずつ正常な感覚を奪っていくように思われ、つらそうだと思った。毎日同じような作業をして、同じようなことに気を使っていると刺激がなくなり、自分の自我が少しずつ変えられていったりするかもしれないと感じた」……。この一文を読んで自由刑というものはただただ快適な生活を送っているだけではないのだということに気がつきました。「少しずつ正常な感覚が奪われる」……。この言葉に私は恐怖を抱きました。第一印象で、予想よりも"快適"だと思った刑務所での生活ですがやはり罪を償うという側面も備えているということがわかりました。

苦しみを与えることが仕事ではない

またレポートの中に、「質疑応答のさい、『刑務官から見て、受刑者は刑罰を受けることを苦しんでいるように見えますか？』という問いが挙がりました。回答として、刑務所で与える罰は自由刑で自由を奪われること自体が刑罰なのであり、苦しみを与えることが刑務官の仕事なのではない」「また職員として受刑者に再犯防止につながるような気づきを与えたいというお話もされていました」という記述がありました。そして、刑務官の仕事は「苦しみを与えることではない」という言葉に"ハッ"としました。「自由刑」の最終的な目的は、犯罪者自身が自分自身の罪と向き合い、その罪をつぐなうところにあるのだと気づかされました。いままで私は、刑務所は「罪を償う場所」であると考えていました。しかし「更正」という役割もあるということを、このレポートを読んで気づきました。

刑務所に入っている人は終身刑ではないかぎり、いつかは刑務所の外に出て生活しなければなりません。刑務所はそのような「更正」にも力を入れていかなければならないのであると思いました。つまり、刑務所にいる目的が、刑罰だけでなく、更正も兼ねているのであれば、刑務所に対する見方も少し変わってくるのではないでしょうか。刑罰だけであれば「自由」を制限して、さまざまな「労働」を課せばよいだけです。しかし、更正も兼ねるということは、今後社会に出たときに役立つスキルを身につけたり、健康的な習慣を身につけたりすることも大切になってきます。このようなことを考えて、いま現在の刑務所のシステムがあるのかなと思いました。しかし、視察レポートにあった「薬物依存で収容された人と窃盗で収容された人では、更正のさせ方が異なるため、まったく同じ環境で生活させることで更正させようということは無理があるのではないでしょうか」という考えにも一理あります。

根本から犯罪者を更正させ、二度と犯罪に手を染めないようにさせようと思えば、かなり"手厚い支援"が必要となります。まず薬物依存であれば、その依存から抜け出さなければなりません。次に薬物の代わりとなるような趣味や息抜きを見つけたり、薬物に手を出さなくてもよいように生活水準を上げる必要があります。窃盗に関しても同じです。犯罪に

手を染めてしまった理由を探り、もう犯罪を行なわなくてもよいようにサポートをする必要があります。しかし、一般市民の心理としては、なぜ犯罪をした人たちにそこまでしてあげなければいけないのか、という考えになります。このような更正にも税金が使われるのです。つまり、犯罪者の更生は大切ですが、「どこまで対応するか」という問題が出てくるということに気づきました。

つきまとう疑問
次に注目したのが刑務所内での「医療」です。医療についてみても、現地視察レポートによると、かなり"高い水準の医療"が受けられるということがわかりました。ここでもやはり、医療が目的で犯罪をする人がいるのではないか、という考えが私の頭をよぎりました。そんなときにレポートの中にこのような記述を見つけました。
「さらには、医療費がかからないということを悪用して治療目的でわざと入所したり、治療により矯正指導がなされない間も刑は執行されているということを逆手にとって詐病をはたらく入所者も存在するらしい（詐病かどうかは刑務官・医務官がきちんと調べるらしい）」……。これらに関しては「税金泥棒」としか表現できないと感じました。
女子刑務所にいたっては、望まない妊娠のあとに「刑務所内なら無料で堕胎できるから」とわざと入所する者がいるようです。私はまだ消費税くらいしか納税していませんが、見ず知らずの他人の医療費負担、ましてや"不貞の尻ぬぐい"のために税金を使われているかと思うと憤りを感じないでもありません。何ということだろうという考えとともに、やはりこういうことが起こってしまうのかという考えが私の心に浮かびました。最初の生活水準でも述べたように、やはり刑務所の外よりも中のほうがよいものが得られるということは誤っていると思います。
また、「医療設備についてはとても充実していました。診察室がいくつかあり、簡単な診断や心電図の撮影、さらにはリハビリなどの施設もありました。薬の処方も行なっており受刑者がいつ病気になってもすぐに対応できる体制にありました。驚くべきはそれらにかかる医療費や薬代が無料であること。つまりそれらのお金は僕たちの税金から支払われており、受刑者は治療や 薬を受け放題、もらい放題な状況です」との記

述についても気になりました。さらに、「無料だから薬をもらっておこう」という考えの受刑者も多数いるという話を以前聞いていましたので、それについても気になりました。やはり、刑務所内のほうが外よりも「生活水準が高い」ということに疑問を覚えずにはいられません。しかも、その生活水準が税金によってまかなわれているということに関して、刑務所のどの面を見てもこの疑問がつきまといます。

でも、それは刑務所の生活水準を"下げればよい"という問題ではないと思います。犯罪者とはいえ、人権はあります。しかし、それをどこまで認めるか、これは大きな問題であると考えます。これについてフェローゼミで議論していければいいのではないかと考えました。

また、この現地視察レポートを読んで、いままではずっと刑務所の中にいる犯罪者にしか注目してこなかったことに気づきました。刑務所には、もちろん服役している人たちを監視するための「看守」がいます。そしてそれ以外にも「医務官」などの職業もあると気づきました。その人たちはどのような理由で、その職業を選んだのでしょうか。どのような思いで服役者たちを見ているのでしょうか。職業に不満はないのでしょうか……など、たくさんの疑問が浮かんできました。また医務官に関しては、「給料も大して高くはない」ということを知りました。刑務所という場所上、特別な思いがあってそこに勤めているようには思えません。なぜ刑務所で働くという選択をしたのでしょうか。その理由を聞いてみたいと思いました。さらに刑務所で働いていることで周囲からの視線があるのかどうかなども気になりました。このように、刑務所について深く知るためには、刑務所に服役している人たちばかりではなく、その「職員」にも目を向けることも必要なのではないかと考えました。

以上のように、刑務所については私たちの知らないこと、そして考えるべきことがたくさんあります。さまざまある疑問のなかで、やはり私がいちばん気になったのは、刑務所の「生活水準の高さ」です。これについて調べていけたらなと思いました。

　　　（※注：木本さんは諸般の事情で刑務所視察に参加することができませんでしたので、刑務所視察に参加した学生のレポートを精読し、それを感想文にまとめるという課題を与えました。玉城）

ここは本当に刑務所なのか

伊藤 雅（総合理系1年）

刑務所という場所はドラマや映画を通して何度も見たことがありましたが、実際に行くのは今回が初めてのことでした。初めて見た刑務所の外観の第一印象は「おしゃれな図書館」といった感じで、本部前の芝生のスペースは開放感さえ感じられました。

「ここは本当に刑務所なのだろうか……」という疑問が私の中で起こりました。私が今まで映像の中で見てきた刑務所という建物の印象は、「湿っぽい・暗い・汚い」といった陰気なイメージでしたが、見た瞬間に「これでは北海道大学のどの建物よりも新しくてきれいじゃないか」と感じました。

私はみんなより少し早く着いてしまったため、そんなことを考えながら中へ通されるのを刑務所の門のところで待っていました。すると、スーツを着た中年の男女二人が門の受付にやってきて、門番さんが「面会ですか？」とたずねると、二人が「取り調べです」というやり取りをしているのを聞いたとき、そこが「刑務所」だということを改めて実感しました。

刑務所に入る理由とは何なのか

刑務所門を通って中に入ると、予定よりも30分くらい早く行ったにもかかわらず、刑務官の方々が歓迎ムードで迎えてくださった。外観同様、中もとてもきれいで、清潔感がありまた。

印象に残っているのは、ある受刑者の居室に置いてあった荷物の中に、娘さんでしょうか、写真立てにていねいに入れて飾ってある若い女性の写真を見つけました。きっと受刑者にとって大切な人なのでしょう。受刑者も一人の人間で、彼らにも大切な人がいるというあたり前のことを気づかされた瞬間でした。それと同時に、そんな大切な人がいるのに罪を犯して刑務所に入る理由とは何なのか、疑問に感じました。

作業場は、裁縫などをするためのミシンが多数置かれていました。作業場では自衛隊の服やカバンなどが作られており、縫い目を見るととてもきれいに縫えているので驚きました。そこの受刑者は全員男の人ですから、おそらくほとんどの人は裁縫未経験のはずにもかかわらず、毎日8時間やり続けると「ここまで上達するのか」と思いました。

生活臭が漂う女子刑務支所

札幌刑務所に行ったあとはそのすぐとなりにある札幌刑務支所に移動しました。札幌刑務支所の規模は札幌刑務所よりもずいぶん小さいものでした。内装は札幌刑務所と同じくらい清潔感があってきれいでした。女子刑務所についてのお話や、女子刑務所における矯正医療についてのお話を聞いたあと、受刑者の居室や医療施設、作業場などを実際に見てまわりました。

居室は、受刑者が女性ということ

もあり、持ち込み物品が男子刑務所にくらべて多かったように思われました。もう一つはその"におい"です。カレッジ生の誰かがミーティングでも言っていたように、居室では女子刑務所のほうが男子刑務所よりも生活臭が漂っていたように思われました。これは意外な結果でした。

作業場ですが、こちらは男子刑務所とは違って、受刑者たちが実際に労働しているところを生（ナマ）で見ることができました。私たちに興味を示してジロジロ見てくる人もいれば、こちらには興味がないといったような感じで見向きすらもしない人もいました。案内をしてくれた方は、「すごく和やかで明るい感じでしょ？」といっていましたが、私には全体の受刑者の雰囲気としては、暗く重苦しい感じに見えました。

居心地の良さ
男子および女子の刑務所を実際に見学してみ見て、総じていえることは、想像していた以上に受刑者たちのQOL（生活の質）は高いのではないかということでした。毎日3食、管理栄養士が考えたバランスのとれた食事をし、9時から7時前まで布団で眠り、強制とはいえ労働をすることで、家でゴロゴロとニート生活をするよりは"充実感"が生まれるはずだからです。このことは、日本の「再犯率」の高さの理由の一つとして、刑務所の"居心地の良さ"が挙げられるのではないかと、視察をしてみてはっきりと感じました。

受刑者に対して、もっと厳しく罰を与え、もう刑務所には戻りたくないと思わせることで再犯を防止するのか、受刑者の生活を改善することで再犯を防ぐのか、そのことを引き続きこのゼミを通して考察していきたいという思いを再認識することができました。

予想と異なる

大熊悠斗（工学部1年）

現地視察に向かう前は、被収容者の生活環境について、「自由時間が少なく、労働などで拘束されている時間が長い」「集団部屋での生活が主であり、人間関係のもつれなどでストレスがたまりやすい」「食事は最低限のもので白米とみそ汁」といった程度の認識でした。また、刑務所の中は廊下が長く、狭いというような印象をもっていました。しかし実際に現地を視察すると、予想していたことと異なっていることが多いものでした。

まず、札幌刑務所の建物は立派でした。行き着くまで長い道があり、さすがに一般社会からは離れた場所にありましたが、建物自体は"ふつう"の建物でした。さらに、刑務官の話で「札幌刑務所では被収容率が低く、収容施設に空きがある」ということでした。実際、収容されている部屋を見学し、本来6人用の集団部屋（共同室）に4人ないし3人が収容されていました。なかには一人だけというケースが

あり、予想と異なり、刑務所内が過密で窮屈ではないということがわかりました。単独房も思っていたよりも多く存在していました。また刑務所の中では、一般社会とは違った小さなコミュニティが形成されているように感じました。そのため外の世界に出たときに内外の"ギャップ"に苦しむのではないかと考えました。

刑務官の緊迫感
各刑務官が対面するたびに挨拶のようなものを交わしていて、受刑者が作業中の工場を見学した際には刑務官の威勢のいい声に驚きました。刑務官は警察と違って銃などの護身装備を身に着けていないうえ、工場では数人が多数の受刑者を監視していたため、非常に緊迫感がありました。刑務所の内部にいる時間が長いと、刑務官自身も一般社会と収容所の中とのギャップを感じるではないかと疑心を抱きました。

キャリア支援が充実
とくに刑務支所（女子）においては「キャリア支援」が充実しています。通信教育を行なえ、職業に関する知識の習得や教養を高めることができたり、外部から専門の講師を呼んで直接レクチャーを受けることができたり、なかには資格が取れるものもあるなど、非常にキャリア支援が充実していると感じました。刑務所の中にいるときから外に出たあとの就職先を探す取り組みもあり、再犯防止に大きくつながっているのではないかと思い至りました。一方で、このような取り組みが画一過ぎているようにも感じました。罪名別に再犯防止対策をする必要があるのではないかとも思いました。

薬物依存者の再犯防止
今後のフェローゼミでは、とくに薬物依存者の再犯を防止するための対策方法を考案していきたいと思っています。理由は、受刑者の罪名のうち「覚せい剤」などの取り締まり違反が窃盗の次に多く、再犯する割合もかなり高いため、薬物による再犯率を低下させることで全体の再犯率も抑えられるのではないかと考えたためです。また、海外の薬物に関しての取り締まりも参考にできるのではないかと思います。

札幌刑務所の視察内容
酒井聡史（理学部1年）

最初に施設内の医務室に案内されました。内科・外科・歯科・精神科などの診療室があり、レントゲン室やCT検査を行なう部屋もありました。奥に進むと入院している被収容者の部屋もありました。被収容者の待合室もあり、シャワールームのように互いの被収容者がわからないようにされていました。全体として普通の診療所のような印象を受けました。常勤の医師は5人、看護師11人で診療にあたっているとの説明でした。

次に、被収容者の居室に案内されました。単独室は3畳ほどの広さであり、その中に布団、トイレ、机、テレビ、棚、流しが備えられていました。トイレはむき出しの状態で、低めの仕切りがおかれていました。

被収容者は、居室内に本や家族の写真を持ち込むことができ、それらは棚に置かれていました。共同室のほうも単独室とほぼ同じ設備でしたが、トイレは密室となっており、外からわかるようにガラス窓が取り付けられていました。部屋は工場ごとで分けられており、「優良な被収容者は共同室から単独室へと移ることができる」と説明がありました。

その後、被収容者が労働する工場の1つへと案内されました。被収容者はいっさい話すことなく、黙々と作業していました。この工場内を通ったとき、刑務官同士がかなり大きめの声で言葉を交わしていました。そのほとんどは聞き取ることができませんでしたが、「異常なし」という内容であったらしい。被収容者がいる場所ということもあり、緊張感ただよう雰囲気でした。

工場視察を終え、次に「厨房」へ向かいました。食事は管理栄養士が考案したものを担当の被収容者で作っていました。食事内容は作業の種類によって異なり、3種類のいずれかに分けられています。麦入りご飯に味噌汁、おかず数品に漬物というスタイルが基本的であり、たまにパンやシチューなどの洋食も出されるそうです。食品サンプルを見ましたが、栄養のバランスがよく、カロリーが少なめという印象でした。また、札幌刑務支所の分の食事も作られており、一部は支所に運ばれます。

厨房を最後に札幌刑務所の視察を終えました。このあと医務課長からの話があり、医務の恒常的な人手不足、社会一般の保健衛生および医療と同等ではない「刑務所内の医療事情」について説明を受けました。被収容者は医療費がかからず、半強制的に治療が優先されます。これら医療にかかる費用は税金から出され、年間1億円に上るといいます。この話のあと、札幌刑務支所へと向かいました。

「覚せい剤」が5割（刑務支所）

札幌刑務支所は入所率が高く、犯罪割合は「覚せい剤」が5割近くに上っています。

講義後、支所内の視察に向かいました。まず「医務室」に案内され、刑務所と刑務支所で大きな差はないように感じました。支所は医師が1人で500人程度の被収容者を見ているということです。その後、居室にむかい「共同室」のみを視察しました。設備は男子と変わりませんが、棚に置かれている日用品が男子よりも非常に多く感じました。

次に「工場」へと案内されました。工場は洋裁工場と軽作業工場があり、ミシンを扱えない被収容者が軽作業工場に配属されます。私たちは軽作業工場のほうの中を見せ

てもらいました。ここも男子のときと同様、緊張感が漂っていました。工場見学のあと、洗濯場の説明がありました。男子と女子の被収容者の衣服の洗濯は支所ですべて行なわれているとのことでした。こうして支所内の視察を終えました。

「自由刑」の意味

札幌刑務所の視察を通して日本の刑務所の実情を知ることができました。刑務所と刑務支所の視察を終え、男子と女子で大きな差は感じられませんでした。どちらとも徹底して厳しい管理がなされており、自由を拘束する「自由刑」の意味が理解できたように思います。とくに印象的だった点は医療設備の充実度であり、大きなケガや病気にかからないかぎり、たいていのことは所内で解決するように感じました。この視察内で感じたことを生かし、自由刑の意味や刑によって損なわれる被収容者の「人権」について考えてみたいと思っています。

刑務所という特異性

佐野 翠 (理系総合1年)

実際に札幌刑務所内に入ってみると、まず監視の厳しさに「刑務所」という場所の特異性を感じられました。受刑者が実際に収監されている内部へ入るためには「二重のドア」を通っていくというものものしい造りとは対照的に、体の不自由な受刑者が近くで運動できるように作られているというスペースは明るい雰囲気で、刑務所の中であることを忘れさせるものでした。

所内の奥に入ってまず、受刑者の治療を行なう部屋が集まっている区域を見学しました。実際に見学する前に私が想像していた以上に設備が整っていて驚きました。CTの機械や手術室があり、さらに常勤ではないものの歯科医や眼科医も勤務しているということで、かなり幅広い診断が受けられるという印象でした。雰囲気も決して暗くなく、小さな病院と変わりない様子でした。ただ、診察の順番を受刑者が待つ場所は一般の病院とはまったく違うもので、詳しく見ることはできませんでしたが、診察室のほかに外部から中が見えないように板が張られた狭い個室がいくつもあり、その中で受刑者は自分の診察の順番を待つとのことでした。

その後、病気のため仕事に就くことのできない受刑者が寝ている房を見ました。これが受刑者が収監されている部屋を見る初めての機会でした。まず、「薄暗さ」が印象に残りました。見学したのは夕暮れ時で、寝ている受刑者が多いために電気を点けていなかったのだと思いますが、起きている受刑者もいたため、彼らは寝る以外にすることがないなと感じました。

続いて一般の受刑者が収監されている房を見学しました。受刑者はみな仕事をしている時間であった

ため、部屋は無人でしたが、とても「狭い」と感じでした。独房（単独室）は3畳とトイレがあるだけといった間取りでした。またトイレも個室ではなく、それほど高くない仕切りがあるだけです。棚に写真などを置いている部屋もありました。家族の写真やアイドルの写真などでした。刑務官によると代紋など暴力団関連のものなどは制限されますが、それ以外は制限されないということでした。

テレビは各個室にそれぞれ1台ずつ支給されていました。テレビが見られる時間帯は決まっていますが、チャンネルは自由に選択できると言っていました。刑務所によっては、チャンネルに制限がつくところもあるらしいです。

受刑者の部屋を見学したあとは、実際に受刑者が働いている工場の中に入って見学しました。受刑者はみな、許可なく顔を上げられないからか、私たちを直視してはきませんでしたが、全身で見られていることを感じ、独特な緊張感を痛いほどに感じました。

僻地にある小さな診療所

「札幌刑務支所」は、女子受刑者および女子刑事被告人などを収容する矯正施設です。

最初に、札幌刑務支所で医務官として働いている職員からお話を伺いました。医務官は公務員であり、公務員の中では給料がよいものの、「一般開業医と比較すると格段に給料が下がる」といっていました。さらに、札幌刑務支所に常駐している医師は一人だけなので、「365日呼び出される可能性がある」と話していました。

札幌刑務所と同様に、受刑者の部屋を見ました。部屋の広さ自体は同じくらいでしたが、女性刑務所には箪笥が支給されていました。荷物が男性の刑務所と比較すると多かったです。また、医療面では札幌刑務所ほどには充実していなかったものの、医務官が「僻地にある小さな診療所」というように、小さいが"最低限の診療"はできるといった造りでした。

国民の税金で賄われる

全体を通して、刑務官が私たちに話をしてくださるとき、「国民の税金ですべてが賄われている」ことを強く意識した話し方であり、それが非常に印象に残りました。直接質問することが叶わなかったのですが、ふだん一番近くで受刑者と接している刑務官たちには、彼らの生活は"ぜいたく"と映っているのか、それとも必要最低限のレベルだと感じられているのか、気になりました。

住宅街に立地
西浦大地（理系総合1年）

刑務所を実際にこの目で見るのも、見学するのも初めてでした。札幌刑務所の正面玄関にたどり着くまで、刑務所のすぐ近くには住宅街が広がり、さらにその敷地面積の広大さにも驚きました。それまで、

刑務所というのは一般市民の住宅からは「隔離された場所」にあると思っていたからです。刑務官が札幌刑務所の沿革について話してくださったところによると、現在の場所に移転してから周辺に住宅ができていったということでした。私が思っていたより、近隣住民は刑務所の近くの立地ということに抵抗はないのかもしれません。
刑務所では、受刑者が刑務作業で作成した製品が一般市民に紹介され、売られることがありますが、こうした活動の賜物なのかもしれません。つまり、社会から隔離されているとはいっても、ときおり一般市民とかかわる機会は少なからずあるために、お互いに歩み寄ることができるのかもしれません。受刑者目線では早く外の世界に出ようと真面目に刑期をまっとうし、一般市民視線では刑務所の隠匿された恐ろしいイメージを払拭できるということです。

部屋は働く工場による
札幌刑務所の内部は案の定、殺風景でした。窓には柵が設けられて閉ざされていました。刑務所内は感染症が広がりやすいと聞いていましたが、このような密閉空間ではたしかに蔓延してもおかしくないだろうと思いました。中心となる共通棟から受刑者が生活する部屋が集まった建物が"放射線状"にいくつか伸びています。受刑者の部屋は彼らが働く工場の種類によって分けられているということでした。複数部屋（共同室）となるか個室（単独室）になるかということも、働く工場によるということです。
また、食事の配膳係の人たちは同じ部屋に固まっています。いま思えば、配膳係はどのようにして決まるのであろう。トイレはというと、個室のほうは何の壁もなしに部屋に備え付けられています。ただでさえ建物が密閉されているのに、衛生上あまりよろしくないと感じました。複数部屋は公衆電話ボックスのようでした。いずれにせよ、トイレをしているときでも、刑務官が外から異常がないか確認できるようになっていました。刑務作業が終わって就寝するまでの約4時間は自由に見えますが、ストレスが溜まるでしょう。

自問自答のくり返し
最後に印象深かったことといえば、受刑者の外見や雰囲気です。覚せい剤、窃盗、詐欺が犯した罪の"トップ3"であると聞いていたため、町でたまに見かけるガラの悪い人のようなイメージでした。しかし、工場内での作業時に少し見ただけですが、どこにでもいる普通の人のような雰囲気でした。彼らに犯罪に走った動機や刑務所内での生活、罪の意識や被害者への気持ちについて問いてみたいものです。外から見るぶんには普通でも、思考がマヒしたり、少しかけ離れているのかもしれないと思いました。
初の刑務所見学は"自問自答"のくり返しでした。まっとうに生きて、

刑務官や刑務所で働かない限りはのぞくことのない世界でした。初めは刑務所内での生活や制度などにしかあまり興味がありませんでしたが、犯罪をくり返す心理やそこで働く人の考えなど、人への興味を起こさせるものとなりました。

異質な空間

信原佑樹 （工学部1年）

今回は刑務所視察ということで、ふだん入ることのないような場所なので、いろいろなものに注意して見ようと思っていました。また、第1回のフェローゼミのときにゼミのメンバーが話していた矯正医療や再犯防止、刑罰についてなどのことを念頭において視察に行きました。まず、刑務所に着くまでに感じたことは、世間と少し異なる空間だと思いました。刑務所に続く道に入ると人も歩いておらず、ほとんど車も通っていなくて、雨が降っていたかもしれませんが、その音以外は不気味なほど静かでした。そして刑務所の入り口に着きました。建物の周りは高い塀が立っていて、文字どおり「塀の中」でした。入口から入る車を警備員がチェックしていたのは印象的でした。

札幌刑務所を視察したあと、札幌刑務支所に行きました。札幌刑務所は男性刑務所だったのに対し、札幌刑務支所は女子刑務所でした。建物の造りはとても札幌刑務所に似ていました。こちらもやはり窃盗、覚せい剤取り締まり違反が多かったですが、殺人などの重い犯罪をした人も同様に収容されているとのことでした。

札幌刑務所と札幌刑務支所は連携していて、刑務所で作った食事が刑務支所に運ばれ、刑務所の被収容者の衣服は刑務支所で洗濯されるということでした。うまく回していると思いました。女子刑務所は男子刑務所より少しおしゃれになっていました。壁にハッピーメッセージバードが飛んでいたり、母子像があったりしたからです。しかし、やはり殺風景でした。そうして刑務所見学を終えました。

「いい生活」、いかがなものなのか

全体的に被収容者が逃げないように、徹底して対策を行なっていました。施設の造りも刑務官も。実際脱走や脱走未遂があったかはわかりませんが、この建物から逃げるのは相当むずかしいでしょう。被収容者の生活については、刑務所の中にいるほうが「いい生活」をしていると思います。寝る場所、3食、医療が保証され、しかもそれは「税金」で払われています。行動の自由はあまりないですが、言い方を変えればムダのない規則正しい生活を送れるということです。それに加え仕事があります。刑務官は被収容者を更生することが目的なので、ひどい仕打ちはしません。

仕事環境でいえば、私語は禁止されていますが、残業もないし、劣悪な環境でもなく、ひどい肉体労

働でもありません。ブラック企業で働くなら「刑務所で働いたほうがいい」と思うのも無理ないと思います。まっとうに生きて苦労する人より犯罪をして捕まった人のほうが「いい生活」を送れるのはいかがなものなのかと思います。

また再犯防止については、どれだけ刑務所で治療を受けても大麻やMDMA（メチレンジオキシメタンフェタミン）、シンナーは街で簡単に手に入るので、社会も変えなければ根本的な解決にはならないと思います。ほかにもたくさん思うところはありますが、今回刑務所の中を見学するという貴重な経験ができてよかったです。

世間話を楽しんでいた

橋本菜々（工学部2年）

刑務所の視察をしていちばん驚いたのは、運動の時間に体育館に女性被収容者が集っているのを見たときでした。刑務所なのだから、運動は健康維持のための手段として「（強制的に）やらなければならないもの」だと思っていました。しかし実際は、彼女たちは何人かで輪になり、世間話を楽しんでいました。運動していたのは、バドミントンを2人ほどしていただけでした。

医療に不公平さ

現場の医師に話をうかがって、国としては矯正施設での医療は「社会一般の保健衛生・医療水準に照らして」行なっていることを知りました。「照らし」ているだけで「同様に（従って）」行なうというわけではなく、治療の面に関しては離島での医療のように「格差がある」とのことでした。医師は、刑務所の中の医療が社会一般とくらべても劣らない程度の環境になるよう、尽力していました。しかし、治療ではなく、予防の面に関しては健康診断やがん検診、予防接種など、充実しているように感じました。刑務所の中のほうが充実した医療を受けられているという被収容者も多そうでした。

刑務所は被収容者の健康管理・衛生管理の責任を負っているため、世間一般の医療水準であろうと努力していました。しかし、刑務所の中のほうが"良い医療"を受けているということに引っ掛かりを感じました。罪を犯していない貧しい人（最低ラインの医療しか受ける余裕のない人、まっとうに生きている人）よりも罪を犯した人（道を踏み外してしまった人）のほうが良い医療を受けられ、しかも後者の医療費は前者を含めた国民の払う税金が元となっているのはおかしいのではないでしょうか。刑務所内の人間が受ける医療は、刑務所外の、世間一般の最低ラインの医療でもよいのではないか……。そう考えました。しかし、刑務所が更生の場であり、被収容者の「更生」を第一に考えるならば、少なくとも世間一般の医療水準が必要となるでしょう。

まっとうに生きている人と、道を

踏み外してしまった人とのある種の「不公平さ」の改善と、被収容者の更生のための医療水準のなかで、うまく折り合いをつけてベストなバランスを模索しなければなりません。

何が最善か
日本にかぎったことではありませんが、最近の刑務所は「苦しめるための場」ではなく、「更生させる（再犯を防ぐ）ための場」のようです。とはいえ、罪の償い方や、罪のとらえ方は国によってかなり異なります。

刑務所は何のためにあるのでしょうか。罰とは何なのでしょうか。そして罪はどのように償えばよいのでしょうか……。今回の視察では犯罪被害者側の考えや感情を知る機会がなかったので、被害者側の視点はどうしても少なくなってしまいます。そのような現時点での価値観のもとで考えると、日本では刑務所は地獄ではなく、更生のための場であってほしいと思います。そして、更生のための刑務所である以上、矯正医療の水準も、衣食住の待遇も、労働環境も、「少しでも多くの被収容者が更生できるためには何が最善か」を基準に見直したいです。

立地に違和感
服部大介（総合理系1年）

今回、現地視察に行く前まで、刑務所はどこか「想像の世界」のような気がしていました。自分が暮らしている世界とは離れすぎていて、テレビなどで特集されているのを何回か見た程度でした。変に顔を覚えられるのも怖いと思うあまり、乗り気ではありませんでしたが、視察をしていままで自分が知らなかったことをたくさん知ることができました。

まず刑務所に行くまでに感じたことは、普通に住宅や商店などが多く立ち並ぶ地域のすぐ横に刑務所があるという"違和感"でした。刑務所といえば僻地にあり、一般社会から隔離されているイメージがあったため、札幌刑務所の立地には少し驚きました。個人的には、もう少し一般住宅から離したほうがいいのではないかな、と感じました。自分が刑務所の近くに住んでいたら、安全とわかっていながらも引っ越しすると思います。

刑務所のエントランスまでの警備も少し"あまい"ような気がしました。エントランスまでの正門に警備員が一人いるだけでした。また自分が「北海道大学の学生だ」というと、視察に来たことが伝わっており、すぐに通してもらうことができましたが、よくよく考えると、身分の証明もまったくしていないのに通してもらえたことは警備の面では疑問符が残ります。

刑務所のほうがいい
刑務所内の施設視察では、まず廊下を歩きましたが、廊下の頑丈さは目で見てわかるほどでした。鉄で固められており、窓も鉄で柵が

第1章 学生たちが見た刑務所　49

されていました。また一部の廊下では空調がいきわたっておらず、とても寒く感じました。
次に受刑者の部屋に案内されましたが、自分が思っていた部屋よりかなり"きれい"でした。自分の想像では、漫画で出てくるような、鉄の柵で分けられただけのスペースのような部屋でしたが、実際は普通の生活空間で、都会の安い一人暮らしの部屋だったら刑務所のほうがいいくらいでした。ただ、トイレと部屋が空間的に仕切られていなかったのには驚きました。トイレ中でも"監視されている"という意識はとてもストレスになるのではないかと感じました。
部屋の中には布団や机、棚などがありました。棚の上には私物が並べられていましたが、ほとんどの部屋では奥さんや子どもらしい写真が並べられていました。受刑者にも家族があって、守るものがあると考えると刑務所に写真を持ってくるほどの感情があるのに"なぜ犯罪をしてしまったのか"といろいろ考えることがありました。
次に受刑者の「食事サンプル」を見せてもらいましたが、正直な話、大学生になってからの自分の食事にくらべると、とても豪華でした。自分は学費と生活費となどでお金がないため、日々食費をけずって生活していますので、受刑者の「食事」はすごくうらやましかったです。自分にかぎらず、あの食事より質素な食事をとっている人は日本中にたくさんいると思いますので、この食事の質に関しては「再考」する必要があるのではないかと感じました。

目線に恐怖を覚える

次に、工場見学に行きました。受刑者を初めて直(じか)で見ることになりましたが、受刑者は視察に来た人たちを見てはいけないという決まりがあるのでしょうか、全員わざと目を合わせようとしませんでした。しかし中には、目を見てくる受刑者もいて、目が合うことが何度かありましたが、その目がうまく言葉で言い表すことができませんが、とても恐怖を感じました。そのときに何か、受刑者と一般の人間との"違い"のようなものを感覚的に感じました。仕事内容はいまいちわかりませんでしたが、普通の工場のラインのようなものだったと思います。

鼻に刺す臭い

続いて女性の刑務所に案内してもらいましたが、居住スペースで感じたことはその"臭い"でした。刑務所内の医務官が「男性の刑務所内の臭いが苦手だ」といっていましたが、自分は女性のほうの鼻に刺すような臭いが苦手でした。臭いという点以外は、男性と女性でほとんど違いを発見することができませんでした。壁などの塗装の色が女性と男性では違うといわれましたが、自分からしたらほとんど違いがなく、この小さな違いに大きな意味があるとは思えませんでした。

初犯はいない

そして見学が終わったあとには、刑務所についての説明などを受けました。受刑者の大半は「覚せい剤」で服役しているそうです。自分が生きている世界に、こんなにも多くの覚せい剤が出回っているとは考えもしませんでした。また、犯罪といえば殺人というイメージがありますが、殺人で服役している人はごく少数らしいです。この事実はとてもいいことであり、これからの日本でも「殺人が増えないでもらいたい」と心から思いました。

さらに、受刑者の大半が「初犯ではない」といわれました。この事実から、刑務所が刑務所としてしっかり機能していないのではないかという疑問も出てきます。

今回の現地視察で、自分が思っていた刑務所と実際の刑務所の"違い"に気づくことができました。自分の知らない世界をのぞき見することができて、自分の世界が少し広がったような気がします。

社会も派閥も存在

宮野美羽（文学部1年）

「刑務所」というのは私たちにとって、あまり馴染みのない言葉です。また、なかなか容易には近づくことのできない場所です。それゆえ、今回札幌刑務所と支所を同時に見学して実際に現場で働く方々の話を伺うことができたのは非常に貴重な体験であり、感じるところがたくさんありました。

まず一つ目に、刑務所と刑務支所で大きな違いを体感したのは「室内温度」でした。刑務所では上着を着ていても少し肌寒さを感じた一方、刑務支所は上着を脱いでも快適に過ごせるくらい暖かかった。これは女性のほうが"寒さ"を感じやすいことによる差だと考えたのですが、このような点にも被収容者への気づかいが感じられました。

一方、どちらにも共通していえると思った点は、房の「臭い」です。今回女性の雑居房（共同室）は見学できなかったのですが、男女ともに独居房（単独室）は不快な"生活臭"が鼻につきました。とくに女性の独居房がいちばん強く臭うと感じました。

今回、被収容者と話すことはできませんが、工場作業中の女性受刑者たちの横を歩くことができました。明らかに部外者である私たちは、刺すような鋭い視線を向けられました。私はその視線に緊張感と恐怖心を覚えました。しかし、担当してくださっていた刑務官は「意外と和気あいあいとしているでしょう」といっていましたが、感覚のズレを感じました。

また、視察のなかで女性受刑者たちが"運動"しているところも見ることができましたが、20人以上いたであろう部屋の中でバドミントンをしていた人はたった2人、あとの人たちはみな仲のよいもの同士での談笑を楽しんでいました。刑務官によると、刑務所内でも

「社会」が存在し、仲のよいグループや派閥ができあがり、逆に仲の悪いもの同士が揉めたりすることも日常茶飯事らしく、そういった傾向は男性よりも女性のほうが強いそうです。どんな環境でも男女の本質的性格はあまり変わらないのだと気づかされました。

気さくでユーモアにあふれた刑務官
いちばん驚いたのは、私の想像していた刑務官像とのギャップです。刑務所という緊張感あふれる場所なので、生真面目で厳格な方ばかりなのかなと勝手に想像していましたが、実際に私たちの対応をしてくれた刑務官ならびに矯正医官の方々は、とても気さくで、ユーモアにあふれていました。さらに、関係者同士で男女関係なく楽しげに会話を交わしている姿を何度も見かけました。そのようなよい人間関係が、この業務をまっとうすることに少なからず貢献しているのだろうなと感じました。

また、私は刑務所で行なう「再犯防止策」について、現場で働く人々はどう感じているのかということに非常に興味がありました。そこで失礼を承知で、「現状行なわれている再犯防止策は有効であると思いますか」という質問をしました。これに対する刑務官の答えは、「100％有効であるとは思いません」とのことでした。というのも、再犯を防止するという考えは、従来の刑重視の考え方から一歩踏み出しており、まだ模索中であることが一因としてあげられます。

出番と居場所
現在の方針としては、「出番と居場所」というのをモットーに掲げているそうです。

「出番」というのは出所後の「仕事」のことです。刑務所を出て更正しようと思っても、仕事に就けず、貧しさからも抜け出せず、再び罪を犯してしまうという"悪循環"を抜け出させるために、刑務所内で教育を受ける機会を設けたり、ビジネスに役立つスキルの獲得を手助けしたりして、出所後の仕事の確保に尽力しています。「居場所」というのは「居住地」のことであり、生活の基盤となる住所を確保するために、他の機関や地域と連携するなどの対策を行なっています。

刑務官の言葉を借りるならば、彼らはあくまで刑を「執行」するのみです。しかしその刑を通して、被収容者たちに犯罪をしてはいけないと気づかせたい、再犯を防止したいと望みながら働いています。彼らの意志が実を結ぶよう私は「再犯防止のために刑務所で行なえることは何か」という問題を深く考えていきたいと思います。

コラム
何が「不平等」なのか―自由刑

刑務所見学を終えた学生の多くは、「受刑者は思ったよりいい生活をしている」ということに違和感を覚えたようだ。健康的な食事が一日3食、医療も無償で提供される。刑務作業が終われば、居室でそれぞれ本を読んだり、テレビを見たりして消灯までの時間を過ごすことができる。「一般社会にはもっと苦しい生活をしている人がいるのに不平等だ」という意見が目立った。

何が「不平等」なのか。まず、「受刑者の生活水準が高い」ことが指摘された。しかし、刑務所は「犯罪をした人を苦しめる」ところではない。もしそうなら、生活水準を一律にするのはおかしいという話になってしまう。同じ食事を前にしても、裕福な生活を送ってきた人と貧しい生活を送ってきた人とでは反応が異なるだろう。第3章で触れた死刑も典型的な例だ。死ぬことが苦痛だと感じる人もいれば、そもそも死にたくて犯罪をする人もいる。個人の主観的な感覚を考慮し始めると、「平等な」刑罰の執行は不可能になる。

刑務所は「犯罪をした人の自由を奪う」ところである。懲役や禁固、拘禁など、身体の自由を奪う刑罰のことを「自由刑」という。一般社会において、いつどこで何をするかというのは個人の自由である。一方、刑務所では生活が完全に管理されている。朝決められた時間に起きて、決められた作業をし、決められた時間に寝る。仕事だったら辞めることができる。しかし、刑務所を勝手に出ることはできない。もちろん、管理された生活の方が「楽だ」と感じる人はいるだろう。それでも、「苦しめる」ことが目的ではないので、自由刑は執行される。

自由とは、人権を考える上で最も重要な概念の一つだ。世界人権宣言は第1条で、「すべての人間は生まれながらにして自由」であると明記している。この表現が公的な文書で初めて用いられたのは、1789年のフランス人権宣言（「人間と市民の権利宣言」）にさかのぼる。もちろんそれ以前から、そしてそれ以降も、自由とは何か、自由であるとはどういうことかについて、多くの哲学者が思索をめぐらしてきた。日本国憲法も第97条で、「この憲法が日本国民に保障する基本的人権は、人類の多年にわたる自由獲得の努力の成果」であるとしている。軽々に「いい生活をしている」と受刑者を糾弾する前に、自由が奪われることの重みを考える必要がある。

藤谷和廣・紺野圭太・玉城英彦

コラム
満期釈放者に働き口を

　満期釈放者は置き去りなのでは―。元受刑者らを積極的に雇用する札幌市の「北洋建設」を知り、刑務所出所者への国の就労支援に興味を持ち感じたことだ。
　仮釈放者は保護観察所の指導や援助を受ける。国が奨励金を出して採用を促す「協力雇用主」制度もある。
　仮釈放となるのは、悔悟の情や更生への意欲があり再犯の恐れがないと判断された受刑者だ。悔悟や更生への意欲を国が認めなかった満期釈放者は、仮釈放者と比べて社会復帰は難しいだろう。冤罪での受刑者ならば話は別だが。
　それなのに、逆に国の支援が満期釈放者に薄いのはおかしくないだろうか。事実、満期釈放者の半分が5年以内に再び刑務所に入っている。仮釈放者より20ポイントも高い。
　満期釈放者への対応については、刑務所を調べた総務省も2014年、指導の充実を勧告している。仮釈放者への釈放前指導は2週間以上とするのに、多くの刑務所で満期釈放者には3日間に短縮していた。3時間弱の刑務所もあった。
　再犯の恐れがあるから仮釈放しなかった受刑者に対し、釈放前指導すらおろそかにする。その結果、2人に1人が再び犯罪に手を染める。刑務所の更生機能が問われている。
　再犯を防止するためにも、少なくとも就労支援には本腰を入れるべきだろう。仮釈放者ら保護観察終了者への調査では、無職者の再犯率は有職者の3倍に上る。刑務所への再入者のうち7割が無職だ。
　協力雇用主制度も十分に機能しているとは言い難い。1万8千社が登録しているが、実際に雇用しているのは800社にとどまる。元受刑者を雇ってもいいという企業側の意思を生かす取り組みが求められる。
　冒頭の北洋建設は、会社案内を刑務所に置く許可を法務省に求めた。回答は各刑務所で判断する、だった。あまりに後ろ向きではないか。
　親身になって受刑者の就職を考える。それは、本人の更生はもちろん、また犯罪被害に遭って泣く人を減らすことに確実につながる。

嘉指博行
北海道新聞論説委員

第2章　日本の犯罪の傾向と現状

山下　渚　藤谷和廣
紺野圭太　玉城英彦

1 はじめに

　ここでは、学生から見た日本の刑務所の現状やグループワーク等の「学びのプロセス」を通じて、学生がどう考え方を変化させていったかを理解しやすくするために、日本の「犯罪」の特徴を概説することにとどめます。

犯罪の傾向

　日本では、警察庁が犯罪に関するデータを1946年以降『警察白書』および法務省が1960年以降『犯罪白書』として公開しています。しかし、資料の散逸や欠損、分類の変更などのため、すべての統計データが経時的に比較可能というわけではありません。

　とはいうものの、日本の犯罪データは国際的に見ても比較的精度の高いものですので、これらの白書や統計を用いて日本の「犯罪」の傾向や変化の「概要」を評価することができます。

　これらの犯罪統計から俯瞰できる日本の犯罪の傾向は、主に次の4つに集約することができます。

　①太平洋戦争後、増加傾向にあった刑法犯の認知件数が2002年をピーク（3,693,928件）に年々減少し、最新の2016年には1,478,570件で、ピーク時の40％まで減少しています。その要因は刑法犯の過半数を占める「窃盗」の認知件数が大幅に減少していることが大きいようです。また、窃盗を除く「一般刑法犯」（刑法犯全体から自動車運転過失致死傷などを除いたもの）も窃盗とほぼ同様の経年変化を示し、2005年から減少傾向にあります。

　また、認知件数が最大であった2000年代の初めころは、刑法犯および一般刑法犯の「検挙率」はそれぞれ40％および20％前後であったものの、2016年には33.8％および47.0％と回復しています。しかし、1980年代の70％および60％レベルからはまだほど遠い数字です。

　②受刑者の「高齢化」。その背景には、日本の人口の少子高齢化に伴う高齢化率の増加ですが、また日本社会の抱える貧困や社会格差などもこれに拍車をかけており、刑務所内の被収容者では一般社会より急速に高齢化が進んでいます。その高齢化はとくに女性の受刑者で顕著になっています。

③犯罪者の高齢化にも関連するものですが、日本では「累犯者」（つまり懲役に処せられた者が刑の執行を受け終わり、または執行の免除を受けた日から5年以内にさらに罪を犯し、有期懲役に処せられた者。刑法第56条）の割合が増加していることです。

　④「覚せい剤取締法違反犯」が全体の4分の1以上を占めており、その割合が年々増加傾向にあります。とくに「女性」の受刑者ではその割合が全体の40％近くを占めるようになっていることです。

　以下に、それぞれの背景をデータを用いて概説しますが、その前に「日本の刑務所」について簡単に触れたいと思います。

2　日本の刑務所の形態

　ここでは明治時代に施行された「監獄法」（かんごくほう。明治41年〈1908〉3月28日制定。法律第28号）を約100年ぶりに改訂した、いわゆる現在の「刑事収容施設及び被収容者等の処遇に関する法律」（2006年5月24日に施行）に基づいて、日本の刑務所について簡単に説明します。より詳細は第3章「刑務所に関する法制度」をご参照ください。

　一般的に、刑務所とは昔の「牢屋」や「監獄」と呼ばれる施設が想像されます。現在では、刑務所総体は「刑事施設」と呼ばれ、①留置場、②拘置所、③刑務所の3種類に分類されています。

　①「留置場」とは、通常、警察官が逮捕した人を収容する施設で、警察署の中にあり、留置所や「豚箱」などとも俗称されます。48時間以内に送検されるので、原則として長居するところではありません。

　②「拘置所」とは、主として送検されてから裁判で刑が確定していない「未決囚」（刑事被告人）が入る施設、つまり検察庁に送検される被疑者が検察官の取調べを受けるときに入る施設です。刑事被告人は、裁判中は拘置所に入り、そこから裁判所に通いますが、刑事裁判で無罪判決を受けると被告人は釈放されます。よって被告人は、検察が控訴または上告した場合、拘置所からではなく、自由の身で裁判所に通うことができます。

　③「刑務所」とは、法律に違反した犯罪者が裁判の結果「有罪」となった者（自由刑に処せられた者）が刑罰に服するために収容される刑

事施設で、2006年までは「監獄」とも呼ばれていました。それまでは明治時代に制定された「監獄法」に基づいて、受刑者・刑事被告人・被疑者などを収監する施設の総称として「監獄」という名称が使われていました。2006年に「監獄法」に代わって制定された、前記の「刑事収容施設及び被収容者等の処遇に関する法律」では「刑事施設」と呼ばれています。法律の名前は変わったものの、中身には大きな違いはありません。その点については第3章で概説します。

刑務所は、北は北海道網走市にある「網走刑務所」から南は沖縄県南城市にある「沖縄刑務所」まで、日本全国に67カ所にあります。奈良少年刑務所が2017年3月末で閉鎖されたため、47都道府県中、奈良県には唯一、刑務所がありません。

犯罪傾向が進んでいない者を収容する「A級刑務所」が17カ所、犯罪傾向が進んでいる者を収容する「B級刑務所」は41カ所、ほかに「医療刑務所」が4カ所、女子の被収容者を収容する「女子刑務所」が5カ所（そのほかに支所とて札幌刑務支所と福島刑務支所の2つ）が存在します。また、交通違反や交通事故を起こした者が収容される「交通刑務所」、PFI（Private Finance Initiative）方式（コラム）で民間組織による建設・運営する刑務所、社会復帰促進センター、そして日米地位協定に基づく在日米軍関係者を収容する刑務所があります。北海道（札幌矯正管区）には、私たちが訪問した「札幌刑務所」（B級刑務所）を筆頭に、旭川刑務所、帯広刑務所、網走刑務所、月形刑務所があります。

少年院・鑑別所

刑務所以外に「少年院」があります。それを管理する法務省によると、少年院は「家庭裁判所から保護処分として送致された少年に対し、その健全な育成を図ることを目的として矯正教育、社会復帰支援等を行なう法務省所管の施設」です。全国に52カ所あります。

「少年院」には、種別としては初等・中等・特別・医療少年院の4種類と、さまざまな種類・処遇があり、各少年の非行性や犯した事件の重大性などにより、送致される少年院および処遇課程などが決められます。種別としては「初等少年院」（おおむね12歳以上16歳未満の者）、「中等少年院」（あらかた16歳以上20歳未満の者）、「特別少年院」（心身に著しい故障はないが犯罪傾向の進んだ大かた16歳以上23歳未満の者）、お

よび「医療少年院」(身体または精神に著しい疾患のある少年、26歳まで収容可能)の4種類に分けられます。

また「鑑別所」がありますが、それは矯正教育を目的する少年院と違って、少年の最終処分を決めるために、その非行性や性格、事件の重大性など、多角的な視点から「鑑別」するための施設です。

3　受刑者の罪名──どんな罪で入所しているか

窃盗がトップ

2016年12月31日時点での日本全国の「受刑者」(刑務所に懲役として入所している者)は49,027人(男44,911人、女4,116人)で、女性が約8.4％を占めています。女性の占める割合は年々増加傾向にあります。たとえば1996年は約4.5％だったのが、2015年には約9％と、その割合はほぼ2倍に増加しています。

2016年に入所した受刑者について、男女全体で罪名別に見ると、「窃盗」が全体の33.4％、次いで「覚せい剤取締法違反」が27.3％、この二つの罪名で全体の60％を超えています。これを男女別に見ると、男性では窃盗が32.1％、覚せい剤取締法違反が26.2％(図1)ですが、女性ではこの二つの罪名の割合が急増し、窃盗が45.4％、覚せい剤取締法違反が36.8％を占め、全体の82％以上を占めています(図2)。女子受刑者では、とくに覚せい剤取締法違反による入所が年々増加していることに留意すべきです。

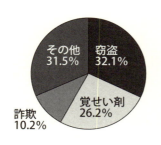

図1　男性入所者の罪名別割合(2016年)

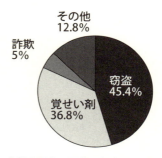

図2　女性入所者の罪名別割合(2016年)

60

女性高齢者に多い「万引き」

女性の「窃盗」の割合は増加傾向にあります。窃盗、大かたは「万引き」ですが、とくに女性の高齢者の刑法犯に多く、同世代の高齢男性の刑法犯のほぼ2倍と際立って高い割合となっています。女性は加害者というよりも、「貧困層」が多いという現実のほかに、むしろ暴力団などとの関係で覚せい剤取締法違反の被害者になりやすいため、出所後の特別な配慮が必要です。このように、自分自身で「更生」することは必ずしも簡単ではないという特別な背景があるということを認識しなければなりません。

一方で、覚せい剤取締法違反受刑者は30歳代の若者に多く、高齢者が比較的少ないという特徴が見られます。この傾向は、受刑者全体の特徴とは異なります。

4　女子受刑者が増加

高齢者が増加

『犯罪白書』（平成29年）によると[1]、刑務所で服役中の「女性」の人数は、2016年は2,005人で、1990年の999人に比べると2倍になっています（図3）。男性の入所者数が1990年21,746人、2016年18,462人と減少しているのとは対照的です。女子受刑者の数は増加した状態で、過去10年間は横ばいですが、その内訳を見ると65歳以上の「高齢者」が増

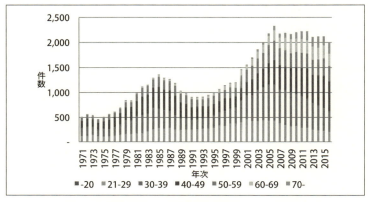

図3　女性被収容者の年齢階層別割合（1971〜2016）

第2章　日本の犯罪の傾向と現状　　61

加して高齢化が進んでいることがわかります。

　しかし、女子受刑者の数は増加していますが、女性専用の刑務所が全国に5カ所しかありません。実際、2006年までは女子では収容率が100％を超えていましたが、近年では収容定員が増大し、収容率は75.4％まで低下しました。白書は「施設の拡充や処遇体制の充実・強化を図るべき」と指摘しています。

　私たちが訪問した「札幌刑務支所」（女子刑務所）は男性受刑者を収容する札幌刑務所に隣接し、受刑者同士で作業の分担もしていました。たとえば、食事は男性受刑者が、洗濯は女子受刑者が担っています。支所は半開放的で、暖房も完備していますが、廊下を歩いていると肌寒いという感覚は抜けませんでした。集会室（体育館）や授乳室、医務室なども完備されています。訪問した学生の一部には、「女子受刑所が放つ強烈な臭いは耐え難かった」とも報告しています。しかしながら、一般に想像する刑務所のイメージからほど遠い明るい収容所という感じで、自由が奪われなければ、生活空間としては決して悪くない印象をもちました。それについては、訪問した学生の「レポート」（第1章）からも伺えます。

刑務官の苦悩

　また受刑者とは別に、過密状態にある女子刑務所で勤務する職員、刑務官は日々の業務に追われ、若手職員の教育にも問題があるとの指摘がある一方で、女子刑務所刑務官は受刑者の「改善更生」に対する意識が高く、それゆえの苦悩が多いとの報告もあります。このように、過剰収容の常態化および受刑者の質的な変化に伴う処遇の困難性の増大を招いている現状なども考慮して、女子刑務官の定着率を高める体制・環境づくりも必要だと考えます。

　さらに、女子受刑者の3人に1人が65歳以上の高齢者が占めており、それに伴う特殊な医療・福祉・介護問題も浮き彫りになってきています。これについては後述します。

　前述したように、65歳以上の高齢受刑者の犯罪は、窃盗（主に「万引き」）の割合がきわだって高く、その背景には高齢者の貧困問題が深く関わっていると推測されています。

5　被収容者の高齢化

ヘルパーと化す刑務官

　新聞紙上などでは、刑務所入所者の高齢化に伴って、「福祉施設と化す『刑務所』の現状……紙おむつ片づける刑務官あたかも『ヘルパー』」「『介護』の仕事に追われる刑務官」「看守さん、ご飯はまだかね？」「高齢者急増で老人ホーム化する女子刑務所」「高齢者工場」などなど、センセーショナルな報道がなされています。さらには「つえ代わりのショッピングカートを押しながら、欠かせない車いすやつえ、身のまわりの世話をする刑務官……」ともいわれています。また、刑務所の職業訓練でホームヘルパーの資格を取った受刑者が同僚の介護を担うこともあるそうです。

　実際、この25年間に、高齢化率は男性では1.7％（1990年）から16.5％（2015年）と右肩上がりに上昇し、ほぼ10倍になっています。また女性では、同時期に3.9％から33.1％と、ほぼ8.5倍へ増加しています。男性被収容者の高齢化率は女性のほぼ半分であるものの、この26年間のデータでは「男性」の高齢化率の伸びは女性よりも速いことがわかります。

類をみない高齢化

　被収容者の高齢化のスピードは、日本全体のそれに比べるとはるかに速いです。日本人口の高齢化率は1990年男性9.9％、女性14.2％でしたが、2015年にそれぞれ23.4％と29.1％です（表1）。

表1　被収容者の男女別高齢化率

年	被収容者 男性	被収容者 女性	人口 男性	人口 女性
1990	1.7	3.9	9.9	14.2
1991	1.9	4.6		
1992	2.2	5.1		
1993	2.6	5.7		
1994	3.0	6.1		
1995	3.3	6.3	12.2	16.8
1996	3.5	6.7		
1997	3.5	6.2		
1998	3.6	6.4		
1999	4.3	8.2		
2000	4.8	9.5	14.8	19.7
2001	5.2	10.0		
2002	5.9	10.9		
2003	6.8	11.8		
2004	8.2	13.7		
2005	9.5	15.8	17.4	22.6
2006	10.6	17.8		
2007	11.6	19.3		
2008	12.4	21.4		
2009	12.3	22.4		
2010	12.6	23.4	20.0	25.5
2011	13.4	25.1		
2012	14.1	27.3		
2013	14.5	29.2		
2014	15.6	31.3		
2015	16.5	33.1	23.4	29.1

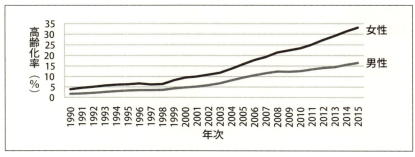

図4　被収容者の男女別高齢化率の推移（1990–2015）

　この26年間の日本人口の高齢化率の伸びは、男性2.4倍、女性2.0倍で、上記の被収容者の高齢化率の伸びのスピードはそれぞれ10倍、8.5倍で、被収容者では4倍以上の速さで高齢化が進んでいます。

　男性の被収容者の高齢化率はまだ人口のレベルに達していないものの、女性では日本人口の29.1％よりも高い33.1％でした。つまり女性の受刑者の3人に1人が65歳以上の高齢者が占めていることになります（**図4**）。男性の被収容者の高齢化のスピードは女性より速いですが、女性の被収容者は明らかに高齢者が多いことがわかります。その原因はどこにあるのでしょうか。このことは女性に「再犯率」が高いことと関連していると思われます。

6　増加する再犯者率

男性に多い

　私たちが訪問した札幌刑務所と札幌刑務支所では、最高齢者は84歳」で、再入所回数（再犯者率）は「25回」というのが最高でした。ここでいう「再犯者率」とは、「検挙などされた者の中に、過去にも検挙などされた者がどの程度いるのかを見る指標」、つまり「入所受刑者人員に占める再入者の人員の比率」をいい、"過去"に遡るもので、「再犯率」とは異なります。「再犯率」とは、「犯罪により検挙等された者が、その後の一定期間内に再び犯罪を行なうことがどの程度あるのかを見る指標」で、"将来"に向かってのものです。

　「再入者率」（総数）は、2004年から毎年上昇し続けており、2015年

は59.4％（男性の60.9％、女性46.4％）でした。女性再入者の人員および女性入所受刑者に対する割合は近年増加傾向にありますが、まだ男性より低いレベルを保っています。再入者率を男女別にみると、いずれの罪名においても「男性」が女性に比べて顕著に高く、男女ともに「覚せい剤取締法違反」がもっとも高くなっています。女性の窃盗と覚せい剤取締法違反において増加傾向にあり、この20年間にそれぞれほぼ3.8倍、2倍になっています。

5度以上の人も

2016年の入所受刑者（20,467人）の入所度数別人員（入所受刑者全体）では、入所度数が2度以上の者（再入者）が60％近くを占めるとともに、5度以上の者も20％を超えています。それをさらに詳細に入所度数別にみると、1度が40.5％、2度が17.0％、3度が12.0％、4度が8.7％、そして5度以上が21.9％を占めています。「罪名別」では、入所度数が増えるほど、窃盗と覚せい剤取締法違反の割合が増える傾向にあります。とくに覚せい剤取締法違反においては、4度以上の入所者は初回の2倍以上に増えています。

2016年の再入者12,179人中、男性は11,213人（入所男性全体の60.7％）、女性は966人（入所女性全体の48.2％）で、再入者の割合は女性も高いものの、入所者は男性が大多数であり、人数・割合ともに「男性」が多くなっています。

男性再入者では「窃盗」が35％、次いで「覚せい剤取締法違反」33％と、この二つの犯罪で全体の68％を占めています（**図5**）。一方、

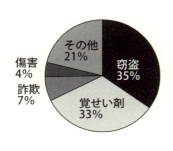

図5　再入者罪名別割合（男性、2015年）

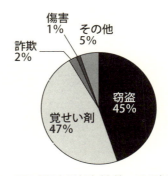

図6　再入者罪名別割合（女性、2015年）

女性再入者では「覚せい剤取締法違反」が47％ともっとも多く、窃盗が45％で、二つで全体の92％となり、女性受刑者の高齢化の問題とも密接に関連しています（**図6**）。よって、このような受刑者の質的な変化に伴う対策は、再犯予防対策の観点から非常に重要になると考えられます。

7 再犯者の実体

3人に1人が1年以内

2015年の『犯罪白書』によると、「再入者」の再犯期間別人員（12,626人）のうち、罪を犯して1年以内に入所してくる人の割合は37.5％、2年以内が21.1％、3年以内は12.5％、5年以内14.4％、5年以上が14.5％でした。1年以内の再犯率は窃盗犯で42.8％、覚せい剤取締法違反では33.9％でした。この数字から、3人に1人以上の人が1年以内に「再犯」をしていることが伺えます（**表2**）。

2016年の『犯罪白書』によると、1997年から2006年の各年の出所受刑者の10年以内、5年以内、および2年以内の再入率は、満期釈放者と仮釈放者の両方で減少傾向があるものの、満期釈放者の再入率は仮釈放者よりも一貫して高くなっています。10年以内の再入率は総数で47.6％、満期釈放者で59.5％、仮釈放者で36.8％です。これを男女別にみると、2014年出所受刑者の2年以内再入率は、男性は19.0％、女性は13.5％で、男性の方の再入率が高いことが読み取れます。また、男性は女性に比べて再犯期間が短いことが報告されています。

表2 再入者の再犯期間別人員（総数、窃盗、覚せい剤、2015年）

	総数	1年未満	2年未満	3年満	5年未満	5年以上
総数	12,626	4,733	2,663	1,577	1,818	1,835
割合（％）	100.1	37.5	21.1	12.5	14.4	14.5
窃盗	4,527	1,936	916	531	619	525
割合（％）	100.0	42.8	20.2	11.7	13.7	11.6
覚せい剤	4,130	1,402	996	576	575	581
割合（％）	99.9	33.9	24.1	13.9	13.9	14.1

背景に「負のスパイラル」

さらに、高齢者の「再入率」について年齢層別に眺めてみると、高齢者層ほど再入率が高く、再犯期間も短いことがわかります。高齢者では出所後の社会生活の立て直しがとくに困難で、実社会での生活苦、貧困、孤独などの諸々の条件が「負のスパイラル」となって、犯罪に舞い戻りやすい状況にあることが伺えます。これらの特殊な状況を鑑みて、高齢者の再犯防止に重点的に取り組む必要があることが議論されています。今後、その重要性は強まりはしても、軽減することはないでしょう。とくに「貧困」にあえぎ、孤立した高齢者には社会全体としての「支援」が不可欠であると思われます。

再入者は男女ともに、無職者および住居不定の者の占める比率が高く、男女全体では、再入者のうち無職者が72.1％、住居不定の者が22.9％でした。

8 再犯者率を減らすには

行き先がない

再犯をくり返し、再入所してくる人も"自分から好んで"入所してきているわけではありません。刑務所では、定時に起床し食事して、工場で作業し寝るという刑務所のルーティーンは身寄りのない受刑者には、自由こそありませんが、「安心感」を与えることでしょう。

多くの再入所者は、「今回で最後」と決めています。しかし、どうして多くの出所者が再び刑務所に戻るのでしょうか。上述のデータから、"行き先"のない人が刑務所に戻る実態が垣間みえます。薬物依存者や窃盗犯罪者、高齢犯罪者、女性犯罪者などに関する再犯防止の対策が「喫緊の課題」であることが明らかになっています。より重点的、かつ集中的な対策を推進することが必要であることは明らかです。

若いころから受刑をくり返すうちに高齢化したケースでは、逮捕や受刑によって職や住居を失い、家族とも疎遠になって、出所後も地域で孤立して「再犯」に及んでしまっていることが推測されます。

「クレプトマニア」（病的盗癖）という衝動的な窃盗をくり返してしまう精神疾患を含む「窃盗」（万引き）の動機は人それぞれですが、地域

や家族との"絆"を失った人が多いようです。クレプトマニアではないにしても、頼る家族がなく、将来への経済的な不安から生活費を節約するために「万引き」する一人暮らしの一定の貯蓄がある高齢者が目立つとのデータもあります。とくに高齢者の「万引き」の背景にはいろいろな要因が存在すると思われます。犯罪をしてしまった人は、さらに地域から排除され、ますます孤立し、再犯に至る悪循環に陥ってしまいます。

社会復帰に向けた環境づくり

　日本国民の「3人に1人」が65歳以上になるといわれている2025年には、一人暮らしの男性が約230万人、女性が約470万人、高齢者人口に占める割合は男性14.6％、女性22.6％にまで増加すると推定されています。高齢者の再犯増加の背景には、社会復帰のための住居や職の確保などが非常に厳しく経済的な自立がより難しくなっています。また、一人暮らしの高齢者が増え、社会的に「孤立」するのが深まっています。

　孤立することは必ずしも孤独につながるわけではありませんが、再犯者には、家族がいない人や"絆"が切れた人が多く、出所後の就労が難しいという現状があります。再発防止には、やはり「孤独じゃない」ということが大事だと思います。

　また、日本の刑務所内での受刑者の社会復帰に向けた"環境づくり"は必ずしも最適でないかもしれません。実際、日本の刑務所内の特殊な事情があるとはいえ、刑務所ではコミュニケーションが奪われ、問題解決能力や就労適応性が育ちにくく、やはり「刑務所の内と外をつなぎ、社会との縁をどう取り戻すかを考える必要がある」と、指摘する人もいます[2]。受刑者の「社会復帰」に向けた環境づくりについてはまだまだ改善するところが多々あるように思います。受刑者の社会復帰に向けた環境づくりは、このように社会全体が他人をも包み込む"包容力"が不可欠なのです。

9　日本政府の取組み

　日本政府は、「『世界一安全な国、日本』の復活を目指し、関係推進本部および関係行政機関の緊密な連携を確保するとともに、有効適切な対策を総合的かつ積極的に推進するため」、犯罪対策閣僚会議を随時開催

しています。

　日本政府は2012年7月、再犯の防止は政府一丸となって取り組むべき喫緊の課題という認識のもと、数値目標を盛り込んで「再発防止に向けた総合対策」を決定しています。さらに犯罪対策閣僚会議は2014年12月、「立ち直りに様々な課題を抱える薬物依存者や犯罪をした高齢者・障害者等の多くは、刑事司法と地域社会の狭間に陥り、必要な支援を受け入れられないまま再犯に及んでいる」という認識のもと、「犯罪に戻らない・戻さない」を宣言しました。

　さらにこれを受けて、犯罪対策閣僚会議は2016年7月12日、新たに「薬物依存者・高齢犯罪者等の再犯防止緊急対策─立ち直りに向けた"息の長い"支援につなげるネットワーク構築」を決定しました。そのなかで、「安全・安心な暮らしを脅かす薬物犯罪」においては、薬物依存からの回復に向けた矯正施設・保護観察所による指導と医療機関による治療などを一貫して実施することを挙げています。そうすることによって、薬物依存の問題を抱えるすべての保護観察対象者などが、薬物依存から回復に必要な専門的な指導や医療機関による治療法を受けられるようにするとしています。

　また、「高齢者犯罪の増加と受刑者の高齢化等」においては、地域社会とつながった指導・支援を刑事司法の各段階において実施し、立ち直りに福祉サービスや医療などの支援を必要とする高齢者・障害者などが、刑事司法のあらゆる段階を通じ、適切な時期に支援を受けられるようにするとしています。そして、これらの二つの課題を改善し、再犯防止をいっそう進めるために、刑事司法手続き終了後を含めた、立ち直りに向けた"息の長い"支援に取り組む民間活動を推進することを決定しています。

　これらの三つの柱からなる取組みを進め、「2020年を目途に、全国各地に薬物依存者や犯罪をした高齢者・障害者等の立ち直りを支えるネットワークが構築されていることを目指す」としています。さらに2021年までに「刑務所出所者等の2年以内再入率を20％以上減少させる」という数値目標を設定しています。

第2章　日本の犯罪の傾向と現状　　69

10　再犯防止のための基本方針

　2020年の「オリンピック・パラリンピック東京大会」の開催に向けて、再犯の防止は日本政府が一丸となって取り組むべき喫緊の課題です。また、国民の安全と安心を確保することは国の経済活性化の基盤でもあります。そのようななか、日本政府は2016年12月、「再犯の防止等の推進に関する法律」を制定し、再犯の防止などに関する施策を総合的かつ計画的に推進していく基本事項を提示しました。同時に、犯罪対策閣僚会議のもとに新たに法務大臣が議長を務める「再発防止対策推進会議」および法務副大臣を議長とする「再犯防止推進計画等検討会」を設置し、議論を重ねてきています。

　その結果を、2017年12月1日の第2回再犯防止対策推進会議にて、推進計画の案を取りまとめています。そして12月15日の犯罪対策閣僚会議にて、「再犯防止推進計画」を承認しています。その計画の詳細は下記のサイトから閲覧できます。

　　　https://www.kantei.go.jp/jp/singi/hanzai/kettei/171215/honbun.pdf
　　　（再犯防止推進計画　2017年12月15日　犯罪対策閣僚会議）

「再犯防止推進計画」の概要
　以下、その「再犯防止推進計画」の概要を説明します。
　犯罪対策閣僚会議は、検挙者に占める再犯者の割合が48.7％と高い水準にあることを受けて、安全・安心な社会を実現するためには「再犯防止対策」が必要不可欠であるという認識にいたっています。「再犯の防止等の推進に関する法律」第3条に挙げられた基本理念をもとに、以下の5つの基本方針（**表3**）を設定しました。

　①犯罪をした者等が、多様化が進む社会において孤立することなく、再び社会を構成することができるよう」に関係機関の密接な連携協力を確保すること。

　②「犯罪をした者等が、その特性に応じ、刑事司法手続きのあらゆる段階において、切れ目なく、再犯を防止するために必要な指導および支援を受けられるようにする」こと。

　③「犯罪被害者等の存在を十分に認識し、犯罪をした者等に犯罪の責任や犯罪被害者の心情等を理解させ、社会復帰のために自ら努力させる

表3　再犯防止推進計画の5つの基本方針

> 1. 「誰一人取り残さない」社会の実現に向け、国・地方公共団体・民間の緊密な連携協力を確保して再犯防止施策を総合的に推進
> 2. 刑事司法手続のあらゆる段階で切れ目のない指導及び支援を実施
> 3. 犯罪被害者等の存在を十分に認識し、犯罪をした者等に犯罪の責任や犯罪被害者の心情等を理解させ、社会復帰のために自ら努力させることの重要性を踏まえて実施
> 4. 犯罪等の実態、効果検証・調査研究の成果等を踏まえ、社会情勢等に応じた効果的な施策を実施
> 5. 再犯防止の取組を広報するなどにより、広く国民の関心と理解を醸成

ことの重要性を踏まえて実施」すること。

4犯罪などの実態、効果検証・調査研究の成果などを踏まえ、民間団体や関係者と調整して、社会情勢などに応じた効果的な施策を行なうこと。

5更生の意欲がある犯罪をした者などが責任のある社会の構成員として国民から受け入れられるよう「再犯防止の取組を広報するなどにより、広く国民の関心と理解を醸成」すること。

11　再犯防止に向けた重点課題

再犯防止の取り組みなどは際社会においても重要な課題です。2020年4月に日本で開催予定の第14回国際連合犯罪防止刑事法会議[*]の全体テーマは「2030アジェンダの達成に向けた犯罪防止、刑事司法および法の支配の推進」です。その一環として「再犯防止：リスクの特定とその解決策」がワークショップトピックの一つとして取り上げられます。

表4にあるように、日本とスイスだけが、この国連犯罪防止刑事法会議を2回ホストしています。2020年のオリンピック・パラリンピック東京大会を控え、日本政府がいかに国の安全に留意しているかがわかります。テロリストからすれば、オリンピック・パラリンピックでのテロは世界の人びとに心理的ダメージを与え、自分たちのメッセージをもっとも効率よく届けることができる「最高の舞台」ですので、私たち国民一人ひとりはその予防・対策に向けて、テロへの意識を高めるとともに、

表4　国際連合犯罪防止刑事司法会議、第1-14回の開催年、開催地、会議の焦点

回数	開催年	開催国・都市	中心課題
1	1955	スイス・ジュネーブ	被拘禁者取扱いのための標準最低規則の採択
2	1960	英国・ロンドン	少年犯罪、囚人労働、仮釈放、社会変化と経済開発に伴う犯罪性
3	1965	スウェーデン・ストックホルム	犯罪防止刑事司法および犯罪防止と職業訓練のための犯罪学研究の分野における技術援助
4	1970	日本・京都	社会防衛計画
5	1975	スイス・ジュネーブ	ビジネスおよび組織犯罪としての犯罪、虐待その他の非人間的な扱いあるいは罰に依存しているすべての人びとの保護に関する宣言の採択
6	1980	ベネズエラ・カラカス	国の社会、文化、政治および経済的な状況および発展に基づいた犯罪予防
7	1985	イタリア・ミラノ	ミラノ行動計画、少年司法管理のための国連標準最低規則、犯罪者および力の乱用のための司法の基本原則の宣言、司法の独立に関する基本原則の承認、
8	1990	キューバ・ハバナ	刑事問題における相互扶助、刑事問題における訴訟の転送、条件付きで判決が下された違反者あるいは条件付きで出所された違反者の監督の転送に関するモデル条約の承認；親権を持たない対策に関する標準最低規則、囚人対応の基本原則、自由を奪われている子どもの保護に関する国連規則、警察官による部隊と銃器の取り扱いに関する基本原則、検察官の役割に関する指針、弁護士の役割に関する基本原則
9	1995	エジプト・カイロ	法規範の強化、国際組織犯罪に対する行動、環境と犯罪司法、警察制度、および都市部と子どもにおける犯罪および暴力の犯罪性に関係した犯罪予防戦略
10	2000	オーストリア・ウイーン	21世紀に挑戦する犯罪と司法に関するウイーン宣言
11	2005	タイ・バンコク	国際組織犯罪；テロおよびテロと他の犯罪活動とのつながりに対する国際協力
12	2010	ブラジル・サルバドール	子どもと青年、犯罪；密航；人身売買；資金洗浄；サイバー犯罪
13	2015	カタール・ドーハ	社会および経済問題に対応し、国内、国際レベルの法の支配と市民の参加を助成するために、犯罪防止と刑事司法をより幅広く国連の課題に統合すること
14	2020	日本・京都	2030アジェンダの達成に向けた犯罪防止、刑事司法および法の支配の推進

日本政府は他国の事例から学び、対策をグローバルに展開することが不可欠です。

その意味でも、オリンピック・パラリンピック東京大会の数カ月前に日本で第14回国際連合犯罪防止刑事司法会議が開催される意義は大きいと思います。昨今の政治状況からテロや犯罪防止対策の確実な実行は、大会成功のカギであるだけでなく、日本の国の威信にも関わる問題です。これらの一連の取組みが、再犯防止に対する国民の意識を喚起し、社会全体で再犯防止を推進するようになることが期待できます。

再犯防止に関する要素は重層的かつ多岐にわたりますので短絡的なアプローチは禁物です。犯罪対策閣僚会議では、上記の基本方針に基づいて、再犯防止施策を以下に揚げる「7つの重点課題」とその課題に取り組むための主な「具体的施策」（**表5**）に下記のように整理しています。

【7つの重点課題】
1. 就労・住居の確保のための取り組み
2. 保健医療・福祉サービスの利用の促進など
3. 学校などと連携した修学支援の実施など
4. 犯罪をした者などの特性に応じた効果的な指導の実施など
5. 民間協力者の活動の促進など、広報・啓発活動の推進など
6. 地方公共団体との連携強化など
7. 関係機関の人的・物的体制の整備など

さらに、それぞれの重点課題のもと、それに対処するための「具体的施策」を整理しています。たとえば、重点課題「1 就労・住居の確保などのための取組」では、①職業適性の把握と就労につながる知識、技能などの習得、②就職に向けた相談・支援などの充実、③新たな協力雇用主の開拓・確保、④協力雇用主の活動に対する支援の充実、⑤犯罪をした者などを雇用する企業などの社会的評価の向上など、⑥就職後の職場定着に向けたフォローアップの充実を具体的な施策として位置づけています。

以下、重点課題1～7のもとでの具体的施策については**表5**を参照してください。日本政府はこれらの具体的な施策を通じて、2021年まで

表5 再犯防止推進計画の7つの重点課題と主な施策

1 就労・住居の確保
・職業適性の把握と就労につながる知識・技能等の習得
・就職に向けた相談・支援等の充実
・新たな協力雇用主の開拓・確保
・協力雇用主の活動に対する支援の充実
・犯罪をした者等を雇用する企業等の社会的評価の向上等
・就職後の職場定着に向けたフォローアップの充実
・一般就労と福祉的支援の狭間にある者の就労の確保
・矯正施設在所中の生活環境の調整の充実
・更生保護施設等の一時的な居場所の充実
・地域社会における定住先の確保

2 保健医療・福祉サービスの利用の促進等
・関係機関における福祉的支援の実施体制等の充実
・保健医療・福祉サービスの利用に関する地方公共団体等との連携の強化
・高齢者又は障害のある者等への効果的な入口支援の実施
・刑事司法関係機関等における効果的な指導の実施等
・治療・支援等を提供する保健・医療機関等の充実
・薬物依存症の治療・支援等ができる人材の育成

3 学校等と連携した修学支援の実施等
・児童生徒の非行の未然防止等
・非行等による学校教育の中断の防止等
・学校や地域社会において再び学ぶための支援

4 犯罪をした者等の特性に応じた効果的な指導の実施等
・適切なアセスメントの実施
・特性に応じた指導等の充実
・犯罪被害者等の視点を取り入れた指導等
・再犯の実態把握や指導等の効果検証及び効果的な処遇の在り方等に関する調査研究

5 民間協力者の活動の促進等、広報・啓発活動の推進等
・民間ボランティアの確保
・民間ボランティアの活動に対する支援の充実
・更生保護施設による再犯防止活動の促進
・民間の団体等の創意と工夫による再犯防止活動の促進
・民間協力者との連携の強化
・再犯防止に関する広報・啓発活動の推進
・民間協力者に対する表彰

6 地方公共団体との連携強化等
・地方公共団体による再犯の防止等の推進に向けた取組の支援
・地方再犯防止推進計画の策定等の促進
・地方公共団体との連携の強化

7 関係機関の人的・物的体制の整備等
・関係機関における人的体制の整備
・関係機関の職員等に対する研修の充実等
・矯正施設の環境整備

に2年以内再入率を16％以下に確実に達成し、国民が安全で安心して暮らせる「世界一安全な日本」の実現することを目標としています。

＊国際連合犯罪防止刑事司法会議（The United Nations Congress on Crime Prevention and Criminal Justice）
国連薬物犯罪事務所（UNODC、オーストリア・ウイーンに本部）が開催する「犯罪防止・刑事司法」分野における国連最大の国際会議。会議には司法大臣、検事総長などハイレベルの各国政府代表、国際機関、NGO関係者などが参加し、1955年以降5年ごとに開催されている。会議では、犯罪防止・刑事司法分野の対策や国際協力のあり方などが検討され、最終的には会議のまとめとして政治宣言を採択している。日本政府は第14回国連犯罪防止刑事司法会議（コングレス）を、オリンピック・パラリンピック東京大会前の2020年4月に京都で開催を予定。

12　再犯防止の外国の事例

地域生活定着支援事業

　上記のように、日本政府は2020年夏の「オリンピック・パラリンピック東京大会」を控えて、テロ対策に加え、「再犯防止」も政府の重点課題の一つにしています。政府は矯正施設を釈放後行き場のない、とくに高齢者や障害者が福祉サービスを受けられるように、2009年から「地域生活定着支援事業」（現在は地域生活定着促進事業）を都道府県単位で始めています。

　都道府県の地域生活定着支援センターが、①コーディネート業務（受入れ先施設などのあっせん、または福祉サービスに係る申請支援など）、②フォローアップ業務（社会福祉施設などを利用している人に関して、本人を受け入れた施設などに対して必要な助言など）、③相談支援業務（退所した人の福祉サービスの利用に関して、本人またはその関係者からの相談に応じて、助言その他必要な支援）を担当しています。

　実際、元受刑者の居場所のコーディネートを終えたセンターで再犯率が「10％以下に減少した」という報告もあります。いろいろと条件が違いますので単純に比較することはできませんが、特別調整を経て"居場所"を確保したことが「再犯防止につながった」といえると思います。

ボッラーテ刑務所

　また、この政府のイニシアティブのほかに自治体も独自に再犯防止対策を試みていますが、ここでは外国（イタリア）の事例（ボッラーテ刑務所）を簡単に紹介します。

イタリアのミラノから北約15キロに位置するボッラーテ（Bollate）には、被収容者に、その自由の制約と両立しえる限りで、すべての諸権利の行使を最大限認めるような、きわめて先進的な「拘禁の形態」の実現に取り組んでいる一つの刑務所「ボッラーテ刑務所」があります。

　そこの所長を9年間務めた「ルチア・カステラーノ」（現在イタリア司法省少年・社会内処遇局局長）女史は、2017年3月に京都市で開催された「日伊シンポジウム」で講演し、「生活のすべてを指示する抑圧的な処遇では再教育や社会復帰はできない」と訴えていました（ボッラーテ刑務所の奇跡——イタリアの刑務所改革はいかに推進されたのか？[3]）。

　カステラーノ女史らは、これまでの厳格な管理体制では、憲法が保障する人権の尊重、および受刑者の更生の観点からも、「うまくいっていない」という現実に翻弄されていました。そこで、彼女を中心に結成されたプロジェクト・チームのメンバー、および地域の関係者（社会共同組合）と一緒になって「改革」に着手し、所内の図書館や劇場の運営を受刑者に任せるなど、受刑者のために一定の「自由」を確保しました。条件を満たした受刑者には「所外での就労」を認め、刑務所から通勤させました。所内で大学の授業を開き、外部にも開放しました。

13　ボッラーテ刑務所の基本原則

時間と空間の使い方に相応の責任

　これを実践するために、カステラーノ女史らが拠りどころとした「基本原則」が3つあります。

　①は、刑務所はボッラーテ住民と共通のルール体系に基づいて運営されるべき都市の一部で、刑務所の中での生活もそれに準ずるべきであるということです。つまり、可能なかぎり刑務所を社会環境に近づけ、各受刑者に自律的な生活を認め、受刑者が時間と空間の使い方に関してそれぞれ「相応の責任」をもってもらうことでした。

　②は、時間的条件が及第した場合に、法律が準備しているすべての手段を最大限活用することです。たとえば、条件がクリアできた場合には刑務所外での「就労」も可能ということです。実際、100人以上の民間ボランティアが受刑者と一緒に社会的企業をつくり、配食サービスや

イタリアのボッラーテ刑務所の外観
出典：ボッラーテ刑務所ホームページ http://www.carceredibollate.it/home/

　コールセンター、地域に開いたレストランなどを運営しています。レストランでも有名なのが、ボッラーテ刑務所内にオープンした「インガレラ」（InGalera、「刑務所内」の意）で、そこで働く人たちはすべて服役囚です。いまでは刑務所の中とは思えないクオリティ（5点満点4.5）で、「美味しい」と評判も上々で、地元の人も足を運ぶようになっているそうです。また、ボッラーテ刑務所では、受刑者のほぼ10％が外部でも働いています。
　3は、自由に外に出ることができない刑務所という要塞都市と一般地域住民が住む都市との間で、「交流」が頻繁にできるということです。刑務所から外で働くために毎日出勤して行く受刑者とボランティアや教員、勤労者などとして毎日刑務所に入って来る自由市民が「交流の場」を共有します。「こうして『塀の中』の生活と、塀の外の生活との間のずれが一歩一歩縮まって」ゆきます。

再犯率と運営費が軽減
　その結果、出所から5年間の再犯率は明らかに「減少」していました。刑務所間で受刑者の質が異なるため単純な比較はできませんが、ほかの一般的な刑務所の平均的な犯罪率60％と比較して、ボッラーテ刑務所の再犯率は約18％でした。ボッラーテ刑務所の再犯率は同等の受刑

者を抱える刑務所と比較しても、約9％（約半分）低くなっていました。

　カステラーノ女史は、受刑者の逃亡やプロジェクトがうまくいかなかった場合のリスクは伴うが「再犯率は下がった」と話していました。これは「ボッラーテ刑務所の奇跡」とも呼ばれています。とはいえ、ボッラーテ刑務所のような刑務所がイタリア全土にまだ広く普及しているわけではありません。だからこそ「ボッラーテ刑務所の奇跡」といわれる所以ではないでしょうか。

　しかしながら、「ボッラーテ刑務所プロジェクトは、刑事施設ならば不可避的に有している懲罰的で応報的な側面について忘却しているわけでは決してない」ともいっています。

　こうしてカステラーノ女史らによる「ボッラーテ刑務所プロジェクト」の実践によって、「再犯率」の顕著な低下と刑務所を運営する「総経費」が軽減することが明らかになりました。

　カステラーノ女史はまた、時間の問題のほかに「人権と人間的な尊厳を尊重するような時間を生きることができるような、新しい『空間』の建設から再出発する必要があった」とも述べています。さらに、自由な世界と刑務所との有効な連携によって「拘禁刑の執行に関する責任を、刑務所だけが単独で背負い込むのではなく、社会全体が集団的に引き受けるようになっていく体制が形成されていく」ともいっています。

　この事例が示唆するように、民間部門が行政の補助的な役割ではなく、対等なパートナーとなって、プロジェクトのオーナーシップを構築することが重要です。すなわち、自由な世界にいる地域住民が、堀の中の人びとにも心を通わし、そこに暮らす人びととの生活にも積極的にコミットする体制を確立することが大切であるということです。

　この「ボッラーテ刑務所の奇跡」をすぐに日本に応用することは現状では難しいかもしれませんが、これを遠い国の「おとぎ話」に終わらせることなく、日本の刑務所の状況を整理し、環境を整えてプロジェクト的に一部挑戦することは可能ではないでしょうか。

14 世界の刑務所の動向

所内の暴力の増加

　刑事司法制度の一環としての刑務所は「社会の安全」を維持するのに重要な役割を果たしていますが、刑務所の過密状態は世界中に広がっています。よって、刑務所をいかに「管理」するかということは優先度の高い課題です[4]。日本だけでなく、ほかの国でも、多数の女性や高齢者が貧困と家庭の役割に関連した微罪で拘置されることが、多くの研究から報告されています。また、多くの国では刑務官の不足や受刑者の過密が原因で、刑務所での「暴力」の増加が見られます。日本では、刑務官、とくに女性刑務官の定着率が低く、問題になっています。

　刑務所だからこそ「人間的な施設状態にする」という考えもあります。つまり、刑務所内の非人間的な環境は極度の暴力を生み、逆に人間的な環境は受刑者を守る一つの要因になるだけでなく、市井(しせい)も安全になり、よって住民はより安心感を得ることになるでしょう。したがって、刑務所のシステムや受刑者の行動は実社会の延長線上にあることがわかります。

行政と民間がパートナーとして

　出所後に「仕事」を得るのに必要なスキルと教育を受刑者に備えさせることが重要であることはよく知られています。日本の刑務所内で厳格な管理のもとでの「作業」は、スキルアップにつながっているか疑問視する声もないわけではありません。仕事あるいは労働に就き、継続させるということは、自分自身で時間を管理し、少なくとも将来へのわずかな希望をもってそれに臨む態度が不可欠です。

　刑務所内の仲間や刑務官との「私語禁止」は、ある面で受刑者から、自由な世界での生活に不可欠なコミュニケーション能力を奪うことにつながりかねません。受刑者の質は多様であり、一律一辺倒ではなく、多様性に合わせた、テーラーメイドの刑の執行をプログラムするということも必要であると考えます。

　これはもちろん行政だけでできる問題ではありません。上述したボッラーテ刑務所の試みでもわかるように、行政と民間が対等のパートナーとなって、そして社会全体で刑務所の課題を自分たちの「隣人の問題」

であるとの"共感"を身につけることが前進につながります。
　管理栄養士の指導のもと、栄養バランスのよい食事が「1日3食」きちんと提供され、病気になれば医者に診てもらえ、テレビ観戦できる少しばかりの自由の時間などもある日本の刑務所は、過密状態で寝る場所もなく、「獄死率」が非常に高いといわれる多くの途上国の刑務所に比べるととても「快適」といわれています。
　『Global Prison Trends 2017』は、世界の刑事司法と囚人政策・実践における時事問題の発展と挑戦を課題に、女性やLGBT、外国人囚人、高齢者などの社会的に弱い立場に置かれた受刑者に関連した特殊な問題、刑務所内の過密状態や安全と暴力、刑務所内の矯正医療（薬物中毒者を犯罪司法問題としてではなく、健康に基づいたアプローチも含む）と労働、極度の暴力などを含む刑務所管理の発展と挑戦など、世界の犯罪と刑事司法を多角的に分析しています。また、刑事司法およびその改革が、国連が謳う2030アジェンダ、「持続可能な開発目標」（Sustainable Development Goals）を達成するために何ができるかについても考察しています。

15　さいごに

　刑務所で刑に服している人たちは、特別な人たちではありません。その多くは貧困や病気、高齢、女性といった立場の弱い、あるいは幼年期の養育環境がたまたま悪かった人などが無銭飲食や万引きなどの"軽微な犯罪"をくり返す、私たちの「隣人」が大半です。
　「自分だって生まれ育った環境が少し違っていたらどうなっていただろうか」……。もしかしたら、ちょっとした理由で、自分も同じ運命に陥らないという保証はどこにもありません。万引きや他人を傷つける行為、不注意な車の運転による人身事故……など、リスクはどこにでもあります。けっして「他人事」とはいえないのです。罪を犯したのも、またそれを回避できたのも、ほんの"たまたま"であったのではないでしょうか。そして、"たまたま"罪を犯してしまった人、再犯をした人びとも、そのほとんどが私たちの隣人であり、友人である可能性が非常に高いのです。

日本の刑務所では、このような人たちは「自由刑」に服し、自分の思いのまま動ける空間のない、そして「時計」のない、自由が奪われた生活を余儀なくされています。本来、刑務所の理念は受刑者の「更生」です。決して厳格な"体罰"ではなく、受刑者一人ひとりの尊厳と人権を遵守しつつ、その更生のプロセスを経て、みんなに希望を取り戻させることです。

　罪を犯して服役した人もいつかは社会に戻ってゆきます。しかし、何かの事情でそれが許されなかったとすれば、私たちはどうすればいいのでしょうか……。私たちができることは、こうした人たちをも「包摂」できる社会をつくることです。そしてそれは、私たち一人ひとりの努力にかかっていることを自覚して欲しいと思います。

　人間は"ひとり"では生きていけません。私たちは、互いに支えあって生きています。生まれながらにしての犯罪者はいないのです。犯罪は社会が作るものなのです。犯罪を、犯罪者を、そしてその背景にある社会性を知ることによって、私たちはそれぞれの問題を「第一人称」で考えることができるようになると思います。そこから私たちは犯罪、そして再犯を減らす一つの光を見いだすように思います。

　次章では、刑務所に関する法の変遷から「日本の刑務所の現状」について概説します。

参考文献
1 法務省法務総合研究所（編）『犯罪白書〈平成28年版〉再犯の現状と対策のいま』、2016年
2 菊田幸一『日本の刑務所』、岩波新書、2002年
3 ボッラーテ刑務所の奇跡――イタリアの刑務所改革はいかに推進されたのか？
　https://synodos.jp/international/19476
4 Penal Refor International (London, UK) and Thailand Institute of Justice (Bangkok, Thailand)『Global Prison Trends 2017 ― The Sustainable Development Goals and criminal justice―』,2017

コラム
PFI刑務所

名古屋刑務所事件を受け、行刑改革の一環として導入されたのが、PFI刑務所である。PFI（Private Finance Initiative）とは、民間の資金、技術および経営のノウハウを活用し、公共施設の建設、運営、維持管理などを行う手法だ。1999年7月、「民間資金等の活用による公共施設等の整備等の促進に関する法律」（PFI法）が制定され、同年9月に施行された。これによって、PFI事業が可能となる。そこで、内閣府に設置された総合規制改革会議は、2003年の「規制改革推進3か年計画（再改定）」において、「刑事施設の民間委託の推進」を掲げた。

行刑改革会議での議論を経て、2007年4月、日本初のPFI刑務所として、山口県美祢市に美祢社会復帰促進センターが設立された。PFI刑務所導入の理由としては過剰収容問題の解消、刑務所職員の負担軽減、行刑の透明性確保、改善更生に向けた処遇の効率化、地域経済の活性化などが挙げられた。その後、2008年10月に喜連川社会復帰促進センター（栃木県さくら市）と播磨社会復帰センター（兵庫県加古川市）、2009年10月に島根あさひ社会復帰促進センター（島根県浜田市）が設立されている。事業方式としては、美祢センターと島根あさひセンターは建設から維持、運営まで民間がかかわるBOT（Build-Operate-Transfer）方式、喜連川センターと播磨センターは、国が建設し、維持と運営を民間に委託するO（Operate）方式である。定員は、美祢センターが男子500人、女子800人の計1,300人、喜連川センターが男子2,000人、播磨センターは男子1,000人、島根センター男子2,000人となっている。その中に、精神疾患や知的障害、身体障害のある受刑者も一定数含まれている。対象となるのは、初めて刑事施設に収容される、犯罪傾向の進んでいない者に限られる。これは民間の負担を軽減させる目的もあるが、当時、初犯受刑者が増えていたことも背景にある。初入者の割合は、1992年の36.7％から2003年には51.9％まで増加した。しかし、以後減少を続け、2016年には40.5％まで下がっている。PFI刑務所を有効利用するためにも、対象者の拡大は検討されるべきだ。

処遇内容は変わったのだろうか。美祢センターは、刑務作業や職業訓練としてプログラミングを導入するなど、より実践的な技術習得に力を注いでいる。一方で、処遇の困難な受刑者が後回しにされるという批判もある。PFI刑務所でも、受刑者の改善更生が行刑の目的であることは変わらない。既存の刑務所を改善することで対応できる問題も多い。市場原理に委ねることなく、民間の知恵をどう生かしていくか。これからも試行錯誤が必要だ。

藤谷和廣・紺野圭太・玉城英彦

第3章　刑務所に関する法制度

藤谷和廣　紺野圭太
玉城英彦

1　はじめに

　日本では、1908年（明治41）に制定された「監獄法」が21世紀に入るまで適用されてきました。監獄法はわずか「75条」からなり、内容も具体性に欠けるものであったため、刑務所行政に関する日々の問題については法務省令、法務省矯正局の通達、そして各施設長の裁量によって対応してきました。

　2003年、名古屋刑務所で起こった受刑者の死傷事件を契機に、法務省は民間有識者からなる行刑改革会議を立ち上げます。2005年、行刑改革会議の提言を基に監獄法は全面的に改正され、「刑事施設及び受刑者の処遇等に関する法律」（受刑者処遇法）となりました。さらに2006年の改正を経て、現在は「刑事収容施設及び被収容者等の処遇に関する法律」（刑事収容施設法）となっています。また、刑務所における受刑者の処遇に関する主な国際法としては、1976年（昭和51）に発効した「市民的及び政治的権利に関する国際規約」（自由権規約）、そして1987年（昭和62）に発効した「拷問及び他の残虐な、非人道的な又は品位を傷つける取り扱い又は刑罰に関する条約」（拷問禁止条約）があります。以下では、随時これらの国際基準を参照しつつ、日本の刑務所のあり方について法制度的な面から検討していきます。

　本章では、まず法改正に至る経緯として「名古屋刑務所事件」を取り上げ、その背景として過剰収容や旧監獄法の問題点についてまとめます。そして、法改正によって変わった点、変わらなかった点を整理します。なお、刑務所内の医療体制については第4章 矯正医療の現状と課題で詳しく説明します。最後に、受刑者の就労支援について政府および民間の取り組みを紹介します。

2　名古屋刑務所事件

　法改正のきっかけとなったのは、名古屋刑務所における一連の「集団暴行事件」でした。2001年に起こった「放水事件」と2002年に起こった二つの「革手錠事件」を併せて、一般に「名古屋刑務所事件」と呼ばれています。いずれも保護房に収監されていた受刑者に対して刑務官が

暴行を加えたという事件でした。

　事件の概要を簡単に説明します。まず、2001年12月、当時43歳の男性受刑者が臀部に消防用ホースで放水され、直腸裂傷などを負ったことで細菌性ショックを引き起こし、死亡しました。翌年5月には、革手錠のベルトを強く締められ、腸管膜損傷などを負ったことで、外傷性ショックにより当時31歳の男性受刑者が亡くなります。さらにその年の9月、同じく革手錠を着用させられた当時31歳の男性受刑者が、外傷性腸管膜損傷など約2カ月の重傷を負いました。

　両方の事件に関わったとして、元副看守の男は特別公務員暴行陵辱致傷と同致死幇助罪の罪に問われ有罪が確定しました。放水事件に関わった他の2人の刑務官はそれぞれ特別公務員暴行陵辱致傷と同致死幇助の罪に問われ、第一審と控訴審で有罪判決を受けます。その後、最高裁判所に上告しましたが棄却され、有罪が確定しました。また、革手錠事件については特別公務員暴行陵辱致死と同致傷罪に問われた別の副看守の男をはじめとして、起訴された他の5人の刑務官のうち4人が一審で有罪判決を受け、名古屋高等裁判所に控訴しましたが、棄却されました。

　事件後、国会の要請を受け、法務省は「死亡帳」の調査に応じました。死亡帳とは、監獄法施行規則に基づく公文書で、そこには亡くなった被収容者の病歴や死因、検視結果などが記載されています。2003年3月25日の衆議院法務委員会で法務省が発表したところによると、全国の刑務所・拘置所で2002年までの10年間に死亡した1,592人の被収容者のうち、484人が事件や事故の可能性があるとして「司法検視」の対象となり、さらにそのうち68人が自殺や変死の疑いで「司法解剖」されていたことがわかりました。

　「はじめに」で紹介したように、日本は「自由権規約」および「拷問禁止条約」に加入しており、日本国憲法98条2項で国際法規の遵守義務を定めています。したがって、日本は受刑者の人権を保障する道義的責任だけでなく、法的義務も負っています。そんななか、受刑者を死に至らしめるような事件が起こってしまったことは、きわめて深刻に受け止めなければなりません。また、その後明らかになった不審死の事例数を鑑みると、「名古屋刑務所事件はほんの氷山の一角に過ぎなかったのではないか」という疑問を抱かずにいられません。

3　事件の要因

　なぜこのような事件が起こってしまったのでしょうか。

　2003年10月、法務省は全国の受刑者と刑務官を対象にしたアンケートを行ない、結果を公表しました。それによりますと、「暴行か脅し、いじめのいずれかを受けたことがある」と答えた受刑者は34.2％に上り、刑務所の中で「人権侵害」が恒常化していた実態が浮き彫りになりました。しかし一方で、「受刑者から暴力を振るわれたり脅されたりしたことがある」刑務官は42.7％でした。「受刑者が暴力をふるってきたのでやり返してしまった」と答えている刑務官も多く、刑務所が異常な緊張状態にあったことがわかります。

　したがって、個人の責任を追及するだけでなく、構造的な問題にも目を向ける必要があります。刑務所の実態に詳しい憲法学者の沢登文治氏は、著書『刑務所改革　社会的コストの観点から』（集英社新書、2015年）の中で、事件の要因として過剰収容の問題を指摘しています。

　男性既決囚の場合を見てみましょう（**図1**）。1993年から2002年までの9年間、「収容率」は上昇の一途をたどり、2004年末には117.6％に達していました。2007年以降、収容率は下降傾向にあり、2016年末の時点では69.6％でした。また、刑事施設の職員1人あたりの被収容者負担率は、1998年の3.04から2006年には4.48まで上昇しており、2016年には再び2.92まで下がっています。すなわち、事件が起こった時期に前後して「過剰収容」の状態が続き、刑務官の負担が増大していたことがわかります。

　前述の刑務官アンケートでも、刑務所の問題点として「過剰収容」をあげた刑務官は81.4％に上りました。また、「昨年中に何日有給休暇をとりましたか」という質問に6割の刑務官が「3日以内」と答えており、その半数は「1日も休めなかった」といいます。厳しい労働環境のなか、決して従順であるとは限らない受刑者を何人も相手にすることは当然ストレスになります。

　さらに、過剰収容は刑務官だけでなく、受刑者にとっても心理的負担になります。前述の受刑者アンケートでは、生活様態として「夜間独居がいい」と答えた受刑者は62.1％に上りました。話し相手がいること

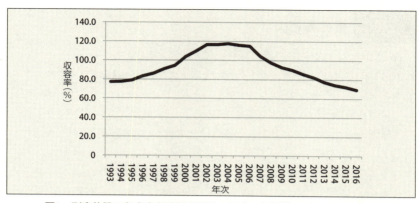

図1　刑事施設の収容率（男性既決囚）　平成29年版「犯罪白書」より作成

よりも、人間関係から生じるトラブルを避けたいと思う受刑者の方が多いようです。

　実際2006年5月、神戸刑務所において、2人の受刑者が収容されていた独居房で一方がもう一方から暴行を受け、死亡する事件が起こりました。同刑務所は当時、定員1,800人に対し、約2,200人を収容していたといいます。前述の刑務官アンケートでは、「受刑者同士の暴力や脅し、いじめを目撃したことがある」と答えた刑務官は67.7％に上りました。

　もちろん、このような背景を踏まえても、人権侵害が正当化されることはありません。しかし、再発防止に向けてはまず過剰収容を解消し、刑務官の負担軽減の策を講じる必要があるということは明らかでした。

4　保護房

　また、事件の舞台となった「保護房」についても言及しておかなければなりません。保護房については、旧監獄法には規定がなく、1967年の矯正局長通達によってその存在が認められていました。なお、刑事収容施設法は第79条で保護房の存在を明記し、名称も「保護室」に改められました。保護房とは、自傷・自殺の恐れがある者、他の受刑者や刑務官に暴行した者、施設を損壊した者などを収容する「特殊房」のことを指します。保護房への拘禁は原則「7日以内」とされていましたが、刑務所長によって必要性が認められた場合には、3日ごとにその期間を

更新することができました。そのため、保護房は、反抗的な受刑者に対する「懲罰手段」としてしばしば利用されてきました。

　監獄法第19条、そして監獄法施行規則第48条に基づき、保護房に入るときは「革手錠」をさせられるのが慣例でした。革手錠は単なる手錠ではありません。革製のベルトを受刑者の腹に巻き、そのベルトに密着する形で両手後ろ、両手前、片手ずつ前と後ろなどのパターンで固定したうえで、皮膚に食い込むように締め上げていく拘束具です。

　革手錠をされた状態では両手が使えないため、這いつくばって食事をしなければなりません。また、ズボンを下ろすことができないため、股の部分が切れた下着とズボンが提供され、床に埋め込まれたトイレで用を足します。ただ、水を流す際も看守に連絡しなければならないため、受刑者の精神状態によっては、"垂れ流し"になってしまうことも多いようです。さらに、革手錠が背や腹に食い込むため、夜も横になって寝ることはできません。本来、保護房拘禁は懲罰ではなく、懲罰に先立って一時的に受刑者を「隔離」することが目的です。したがって、革手錠使用は当たり前のように認められるものではありません。「犬食い」を強いられることはまさに屈辱であり、そのような刑務所の実態を黙認し、放置している社会に対する受刑者の憎悪は増すばかりです。更正など望むべくもないでしょう。ましてや、革手錠を使って受刑者を死傷させることは、「拷問」以外の何ものでもありません。

　自由権規約は第7条で「何人も、拷問又は残虐な、非人道的若しくは品位を傷つける取扱い若しくは刑罰を受けない」とし、また第10条1項で「自由を奪われたすべての者は、人道的にかつ人間の固有の尊厳を尊重して、取り扱われる」と規定しています。国連の自由権規約委員会は、第4回政府報告に対する最終見解（1998年）で、「革手錠など、残虐かつ非人道的取り扱いとなり得る保護措置の頻繁な使用」は規約違反の恐れがあると指摘しています。

5　懲罰

　「保護房は懲罰手段として使われていた」と書きましたが、そもそも何をしたらどんな懲罰を受けることになっていたのでしょうか。監獄法

第59条には「在監者規律ニ違ヒタルトキハ懲罰ニ処ス」とあるだけで、いわゆる構成要件は示されていませんでした。
　1994年の法務大臣訓令（「懲罰手続規定」）や同年の矯正局長依命通達（「懲罰手続規定の運用について」）などによると、規則違反をした受刑者は懲罰審議会にかけられることになっていました。懲罰審議会の構成委員については、5人以上ということ以外、とくに規定はありません。また、委員とは別に弁護役として補佐人がつくことになっていますが、この補佐人は刑務所の職員の中から指名されていました。
　日本国憲法は第31条で「何人も、法律の定める手続によらなければ、その生命若しくは自由を奪われ、又はその他の刑罰を科せられない」と規定しています。しかし、懲罰の決定に関しては、このデュー・プロセス（適正手続き）が保障されていなかったのです。実際に、前述の受刑者アンケートでは、55.4％の受刑者が「規則違反の取り調べは不公正だった」と答えています。自由権規約委員会も、第4回政府報告に対する最終見解で、「規則違反で摘発された被収容者に対する懲罰を決定するための公平かつ公開手続の欠如」を指摘しています。
　懲罰の中でもっとも多く利用されていたのが「軽屏禁」です。刑法学者の菊田幸一氏は、著書『日本の刑務所』（岩波新書、2002年）の中で、軽屏禁について描写しています。それによりますと、受刑者は「独居房」に昼夜拘禁され、起床から消灯まで1日中手は膝の上に乗せ、顔は入り口に向け、目を開き、背筋を伸ばして座り続けなければなりません。用便は午前、午後の2回のみ許可され、運動、入浴、読書、面会、手紙の発受などすべてが禁止されます。
　監獄法第60条によると、軽屏禁は最大60日間とされていましたが、受罰中に更新され、長期にわたることもありました。実際に徳島刑務所で、1人の受刑者に対する断続的な保護房拘禁と軽屏禁が、1978年1月9日から1984年9月30日までの計2,447日間の収容期間中、1,145日に及んだという、驚くべき事件がありました。受刑者は提訴しましたが、控訴審である高松高裁の判決は、拘禁中の戸外運動が禁止されたことについて違法性を認めたものの、拘禁自体については「所長の裁量権の逸脱ないし濫用があったとまでは認められない」としました。
　無制限の拘禁が許される可能性を司法が認めたことの重大性は強調し

てもし過ぎることはないでしょう。自由刑という罰を受けている受刑者に、さらに罰を与えるということは本来あってはならないことです。法律ではなく、所内規則に違反したというだけで人権を制限することは正当化できるはずがありません。しかも、懲罰は"恣意的"に決定されることも多く、刑法の大原則である罪刑法定主義は完全に無視された状態でした。自由権規約委員会は第4回政府報告に対する最終見解で、「頻繁な独居拘禁の使用を含む、厳しい懲罰の使用」は規約第7条および第10条に抵触する恐れがあると指摘しています。

6　法改正と刑事視察委員会の設置

　整理すると、旧監獄法の主な問題点は、被収容者の権利義務と職員の権限が不明確であり、また、処遇の原則や内容、方法に関する規定が不十分であったことでした。

　法律を読んだだけでは、どのように自由刑が執行されているのかわからないという状態は「行政密行主義」と批判されてきました。そこで、1982年から3回にわたって、監獄法を改正する刑事施設法案が国会に提出されましたが、成立するには至りませんでした。

　名古屋刑務所事件を受けて法務省に設置された行刑改革会議は、2003年12月、『行刑改革会議　提言―国民に理解され、支えられる刑務所へ―』を法務大臣に提出しました。

　提言は以下の三点を軸にまとめられていました。

　第一に、人間的な処遇を通じて受刑者の改善更正を目指す。

　第二に、刑務官の、主に過剰収容に起因する過酷な勤務状況を緩和する。

　第三に、受刑者の改善更正という刑務所の目的を国民に周知することです。

　この提言をもとに、法務省は監獄法の抜本的な改正を行ないました。まず、刑事施設の基本およびその管理運営に関する事項、ならびに受刑者の処遇に関する事項については受刑者処遇法が2005年5月18日に成立し、翌2006年5月24日に施行されました。

　他方、未決拘禁者や死刑確定者など、受刑者以外の被収容者に関して

は「刑事施設ニ於ケル刑事被告人ノ収容等ニ関スル法律」と名称こそ変わったものの、旧監獄法の規定がそのまま適用されていました。そこで、この法的格差を解消するため、両法を統合する形で「刑事収容施設法」が2006年6月2日に成立し、翌2007年6月1日に施行されました。

そして、刑事収容施設法第7条1項に基づき、一般市民からなる刑事施設視察委員会（以下、委員会）が設置されました。

刑務所を開かれた施設にすることで、一般社会との間の乖離を埋め、密室の暴力を防ぐことが目的とされています。しかし一方で、同7条2項は「委員会は、その置かれた刑事施設を視察し、その運営に関し、刑事施設の長に対して意見を述べるもの」と定めており、その役割を限定しています。

全国17の刑事施設に設置された委員会は、それぞれ4人から10人の委員で構成されています。年4回の会合で、受刑者から直接寄せられる「意見提案書」に目を通し、刑務所の実態を確認したうえで、申込があれば受刑者と直接面談する機会も設けています。また、必要に応じて視察を行ない、委員会としての意見をまとめて施設長に提出します。施設長は、この意見書を受けて講じた措置を法務省矯正局長に報告します。措置を講じなかった場合には、その理由も併記することになっています。最終的に、法務大臣がそれらを取りまとめ、概要を公表することになっています。

7　受刑者の処遇

前述の刑務官アンケートでは、66.5％の刑務官が「処遇について最も重要なこと」として「厳正な刑の執行」を挙げていました。しかし、「刑事収容施設法」は第30条で受刑者の処遇の原則を次のように定めています。「受刑者の処遇は、その者の資質および環境に応じ、その自覚に訴え、改善更正の意欲を喚起および社会生活に適用する能力の育成を図ることを旨として行うものとする」……。法改正によって、受刑者の改善更生を促し、社会への適応能力を養うことが処遇の目的であると明記されました。

まず、矯正処遇を効果的に実施するため、受刑者に対する処遇調査を

実施し、それぞれに適した処遇要領が策定されるようになりました。また、刑務作業の一環として、免許や資格、職業的知識および技能を習得できるように「職業訓練」が実施されるようになりました。さらに、職員が同行することなく刑事施設外の事業所に通い、業務に従事する外部通勤作業が導入されました。その他に外出や外泊が認められるようになりました。

この受刑者処遇原則を達成するため、刑務作業に加えて、「改善指導」および「教科指導」が導入されました。

「改善指導」は、すべての受刑者を対象とした一般改善指導と、特定の事情によって改善更生および社会復帰に支障があると認められる受刑者を対象とした特別改善指導に分けられています。受刑者は、一般改善指導を通じて、自分の罪に対する反省を深めると同時に、社会生活のうえで必要な心構えや知識などを学ぶことができます。また、特別改善指導には暴力団離脱指導、薬物依存離脱指導、性犯罪再犯防止指導、交通安全指導、就労支援指導のほか、被害者の視点を取り入れた教育などがあり、受刑者の特質に応じて重点的なプログラムが用意されています。

さらに、社会生活の基礎となる学力を欠くことにより、改善更生や社会復帰に支障があると認められる受刑者に対しては、小学校または中学校レベル、場合によっては高校または大学レベルの教科指導が行なわれるようになりました。なお、刑務所内で中学校卒業程度認定試験や高等学校卒業認定試験を受験することもできます。

受刑者は、改善更生への意欲や社会生活への適応能力に応じて、第1種からから第4種までの「制限区分」に指定されるようになりました。その区分によって、刑事施設の規律および秩序を維持するための生活および行動に関する制限に差が設けられています。また受刑者は、受刑態度に応じて第1類から第5類までの「優遇区分」に指定され、その区分によって外部交通や自弁物品の制限に差が設けられるようになりました。このような制限の緩和や優遇措置は、受刑者が主体的に改善更生と社会への適応能力育成に取り組む動機づけを目的として導入されました。

8　外部交通

　面会について、監獄法は第45条1項で「在監者ニ接見センコトヲ請フ者アルトキハ許ス」としつつ、同2項で「特ニ必要アリト認ムル場合」を除いて、面会の相手は親族に限定していました。面会回数については、監獄法施行規則第123条によって、原則として1カ月に1回とされていました。

　面会する権利が裁判で争われた事例を一つ紹介します。1997年から1998年にかけて、広島刑務所に服役中の受刑者2人から、「刑務官から暴行を受けた」として人権救済の申立てを受けた広島弁護士会は、目撃者とされたほかの受刑者からも聞き取りをしようとしましたが、刑務所側は施設管理上の理由などから2人以外の受刑者との面会を認めませんでした。これを不当として広島弁護士会が国に損害賠償を求めた訴訟の控訴審で、広島高裁は「受刑者本人の意向を確かめることなく、面会の受け入れを拒否したことは著しく妥当性を欠く」として一審判決を覆し、国に賠償を命じました。

　法改正によって、最低でも月2回の面会は保障されるようになりました（刑事収容施設法114条2項）。さらに、受刑態度が「良い」と評価された場合には、面会の回数を増やすことができます。原則として親族のみだった面会は弁護士や友人などにも広げられました（刑事収容施設法第111条）。なお、面会の時間は1回30分以上とされていますが、申込件数が多い場合には5分以上の範囲内で制限されることもあるようです（法務省矯正局「日本の刑事施設」）。

　また、刑務所において、憲法第21条2項が規定している「検閲の禁止」と「通信の秘密」は適用されません。監獄法は第46条1項で「在監者ニハ信書ヲ発シ又ハ之ヲ受クルコトヲ許ス」としつつ、面会と同様に、同2項で「特ニ必要アリト認ムル場合」を除いて、手紙のやりとりは親族に限定するとしていました。さらに、監獄法第47条1項に基づき、「親書」の内容が不適切だと認められた場合には一部を黒く塗りつぶし、あるいは発信または受信を許可しないことになっていました。発信回数については、監獄法施行規則第129条によって、原則として1カ月に1通とされていました。

「信書」を発信する権利が裁判で争われたこともあります。2007年9月、大阪高裁は、大阪刑務所に服役中の親類に宛てた手紙を刑務所が渡さなかったことは違法だとし、国に賠償を命じました。また、2006年3月、最高裁は、熊本刑務所に服役中の受刑者から新聞社に宛てた手紙を刑務所長が不許可とした事例で、「表現の自由を保障した憲法の趣旨・目的に照らし、制限は特別な場合に限られる」とし、国に賠償を命じました。

法改正によって、最低でも月4回の信書の発信が認められるようになりました（刑事収容施設法第130条2項）。面会と同様に、受刑態度が「良い」と評価された場合には発信の申請回数を増やすことができます。

9　不服申立制度

旧監獄法のもとでは、刑務所内で「人権侵害」があった場合、受刑者は地元の弁護士会に救済を求めるか、あるいは「情願」の制度を利用して、法務大臣に直接訴えることができました。しかし、弁護士会や法務大臣に宛てられた手紙も「検閲」の対象になっていたため、刑務所側によって握りつぶされる恐れもありました。

そこで、法改正によって、不服申立制度として、審査の申請、事実の申告、苦情の申出が導入されました。刑事施設の職員は、これら「申し立て」の内容を知ることができないようになっています。

刑事収容施設法第157条に基づき、信書の発受を制限されたり懲罰を科されたりなど、刑事施設の措置に不服がある場合、受刑者は矯正管区長にその取り消しや変更を求めることができるようになりました。矯正管区長は事実関係を確認し、裁決を下しますが、その判断に不服がある場合、受刑者は法務大臣に対して再審査の申請をすることができます。

また、刑事収容施設法第163条に基づき、刑事施設の職員から暴行などを受けた場合、受刑者は矯正管区長に申告することができるようになりました。矯正管区長は事実関係を確認し、結果を通知しますが、その判断に不服がある場合、受刑者は法務大臣に対して事実の申告をすることできます。

さらに、刑事収容施設法第166条に基づき、処遇全般について、受刑

者は法務大臣、監査官、または刑事施設の長に対して苦情を申し出ることができるようになりました。

　しかし、これらはあくまで法務省内部の制度だということは言及しておく必要があるでしょう。行刑改革会議は「第三者委員会」の設置を提案していましたが、見送られました。拷問禁止委員会は前述の最終見解で、刑事収容施設法に明記された不服申立制度の運用は不十分であるとし、「自由を奪われた者に対する拷問および不当な取り扱いの申立てを受理し、公正な立場から調査し、また、有罪となった公務員が適切に罰せられることを担保する独立かつ効果的な不服申立制度が欠如していること」に懸念を示しています。

10　選挙権および被選挙権の剥奪

　受刑者には「選挙権」および「被選挙権」がありません。公職選挙法第11条によって、「禁錮以上の刑に処せられ、その執行を終わるまでの者」は「選挙権及び被選挙権を有しない」とされています。

　受刑者のほかに、選挙権が否定されているのはどのような人々なのでしょうか。

　まず、18歳未満の子どもがいます。2015年6月、改正公職選挙法が成立し、選挙権の下限が20歳から18歳に引き下げられ、18歳以上であれば投票できるようになりました。また、基本的に外国人にも選挙権がありません。地方選挙における外国人参政権を認めるべきかどうかについては議論がありますが、日本に定住していても、日本国籍を有していなければ国政選挙で投票することはできません。

　それぞれの制限には理由があります。まず年齢の制限については、一定の人生経験を積んでいなければ政治的判断をすることができないと考えられているからです。また、日本国民でなければ日本という国のあり方について責任のある政治的判断をすることはできないと思われているため、国籍の制限があります。

　しかし、日本国憲法によって「思想及び良心の自由」が保障されている以上、どんな考え方をもっている人も18歳以上の日本国民であれば、投票することができます。刑務所は社会の一部であり、受刑者も社会の

一員です。受刑者には一般の国民と同じように、刑務所のあり方あるいは社会のあり方について「意思表示」する権利を有しているはずです。

次に、「被選挙権」を見てみましょう。これについても年齢と国籍の制限があります。たとえば、衆議院議員については25歳以上という決まりがあります。これは、ある程度の人生経験がなければ国民を代表することはできない、と考えられているからです。また、日本国籍をもっていなければ国民を代表することはできないと思われているため、外国人にも被選挙権はありません。逆にいえば、一定の年齢を超えた日本国民は誰でも選挙に立候補することができます。

したがって、受刑者だからといって被選挙権を即座に否定する理由はありません。議会に出席できないという物理的な問題はありますが、それも踏まえて、どの候補者が自分たちの代表にふさわしいか国民の判断に委ねればいいはずです。

自由権規約は第25条で、すべての市民は「直接に、又は自由に選んだ代表者を通じて、政治に参与」し、「普通かつ平等の選挙権に基づき秘密投票で行われ、選挙人の意思の自由な表明を保障する真正な定期的選挙において、投票し及び選挙される」権利および機会を有する、と規定しています。選挙権および被選挙権の剥奪は、自由刑の目的を逸脱した不当な制限だといえるでしょう。

11　独居拘禁

監獄法は第15条で、心身ともに不安定であり、他人との接触を禁じざるを得ないと判断された受刑者を「独居拘禁」に処すことができると定めています。懲罰としての軽屏禁とは異なり、受刑者は昼間、独居内の決められた位置に座り、単純作業に従事します。

監獄法施行規則は第27条で、独居拘禁を原則「6カ月以内」と定めていましたが、特に継続の必要があると判断された場合、3カ月ごとに延長することが可能であり、延長回数に制限はありませんでした。

この独居拘禁が長期に及び、その違法性が裁判で争われた事例があります。旭川刑務所で服役していた磯江洋一氏は1982年から13年2カ月にわたり、独居拘禁を強いられました。1987年12月、磯江氏は旭川地

裁に提訴します。30回以上公判が開かれましたが、原告は出廷できず、本人尋問もされないまま、1999年4月の判決で敗訴しました。

　法務省によると、2001年7月の時点で、全国の刑務所で独居拘禁の状態にあった26人の受刑者のうち、4人は30年を越え、30年未満20年以上が6人、20年未満10年以上が16人となっていたそうです。最長の人は、38年間もの長い年月にわたって独居拘禁を強いられていたことが明らかになりました。法改正によって、刑事施設における規律および秩序の維持を目的とした隔離は原則3カ月以内となり、継続の必要がある場合には1カ月ごとの更新となり（刑事施設法第76条）、同時にこれらの隔離措置は審査の申請として不服申立ての対象とされています。

　一方で、「刑事施設及び被収容者の処遇に関する規則」第49条5項に基づき、第4種の制限区分に指定された受刑者の処遇は、基本的に「居室棟内で行う」とされています。この運用にあたり、不服申立制度の範囲外で事実上の独居拘禁がなされているとの批判もあります（日本弁護士連合会「刑務所における昼夜間単独室処遇のアンケート調査結果」、2012年）。

　拷問禁止委員会は、第2回政府報告に対する最終見解（2013年）で、刑事収容施設法第76条にもとづく昼夜間単独室の収容について、「しばしば時間の制限がなく、過度に長期間にわたって用いられ続けていること、また、被収容者の隔離措置が刑事施設の長の裁量に委ねられていること」に懸念を示しています。

12　代用監獄

　逮捕され、勾留が決まった容疑者や被告は、警察の「拘置所」または「拘置支所」に収容されるのが原則となっています。ただし、監獄法は第1条3項で「警察官署ニ附属スル留置所」を「監獄ニ代用」できると定めており、例外的に代用監獄の使用を認めています。しかし、平成16年版『犯罪白書』を見てみると、1日の平均収容人員は拘置所96人に対し、留置所5,444人となっており、原則と例外が逆転していました。

　代用監獄は、警察によって身柄を拘束されるため、その状態で取り調べを受ける恐れがあり、自白の強要や冤罪の温床になると批判されてき

ました。それに対し警察側は、捜査部門と留置管理部門は分かれていると主張してきました。しかし、これらはあくまで警察の内部規則に基づいており、留置所が警察の管理下にあることには変わりありません。

また、留置所における処遇については、国際人権連盟の代用監獄廃止接見委員会が公表した、「パーカー・ジョデル報告書」（1989年）に詳細な描写があります。それによりますと、受刑者は一日中床に座らされ、「立ち上がること、歩くこと、壁にもたれること、体を横たえることがいずれも許されて」いないとされています。

本来、未決拘禁者を拘束する目的は証拠隠滅や逃亡の防止であり、最低限の制限を除いて一般市民としての生活が最大限保障されるべきです。なぜなら、未決拘禁者については、「裁判で有罪が確定するまでは『罪を犯していない人』として扱わなければならない」とする「無罪の推定」原則が適用されるからです。

自由権規約委員会は第4回政府報告に対する最終見解で、「代用監獄制度が、捜査を担当しない警察の部局の管理下にあるものの、分離された当局の管理下にないことに懸念を有する」とし、「身体の自由及び逮捕又は抑留の手続」を定めた規約第9条および「公正な裁判を受ける権利」を定めた規約第14条に基づく「被拘禁者の権利についての侵害の機会を増加させる可能性がある」と指摘しました。特に、規約第9条3項は「刑事上の罪に問われて逮捕され又は抑留された者は、裁判官又は司法権を行使することが法律によって認められている他の官憲の面前に速やかに連れて行かれるもの」と規定しており、「パーカー・ジョデル報告書」が結論づけているように、未決拘禁者を警察の管理下に置くことは規約違反の疑いが強いといわざるを得ません。

しかし、刑事収容施設法は、現状を追認する形で警察に留置施設を置くと規定し、未決拘禁者を拘置所などの刑事施設に代替して収容できるとしました。批判をかわすため、施設の運営状況などをチェックする「留置施設視察委員会」が各都道府県の警察本部に設置されましたが、これはあくまで警察内部の委員会であるため、抜本的な改革には至りませんでした。第6回政府報告に対する自由権規約委員会の最終見解（2014年）は、日本が「代用監獄の利用を正当化し続けている」ことを「遺憾に思う」としています。

13　死刑

　日本は死刑存置国の一つです。2014年に実施された内閣府の調査によりますと、「死刑は廃止すべきである」と答えた者の割合が9.7％に対して、「死刑もやむを得ない」と答えた者の割合は80.3％に達しました。「死刑もやむを得ない」理由としては、「死刑を廃止すれば、被害を受けた人やその家族の気持ちがおさまらない」（53.4％）、「凶悪な犯罪は命をもって償うべきだ」（52.9％）などが挙げられています。

　死刑については死刑確定者の処遇の問題、そして死刑制度そのものの問題があります。刑事訴訟法第475条によって、死刑の執行は判決の確定から「6カ月以内」と定められています。しかし、判決が確定してから死刑が執行されるのは平均「約5年」とされています（NHK NEWS WEB「死刑執行はどう決められる？」）。

　哲学者の萱野稔人氏は著書『死刑　その哲学的考察』（ちくま新書、2017年）の中で、ある死刑確定者を紹介しています。2001年の「大阪教育大学附属池田小学校児童殺傷事件」で容疑者となった宅間守氏は、2003年8月28日、大阪地方裁判所で死刑判決を受けます。控訴期限の9月10日に弁護団は「お約束通り」控訴しましたが、宅間氏はその控訴を自ら取り下げたのです。これによって彼の死刑判決が確定しました。

　さらに彼は、できるだけ早期に自らの死刑が執行されることを望んだのです。彼が弁護士に獄中から送った文章にもこうあります。「死刑は、殺される刑罰や。6カ月過ぎて、いつまでもいつまでも、イヤガラセを受ける刑罰ではない」……。まさにその通りだといえるでしょう。拷問禁止委員会は前述の最終見解で、「死刑確定者及びその家族に死刑執行の日時を事前に知らせないことは、明白な人権侵害である」としています。

　また、死刑執行までの間、長期に及ぶ「昼夜単独室収容」がしばしば行なわれていることも問題です。死刑は自由刑とは異なるため、死刑が執行されるまで、自由の制限は必要最小限でなければなりません。自由権規約委員会は第6回政府報告に対する最終見解で、「死刑確定者が執行までに最長で40年も昼夜間単独室に収容されていること」に懸念を示しています。

また、萱野氏は宅間氏の例を用いて「死刑制度」の無力さを指摘しています。彼には反省の気持ちも罪を償おうという思いもありませんでした。死んだほうが楽だと思ったから、控訴を取り下げ、死刑の早期執行を望んだのです。犯行の動機として、検察側の冒頭陳述では彼の言葉が引用されています。
「自分が死ぬくらいなら自分自身が味わっている絶望的な苦しみをできるだけ多くの被害者とその家族に味わわせてやろう」……。彼はそれまでに何度も逮捕され、職を転々とし、結婚と離婚を繰り返してきました。二度の自殺未遂もあります。
　萱野氏はこうまとめています。「社会に適応できず、死のうと思っても自分では死に切れなかった男が、社会への敵意や恨みを募らせ、多くの人を殺して自分も死刑になろうと思ったのが池田小学校事件なのである」……。
　つまり、死刑制度が悪用されてしまったのです。宅間氏のような人にとって、死刑制度はより凶悪な犯罪を誘発してしまうという側面をもっています。そこで萱野氏は、「死んですべてを終わりにできると思ったら大間違いだ」というメッセージを込めて、終身刑の導入を提案しています。さらに、道徳的議論によって「死刑」の是非に決着をつけることはできないとした上で、冤罪の可能性が残る以上、死刑は廃止すべきだと訴えています。
　国際的にも、死刑は廃止される流れにあります。2016年末時点で、すべての犯罪に対して死刑を廃止している国は104カ国、事実上廃止している国も含めると141カ国にのぼります。また、OECD（経済協力開発機構）加盟34カ国の中で死刑を制度上存置しているのは、米国、韓国、日本だけとなっています。
　国際法においては、「生命、自由、及び身体の安全の権利」を定めた世界人権宣言第3条、そして「生命に対する権利」を定めた自由権規約第6条を受けて、1991年には「死刑の廃止を目指す、市民的および政治的権利に関する国際規約の第二選択議定書」（自由権規約第二選択議定書）が発効しました。自由権規約委員会は第6回政府報告に対する最終見解で、「死刑の廃止を目的とする、第二選択議定書への加入を検討すること」と勧告しています。また、拷問禁止委員会も同様に、第2回政

府報告に対する最終見解で、「死刑廃止の可能性を検討すること」と勧告しています。

14　就労支援

　刑務所を出ても路頭に迷い、再び犯罪に手を染めてしまうケースも少なくありません。2016年に入所した受刑者の中で、犯罪時に無職だった人は全体の約73％に上りました。再犯防止のためには、受刑者が一般社会に戻ったときの「居場所」を確保することが何よりも重要です。

　出所後の「就労支援」におけるキーパーソンは協力雇用主です。再犯防止推進法第14条は、協力雇用主を「犯罪をした者等の自立および社会復帰に協力することを目的として、犯罪をした者を雇用し、または雇用しようとする事業主」と定義しています。全国で約18,000人が協力雇用主として登録しており、そのうち約800人が実際に元受刑者などを雇用しています。2015年からは刑務所出所者等就労奨励金制度が実施され、就労・職場定着奨励金として最大48万円、就労継続奨励金として最大24万円が協力雇用主に対して支給されるようになりました。

　札幌市に元受刑者の就労支援に貢献している会社があります（コラム）。株式会社「北洋建設」社長・小澤輝真氏がそうですが、小澤氏は30代半ばで脊髄小脳変性症という難病を発症、車いす生活を余儀なくされていますが、自ら刑務所に赴き、元受刑者を積極的に雇用しています。小澤氏のような熱意あふれる協力雇用主は日本ではまだかなり限られています。

　法務省は2006年より、厚生労働省と連携して刑務所出所者等総合的就労支援対策を実施しています。刑事施設は公共職業安定所（ハローワーク）と協力し、被収容者の希望や適性などに合わせて就労支援を始めました。2014年には受刑者等専用求人の制度が導入されました。協力雇用主は、採用面接を希望する施設を指定したうえで、ハローワークに求人を登録することができるようになりました。さらに、2015年からは、指定された施設にハローワーク職員が駐在するようになり、職業相談や職業紹介を行なっています。

　2016年には、東京矯正管区および大阪矯正管区に「矯正就労支援情

報センター室」（コレワーク）が設置されました。コレワークでは、受刑者の取得資格、出所後の帰住予定地、出所予定時期などの情報を一括管理し、協力雇用主とのマッチングを行なっています。コレワークの運用が始まった2016年11月から2017年5月までの就職内定件数は31でした。

　また、刑事施設を出た後、家族や公的機関の保護が受けられない人は、法務省管轄の保護観察所から委託を受けた「更生保護施設」に入所することができます。更生保護施設では、入所者の自立を促すため、生活基盤の提供のほか、体調管理や清掃活動などを通じた生活指導、むだ遣いをしないように金銭管理の指導、履歴書の書き方や面接の受け方などの就労指導などが行なわれています。

　それに加えて、飲酒や薬物への依存傾向のある人に対しては、医療機関や福祉施設とも連携して酒害・薬害教育プログラムが実施されています。さらに、対人関係をうまく築くために、「Social Skills Training」（生活技能訓練）も導入されています。これは、各場面に応じてどのように行動すればよいのか、ロールプレイを通じて学んでいく認知行動療法です。

　2017年1月の時点で、全国103の更生保護施設において2,369人が生活しています。そのうち100施設は法務大臣の認可を受けた更生保護法人によって運営されており、その他3施設は社会福祉法人、NPO法人、一般社団法人によって運営されています。2016年の出所者数が25,905人であったことを考えますと、その規模は決して大きくありません。

　更生保護施設のほかに、元受刑者に対して住居や就職に関する調整や相談を行なっている「保護司」が全国に48,000人ほどいます。保護司とは、法務大臣から委嘱された非常勤の国家公務員とされていますが、給料の支給はありません。出所後の元受刑者を支える更生保護施設や保護司に対する援助が不足している現状があります。

15　おわりに

　旧監獄法が改正されて10年以上が経ちますが、刑務所は変わったのでしょうか。

法改正によって、刑務所は犯罪者に罰を与える場所ではなく、犯罪者を「更生」させる場所だということが確認されました。受刑者を一般社会から隔離するのではなく、「受刑者もいずれ一般社会に戻っていく」という現実を見すえた処遇が目指されるようになりました。

　NPO法人監獄人権センター事務局長の田鎖麻衣子氏は、朝日新聞のインタビューで、日本の刑務所は、更正重視の処遇を行なっているところから旧態依然の精神を残したところまで「多様化」していると指摘しています（2016年9月3日付朝刊）。

　あらゆる刑事施設において、被収容者の人権が保障されるように、第三者による監視の目は欠かせません。そして、人権侵害があった場合には、被害者を迅速に救済する包括的な仕組みを整える必要があります。「国民に理解され、支えられる刑務所」を目指すためには、専門家などの有識者だけではなく、元受刑者、刑務官、そして一般市民が意見交換や合意形成できるプラットフォームづくりが欠かせません。そうでなければ、先進的な制度も機能不全に陥ってしまいます。

　刑務所の外が変わらなければ、刑務所の中も変わりません。出所後、元受刑者が一般社会で受け入れられなければ、刑務所の中の更生プログラムをいくら充実させても効果はあまり期待できません。犯罪は社会の産物です。決して自己責任だけに帰すことはできません。新たな被害者を生まないためにも、社会全体で責任を共有し、犯罪者の更生を支えていく姿勢が求められています。

小澤輝真社長（右）と息子の涼さん（左）

コラム
元受刑者支える「親父」——北洋建設小澤輝真社長

「全員採用しますよ」……。「受刑者を選考する上でポイントは何ですか」と尋ねると、北洋建設社長・小澤輝真氏（前頁写真）は即答した。「使ってみないと分からないから」とのこと。

2018年1月、札幌市東区にある北洋建設の事務所を訪れた。鳶、大工、解体工事を請け負う建設会社だ。社員の約3割、17人が元受刑者。1973年の創業以来、45年間で約500人の元受刑者を雇用してきた。

小澤社長の下には、毎日のように受刑者から手紙が届く。基本的に全員と面接を行い、全員採用する。出所しても行き場所のない元受刑者にとって、小澤社長はまさに父親的な存在だ。恩義を感じているからこそ、難病のため自力で歩くことができない小澤社長に、進んで肩を貸す。仕事上の付き合いを超えた人間関係がそこにはある。

働くことによって人は変わる。元暴走族のリーダーで、少年院を3回経験した後、北洋建設に入社した17歳の少年がいた。当初は他の社員に挨拶することもなかったが、小澤社長に「仕事はできる」と「人生で初めて」褒められたことで、翌日から礼儀正しくなった。「かわいいよね」と小澤社長は目を細める。

近隣住民の間にも理解が広がっている。北洋建設がメディアで取り上げられ始めた頃は、「犯罪者を雇っているのか」と怒鳴り込んでくる人もいた。それでも、小澤社長が「何も問題は起こしていない」と主張すると納得し、今ではときどきビールなどの差し入れを持ってきてくれるという。

法務省から、刑務所での面接のために交通費が支給されるようになったのは2年前。それまでは完全に自費で賄っていた。今でも、元受刑者が北洋建設の事務所で面接を受ける場合、公的な支援はない。採用が決まった後、札幌までの航空券と交通費1万円を受け取り、そのまま逃げてしまった人もいる。元受刑者を雇用した場合、最長6か月間、月額最大8万円の奨励金が支給される。しかし、働き始めてもその多くが2〜3か月で辞めてしまうため、採算は合わない。「かかった分は出してほしい」というのが小澤社長の本音だ。また、採用を出した元受刑者のうち、約1割しか会社に残らないため、他の企業も参入に躊躇しているというのが現状である。

昨年12月、全国の刑務所に北洋建設の従業員募集のポスターが配られた。「元受刑者が一般社会に復帰する上で困難なことは何ですか」と尋ねると、小澤社長は少し考えてから答えた。「特にないと思うんだよね」。ただ、「うちみたいなところが少ないことが問題」だと。小澤社長に頼ってばかりはいられない。　　　　（藤谷和廣・山下渚・玉城英彦）

コラム　受刑者から小澤輝真氏への手紙

　大寒も過ぎ、日々寒さも増してきた今日この頃ですがいかがおすごしでしょうか。僕は元気でやっています。
　ところで、住民票を移動させたいのですが「札幌市東区北20条東12丁目6番15号　北洋建設株式会社社員寮」でよろしいんでしょうか。住民票を移動させるっていいましても出所する少し前に転出届を出して出所してから移動させるつもりでいます。
　それから、体育館で運動をしている時に北洋建設のポスターを見かけて読ませてもらいました。その中であったのですが格安１Kの部屋があると書いていたのですが、僕が仮釈で出たら格安１Kの部屋に入れるのでしょうか。僕はなるべく1人部屋の方がいいのですが1人部屋を希望してもいいでしょうか。
　それから、僕には12歳になる娘がいるのですが娘が物心がつく前に当時の妻と別れてしまって全く会っていなくて娘の居場所を探したら施設に居る事がわかってその施設の園長に手紙を出したのですが全く返事がありません。3回手紙を出して切手を5枚同封したのですがそれでも返事がないのです。どうしたらいいのかわからないのでどうしたらいいか相談にのってもらえますか。
　乱筆・乱文のほどお許しください。

　　　　　　　　　　　　　　　　　　　　　　　平成30年1月22日
　　　　　　　　　　　　　　　　　　　　　　　小澤輝真様

小澤社長様
　前略
まだまだ厳しい寒さが続いておりますが、体調の方は大丈夫でしょうか？　自分の方は何事もなく生活を送っています。
　今月の1日（木）に無事故1年賞を貰いました。早いもので札幌刑務所に来て1年が過ぎました。この1年を自分なりに振り返ってみると、とても充実した1年を過ごす事が出来ました。
　前刑は、何度か懲罰に行く自分ではありましたが、今回の務めは違いました。自分でも少しだけ大人になったんだな〜と感じています。
無事故で過ごせているのも、周りの人達のおかげだと実感しています。それに今回は、社長が身元引受人になってくれた事もあり、そのお陰だと思っております。
自分の事の件で、その後保護観察官又は、保護司さんから何か連絡はあったでしょうか？　未だ仮面接が入らないため心配しています。
刑期の3分の1が過ぎれば仮釈放の申請が、出来るとあるのですが…
　1発本面ですかね？　不安です。
　これからも何とか事故を起こさない様に生活して行きます。
　工場や講堂に北洋建設（株）の従業員募集の広告が貼り出されていました。
社長、本年もどうぞ宜しくお願い致します。
　返事待っています。
くれぐれも身体には、気をつけて下さい。
この辺にて失礼します。

　　　　　　　　　　　　　　　　　　　　　　　　　小澤輝真様

第4章　矯正医療の現状と課題・国際比較

紺野圭太
玉城英彦

はじめに

- 刑務所など矯正施設の中で、体調の悪くなった被収容者はどうするのでしょう。
- 自由に病院へ行くことはできる？
- 病院を選ぶことはできる？
- 電話で診察を予約できる？
- 診察料が高くて払えないときはどうなる？

被収容者を管理しているのは……矯正施設ですね。そうなると、被収容者の健康管理も矯正施設に責任があるのではないでしょうか。

この章では、このへんの詳細とヨーロッパの動向を紹介したいと思います。

1 日本における矯正医療の現状と課題

1 矯正医療とは

一般社会における個人の衛生・健康管理は個々人の責任において行なわれますが、被収容者は法律によって行動の自由が制限され、矯正施設内での生活においてもさまざまな制約を受けるため、健康管理や疾患の治療を自分自身の力で行なうことが困難です。そのため、法律（刑事収容施設及び被収容者等の処遇に関する法律）に基づいて、身柄を収容する矯正施設が被収容者の「健康管理」に対する責任を負っています。これを「矯正医療」[1]といいます。つまり、矯正医療とは、刑務所などの「矯正施設」に収容されている被収容者に対して提供される「保健衛生・医療」の総称です。

> ＊刑事収容施設及び被収容者等の処遇に関する法律（平成17年法律第50号）
> （保健衛生及び医療の原則）第56条
> 　刑事施設においては、被収容者の心身の状況を把握することに努め、被収容者の健康及び刑事施設内の衛生を保持するため、社会一般の保健衛生及び医療の水準に照らし適切な保健衛生上及び医療上の措置を講ずるものとする。

2 矯正医療の役割

矯正施設が担う中心的な役割は、被収容者の改善更生を図る「適切な処遇」を通じた再犯の防止です。彼らの健康保持は、再犯防止に向けた

表1　結核罹患率に関する被収容者と一般人口の比較

国・地域名	調査年	結核罹患率（/100,000）被収容者	結核罹患率（/100,000）一般人口	罹患率比（被収容者/一般人口）
日本	2012	220.2	16.7	13.2
フランス	2002	41.3	10.3	4.0
ドイツ	2002	101.3	9.3	10.9
オランダ	2002	77.3	8.7	8.9
ニュージーランド	1997-2001	66.1	10.3	6.4
スペイン	2002	229.6	18.6	12.3
香港	2005	221.0	90.4	2.4
米国	2002-2013	29.0	4.4	6.6

各種教育・改善指導・職業訓練を実施する基盤となります。

　また、被収容者においては「C型肝炎」の有病率や結核罹患率が高いことが知られています。日本の矯正施設に関しても、「HCV」（C型肝炎ウイルス）抗体陽性率（累犯受刑者）は38.6％[2]（一般人口の20倍以上）、「結核罹患率」は人口10万対220.2[3]（一般人口の約13倍）と非常に高い[4]ことが報告されています。なお、結核罹患率に関しては日本の罹患率比（被収容者と一般人口のリスク比）が諸国にくらべて高いことがうかがえます（**表1**）[5-7]。矯正施設入所中にこれら「感染症」の適切な治療を行なうことは、施設内のみならず将来、彼らが戻ってゆく一般社会における感染症の蔓延防止にもつながります。

　このように、矯正医療は被収容者に対する適切な処遇を行なう基盤を整備するとともに、広い意味で「公衆衛生」を維持向上させる役割を担っています。

③ 矯正医療を担う専門職：すべての刑務所に常勤医が？

　矯正医療を行なうにあたっては、医療行為を実施する「医師」が必要です。ほとんどの矯正施設（刑務所については全施設）には常勤医師が定員上配置されていますが、2015年現在の定員に対する充足率は78％と医師不足は深刻です。

　矯正医官の確保が困難な要因としては、以下のような矯正施設の勤務環境が挙げられます。

民間との給与格差

昨今、一般社会においては「医師不足」を反映して、民間医療機関における医師の給与は増加傾向にあります。それに対し、国家公務員である矯正医官の給与については厳しい行財政状況のもと、抑えられているのが現状です。その結果、民間との給与格差は約2割程度まで拡大しています。

最先端の医療から取り残される不安

被収容者の身柄拘禁を最大の目的としている矯正施設においては、「患者への医療提供」は必要最小限とならざるを得ません。そのため、矯正医官は日々進歩する最先端の医療から取り残され、スキルアップも困難な職場環境におかれています。

被収容者から受ける身の危険への不安

矯正医官は必ずしも被収容者の意に沿った医療を提供する訳ではありません。そのため、不満を持った被収容者（とくに暴力団関係者など）から逆恨みされたり、脅迫を受けたりする場合もあります。

このような勤務環境を鑑み、スキルアップの機会を付与することで人材を確保することを目指し、国は2015年に勤務時間内の兼業やフレックスタイム制を可能にする「矯正医官の兼業及び勤務時間の特例等に関する法律」を施行するなど、医官確保策に取り組んでいます。ただし2017年2月現在、定員に対する充足率は約80％、常勤医師不在施設が約15％と報じられている[8]ように、現時点で大きな効果は上がっていません。

矯正医療を担う医師以外の医療スタッフとして、看護師・准看護師・薬剤師が多くの施設に、診療放射線技師・臨床検査技師・理学療法士・作業療法士が一部の施設で勤務しています。また、全国から選抜された刑務官（または法務教官）を東日本成人矯正医療センター内の准看護師養成所で育成し（毎年約20人強）、資格取得後に各施設へ配置する矯正独自の制度が存在します。

4 矯正医療体制

矯正施設を医療機能の面から分類すると、①一般施設、②医療スタッフや医療機器が整備されている医療重点施設（全国に9施設）、③専門

的な医療を行なう医療専門施設（4施設）の三層構造となっています。
　多くの一般施設におけるスタッフや設備は限られているため、施設内での診断・治療が困難なケースへの対応を迫られることも少なくありません。緊急時には近隣の医療機関に依頼し通院・入院の手続きを取りますが、時間的に余裕があれば医療重点施設や医療専門施設に移送した上で治療（このほうが保安・財政面からは合理的）を行なうこともあります。

5 矯正医療ならではの特徴
「矯正施設」という収容環境下で「被収容者」という患者を対象としている矯正医療は、一般社会における医療とは異なった側面をもっています。矯正医療の主な特徴を以下に挙げます。

①医療従事者と被収容者の間に選択の自由がありません
　被収容者は、一般社会とは異なり、医療機関や治療法に関して自由に選ぶことができません。また、疾患の緊急性や優先順位を施設側が判断したうえで診察を受けるタイミングが決定されるといった不自由が伴います。一方の医療従事者も、自分勝手な要求をくり返したり治療を拒否したりする、処遇困難な被収容者に対しても医療を提供しなければなりません。

②医療費が全額公費で負担されます
　患者（被収容者）にとっては自己負担が生じないため、「モラルハザード」（タダなら診療を受けてみよう、薬を処方してもらおう……）のリスクが大きくなります。また、診療報酬が発生しないため医療従事者の「コスト意識」が低くなりやすい、という弊害もあります。

③出所（釈放）によって診療が中断されてしまいます
　矯正施設と被収容者の関係が出所と同時に消失するため、診療が中断されることになります。被収容者においては、社会に戻ったとたんに健康への関心が低下し、受診を継続できないケースも多く見られます。出所前から治療継続の必要性をくり返し説明し、出所時に診療情報提供書を交付するなど工夫を重ねていますが十分な効果は上がっていません。

④詐病を訴えたり苦情を申し立てたりする被収容者が少なくありません
　被収容者の中には、課せられた刑務作業から逃れるために「偽りの症

状」(詐病)を訴え、執拗に検査を要求する者もいます。ほかにも、自らの自由を拘束している矯正施設に対する敵愾心から、診療に対する不満・苦情を訴訟などの手段に訴える者も少なくありません。このように、医療従事者と被収容者の間には信頼関係が構築されにくい背景があります。

⑤施設職員と医療スタッフの連携が不可欠です
　被収容者においては、症状をオーバーに訴える者もいれば、苦痛をがまんして表出しない者もいます。医療スタッフは被収容者を常に観察することができないため、彼らの生活を24時間観察している施設(処遇部門)職員を通じて、被収容者の状況(睡眠・食事・排泄や居室・工場での変調など)を把握することが適切な医療の実施には欠かせません。

⑥施設運営への配慮(バランス感覚)が求められます
　「規律・秩序の維持」が最優先される矯正施設においては、起床・就寝・作業・運動・食事・入浴など、一日のスケジュールや服装・持ち物にいたるまで「画一的な処遇」が原則とされています。他方、医療現場においては個別のニーズに応じた柔軟な対応が求められます。そのため、円滑な治療の実施にあたっては「特別扱い」との誤解を招かないような医療スタッフから施設職員へのていねいな説明が必要となります。たとえば、施設内で対応不可能なケースを近隣医療機関に受診させる場合、「被収容者を塀の外へ出す」ことが例外措置であることに配慮し、帰着時間の見込みや入院可能性に関して事前に説明しておくことが円滑な医療の実施の上で重要です。

6 矯正医療における健康課題

　矯正医療においても、一般社会と同様に生活習慣病や高齢化に伴う疾患(認知症など)が重要な健康課題となっています。この項では、とくに矯正施設で対策が必要となっている疾患を紹介します。

①C型肝炎
　C型肝炎ウイルスは主に血液を介して感染しますが、約70%が慢性化し、20～30年の経過を経て肝硬変・肝細胞がんへと進行します。輸血や医療行為からの感染が多く見られる一般社会と異なり、被収容者においては覚せい剤の回し打ちに使用した注射針や刺青が主な感染経路で

す。
　C型慢性肝炎に対する治療の目標は、体内からのHCV排除と、それを通じた肝硬変・肝細胞がんへの進行防止です。この分野における治療薬の進歩は著しく、従来治療の主役を担ってきたインターフェロン（IFN）に替わって、直接型抗ウイルス薬（DAA）を中心とした内服治療（IFNフリー治療法）が現在第一選択となっています。IFNフリー治療法は副作用や著効率、投与経路（IFNは皮下注射）、治療期間（12～24週間）といった面でのメリットを有する一方、コスト面では薬剤費でIFNの2.5倍と非常に高額です。またIFN療法・IFNフリー治療法とも専門性が高く、実施できるのは肝臓疾患専門医に限られます。
　こうした費用や専門性を考慮しますと、有病率の高い矯正施設におけるC型慢性肝炎患者への抗ウイルス療法は限られたものとならざるを得ません。現在、肝炎の進行度や年齢、残刑期などの条件を満たした患者（年間20名強）を一カ所の施設（宮城刑務所）に集めて抗ウイルス療法を行なっています。

②結核
　結核は「結核菌」によって引き起こされる感染症の一つです。主な病変部位は肺で、結核菌は咳や痰の"しぶき"が水分を失った「飛沫核」を吸い込む空気感染によって感染しますが、感染しても免疫が働くため、約9割の者は一生発病しません。
　結核を発病するパターンは2種類に大別されます。初感染時に免疫機能が十分に働かない場合の発病（初感染結核）と感染後に増殖・分裂を停止した冬眠状態で体内に残存した結核菌が数年から数十年後に免疫力低下などをきっかけに活動を再開する際の発病（既感染発病）です。
　被収容者における結核罹患率が一般人口よりも高いことはすでに述べました。被収容者の中には、貧困・住所不定・職業不安定・低栄養といった生活背景を有する者が多く見られます。また彼らは一般に健康への関心が低く、受診行動にも消極的なため、長引く咳など結核の初期症状を放置しやすいと考えられます（発症に気づかず矯正施設へ入所し、結核と判明するケース）。また、複数人が生活する居室、集団で作業を行なう工場とも換気が不十分なため、飛沫核が長時間浮遊し、喀出された結核菌の感染を受け発病するリスクも高くなります（入所後にほかの

被収容者から感染するケース)。いずれの場合も、発症後の接触者に対する感染・発病のチェック（接触者健診）が必要となりますが、健診の範囲や追跡期間については地域の保健所と連携のうえ決定します。

　感染症法は感染性のある結核患者を「陰圧」病室に入院させるよう定めていますが、ほとんどの矯正施設には陰圧室が備わっていません。矯正施設内で感染性のある結核患者が発生した場合、地域の医療事情や保安上の理由などから近隣の医療機関へ入院させることは困難で、多くの場合は医療重点施設への移送で対応することになります。結核患者を収容する矯正施設としては、保健所などからの助言を参考に、頻繁な換気と空間的隔離、職員など接触者のN95マスク着用などを徹底し、空気感染対策を実施する必要があります。

　治療については「標準治療」が定められていますが、治療期間が長期（最低6カ月）にわたる上耐性菌も少なくないため、専門医との連携が必須です。また、治療中の出所・接触者健診対象者の入出所などに際しては保健所との情報共有も重要です。

③摂食障害

　摂食障害とは、体重・体形への著しいこだわり（やせ願望・肥満への恐怖）に基づく異常な食行動（拒食・過食・意図的嘔吐・過活動・下剤の乱用など）を指します。摂食障害は大まかに「神経性やせ症」と「神経性過食症」に分類されます[9]が、「過食＋嘔吐・強制排泄」という異常行動は両者に共通しています。そのため、給与される食事量が定められている矯正施設においては「神経性過食症」患者が「神経性やせ症」に移行することもあります。

　摂食障害は精神疾患の中でも致死率が高く（約1割との報告もあり）、突然死やリフィーディング（再栄養）症候群、低血糖などが死因となります。摂食障害の根本には心の問題があり、治療にあたっては行動療法・心理療法を組み合わせたチーム医療が行なわれますが、莫大な人的・時間的コストが必要となります。

　過食嘔吐に伴って大量の食材が必要となった摂食障害患者は、購入に要する出費を惜しむようになります。加えて、長期の罹患に伴う倫理観の希薄化も手伝って窃盗（万引き）をくり返すケースが少なくありません。このような背景もあって、矯正施設（特に女子刑務所）には多くの

摂食障害患者が入所しています。法務省矯正局の調査（2016年）によれば、日本の女子被収容者における摂食障害患者は約180名[10]と報告されています。とくに対応困難な患者（約20名）については北九州医療刑務所において専門的治療（上記参照）を行なっていますが、その他の患者（生命の危険については大差ない）については一般施設（大多数は女子刑務所）において限られたスタッフが対応しています。一般施設におけるほとんどの職員は摂食障害に関する知識に乏しく、医療従事者においても治療経験のない者が大多数を占めています。そのため、不適切な対応が生命の危機を招くケースも少なくありません。

上記の北九州医療刑務所においては、毎年摂食障害に関する研修会を開き矯正職員に対する適切な対応の普及に努めています。

2 ヨーロッパ諸国の現状と課題

1 矯正医療と公衆衛生の統合

「矯正医療と公衆衛生の統合が保健医療の質を向上させる」とWHO（世界保健機構）は提言しています。

①被収容者の人権・健康リスクと矯正医療の役割

WHO欧州地域事務局は報告書（2013年）の中で、被収容者の健康に関する研究や法律・倫理に関する国際的な法律の分析から、次のように述べています[11]。

・被収容者は他のいかなる個人と同じ健康と安寧（あんねい）を享受する権利を有する。

・被収容者の大多数は社会において貧困層に属しており、一般人口に比べて感染性・非感染性疾患への罹患リスクが高い。

・入出所により次々に被収容者が社会と入れ替わる矯正施設では、とくにHIV/エイズや結核といった感染症の蔓延リスクが高い。これら感染症への対策は、重大かつ困難な公衆衛生的課題である。

・国には、被収容者の健康に対する義務がある。すなわち、国は不適切な健康管理や施設環境（衛生・給食・温度・照度・換気・運動・人間関係など）に起因する健康問題を防ぐ責任を負っている。

・矯正施設における保健医療（以下、矯正医療）は、専門性・倫理面

に関して一般社会で提供される公衆衛生サービスと同等レベルでなければならない。
- 矯正医療は被収容者の健康管理を専らの目的とするものであって、決して彼らに対する刑罰に関与してはならない。
- 矯正医療は刑務所運営から完全に独立しかつ連携を保つ必要がある。
- 矯正医療サービスは、医療従事者のトレーニングや研修制度を含めて国の保健医療制度に組み込まれるべきである。

②**被収容者と矯正医療の置かれている現状**

　欧州の人権に関する文書を分析した結果、上記の必要条件が満たされていない現状が欧州各国で広く認められています。すなわち、
- 被収容者の健康を享受する権利はしばしば侵害されている。
- 多くの国は被収容者の健康管理に対する責任を十分果たしていない。
- 被収容者は、スクリーニングや予防接種、検診を受けられないためにしばしば「予防可能な」健康リスクの被害を受けている。
- 多くの場合、医療従事者の業務は施設運営から独立していない。彼らは「被収容者への医療提供」と（規律を維持し刑罰を与える）「施設の使命」の間で葛藤している。
- 被収容者における公衆衛生的課題は、多くの場合、適切に解決されていない。たとえば、スクリーニングや予防接種、検診といった公衆衛生プログラムに被収容者が組み込まれていないように、「ハイリスク層」であるにもかかわらず被収容者は保健医療サービスへのアクセスが悪い環境に置かれている。

③**政府の責任と役割**

　こうした現状を踏まえて、また新たな欧州健康政策「健康2020」ならびに「刑務所内の健康に関する欧州会議」の提言に歩調を合わせ、報告書は次のように結論づけています。
- 被収容者の健康と安寧に対しては政府全体が責任を負う。
- 現在、大多数の欧米諸国において矯正施設内の健康管理を担っているのは司法省または内務省である（**表2**）[12]。今後は保健省が矯正施設における保健医療サービスを提供し、被収容者の健康を保持する責任を負うべきである。

表2　矯正施設に関する国際比較

国名	調査年	受刑者数	女子受刑者割合(%)	調査年	外国人受刑者割合(%)	調査年	国民10万人あたりの受刑者数
日本	2016	55,967	8.4		5.4		46
オーストラリア	2013	30,775	7.6		19.7	2012	133
ベルギー	2013	12,126	4.3		44.2	2011	108
カナダ	2012	40,544	5.1	2009	-		118
デンマーク	2013	4,091	4.6		26.8		73
フィンランド	2013	3,134	7.2		14.5	2012	58
フランス	2013	67,050	3.3		17.5		100
ドイツ	2012	63,317	5.8		27.1	2011	77
イタリア	2013	61,449	4.3		34.4		102
オランダ	2012	13,749	5.8		24.6		82
ニュージーランド	2013	8,474	6.1		3.5		189
ノルウェー	2013	3,649	5.1		34		72
スペイン	2013	66,721	7.6		31.6		143
スイス	2012	6,599	4.9		73.8		82
英国	2013	84,977	4.6		12.8		149
米国	2012	2,228,424	9		6.8	2011	707

④国家の保健医療に資する矯正医療

　被収容者の健康に対する、政府全体による長期的な取組みは次のような効果をもたらすことが期待されます。
・矯正施設内の健康リスク低下
・被収容者における健康増進
・国全体で見た保健医療の充実
・貧困層における健康増進
・社会全体の公衆衛生向上
・被収容者の出所時における社会からの差別待遇改善
・再犯・再収監率の低下と被収容者数の減少
・人権を守り健康に関する不平等を減らす努力を通じた政府への信頼増幅

2被収容者に対する健康調査の実態：ベースとなる健康情報が不足

　このように被収容者の健康管理は公衆衛生的に重大な課題ですが、現状把握や経時変化を把握するための健康に関する定期的な調査は（死亡

調査年	刑務所数	調査年	収容率	調査年	平均在所期間(月数)2011	受刑者一人あたりの刑務所職員数	調査年	矯正医療を管轄する官庁・部局	保健医療部局への移行年
2015	187	2017	65.1	2015	-	3.04	2015	司法	
	112		96		-	-		司法または保健医療	
	33	2012	124.4		7.3	-		司法	
2011	234	2005	96.4	2009	-	-		司法	
	52		98.6		3.3	1.5		司法	
	30	2011	96.9		6.1	2.3		司法	
	190		116.8		8.9	2.6		保健医療	1994
	186		82.4		7.5	2.7		司法	
	222		128.8		9.7	1.9		保健医療	2008
	85		83.4		3.6	1.7		司法	
	17		90.2		-	-		司法	
	42		96		3.8	1.5		保健医療	1998
	82	2010	88.0		18.6	3.9		内務省	
	109		94.6		-	-		司法または保健医療	
	133		111.2		8.6	2.8		保健医療	2006
	4575	2005	99	2011	-	-		司法	

●データソース：矯正統計年報（2016）・犯罪白書（2015）・文献 8　●調査年：記載のないデータについては国名の右に記載された年　●―：データなし　●司法または保健医療：行政区画ごとに異なる

を除いて）ほとんどの国において実施されていないのが現状です[12]。そのため、被収容者の健康状態や矯正医療サービスに関する評価はきわめて困難です。また、健康データをモニターしている場合でも調査方法が国によって異なるため国際比較は非常に困難です。

　わが国においては、すべての被収容者に対する健康診断を1年に1回実施しています。40歳以上の者については、社会における特定健康診査（高齢者医療確保法）と同じ項目をチェックしているほか、肺結核早期発見を目的とした胸部X線写真を撮影しています。これらの情報はデータとして構造化されておらず、個人IDとリンクされていません。したがって、現時点における有病率や経時変化といった「集団としての健康状態」把握はきわめて困難です。

③ 矯正医療の責任省庁

①移管から10年：イギリスの経験から

　2006年に内務省下の刑務所庁から保健省に矯正医療政策の責任が移

管されたイギリスでは、移管後10年を振り返った総説[13]において「医療従事者の専門性や透明性、エビデンスに基づいたアプローチ、迅速なサービス提供などを通じ医療サービスの質が向上した」と10年間の取組を評価しています。一方で、この総説では「早期の予防的な介入の不足や限られた医療資源、刑務所という体制などに関しては改善の余地がある」と述べています。

WHOは「矯正医療と公衆衛生の統合が（とくに感染症対策における）保健医療の質を向上させる」「今後、矯正医療は刑務所・社会の両者とつながりを保つ前提で提供されるべきだ」という見解を示しており、この総説も同様の結論を下しています。

②司法から保健へ：欧州の動向

欧州では、WHOの推奨に沿って矯正医療の管轄が徐々に司法省から保健省へ移管しています（1998年ノルウェー、1994年フランス、2006年イギリス、2008年イタリア）。英国の例に見られるように、管轄省庁の移管によって、①被収容者に対して提供される医療の平等性、②医療水準の維持向上、③保健医療政策との連携、④刑務所運営からの独立性といった効果がもたらされると考えられます。今後、かりに日本において同様の政策が実施される場合には、①刑務所運営と連携を維持しながらの独立性確保、②採算性（日本においては、多くの場合医療の中心を担っている民間医療機関に厚生労働省が医療提供を委託することが想定され、多大な財政負担が予測されます[14]、③現在矯正施設内で勤務している医療スタッフ（刑務官である准看護師を含む）の身分保障をはじめ解決すべき課題は多いと思われます。ただ、公衆衛生的なアプローチ（保健医療政策との連携）やサービスの質向上いうメリットを考慮すると、法整備を含め一考の余地はあると考えられます。

おわりに

矯正施設の中には医療スタッフが不十分ながら配置され、機器や設備の限られた状況で（時にはひと癖もふた癖もある）被収容者の診療にあたっていることはあまり知られていません。厳しい法規制と財政状況下で矯正医療の置かれている現状やサービスの質について、もっと多くの

人たちに知ってもらうことが課題の共有や今後の改善策立案にあたって、きわめて重要であると私たちは考えます。

参考文献
1 法務省矯正局矯正医療管理官編『研修教材 矯正医療』、公益財団法人矯正協会、2015年
2 新妻宏文「刑事施設における健康診断の実際」、矯正医学、59:62-76、2011年
3 河津里沙、石川信克「刑事施設における結核の動向2000〜2012」、日本公衆衛生雑誌 63:501、2013年
4 Kato M., Kiryu Y., Mochizuki Y.: Diseases among inmates in penal institutions in Japan、矯正医学 64:1-8、2015年
5 M.Y.Wong, C.C.Leung, C.M.Tam, K.M.Kam, C.H.Ma, K.F.Au : TB surveillance in correctional institutions in Hong Kong, 1999-2005、Int J Tuberc Lung Dis 12(1):93-98、2008年
6 A.Aerts, B.Hauer, M.Wanlin, J.Veen : Tuberculosis and tuberculosis control in Europian prisons、Int J tubercu lung dis 10(11):1215-1223、2006年
7 Lauren A. Lambert, Lori R. Armstrong, Mark N. Lobato, Christine Ho, Anne Marie France, Maryam B. Haddad : Tuberculosis in Jails and Prisons: United States, 2002-2013. Am J Public Health 106(12): 2231-2237、2016年
8 毎日新聞2017年2月9日
9 瀧井正人「摂食障害という問題を持つ受刑者に対し矯正ができること（二）―摂食障害とはどのような病気か」、刑政128（7）:64-77、2017年
10 瀧井正人「摂食障害という問題を持つ受刑者に対し矯正ができること（一）―摂食障害への当所の取組」、刑政128（6）:22-32、2017年
11 World Health Organization, United Nations Office on Drugs and Crime : Good governance for prison health in the 21st century. A Policy Brief on the Organization of Prison Health. 2013年
12 Charlotte Verdot, Elodie Godin-Biandeau, Isabelle Gremy, Aude-Emmanuelle Develay: Monitoring systems and national surveys on prison health in France and abroad, European Journal of Public Health 25:167-172、2014年
13 Leaman J., Richards AA., Emslie L., O'Moore EJ.: Improving health in prison - from evidence to policy to implementation -experiences from the UK. International Journal of Prison Health 13(3-4):139-167, 2017年
14 加藤昌義「英国の矯正医療」、刑政125（7）:80-86、2014年

コラム
矯正医療の困難性

矯正医療は「収容」という特殊な環境下で、「被収容者」という特殊な患者に対して行われる医療であるため、一般の医療では見られないような特徴があり、その対応に苦慮する場面が多々あります。
その特徴を分かりやすくまとめると、「患者と医療者にお互い選択の余地は一切なく、診療には常に刑務官の立会いが必要で、一所懸命やってもろくに感謝もされず、暴言を吐かれることも…、診療を拒否された時には強制的な治療も必要で、詐病に騙されることもしばしば、不満があればすぐに苦情され、おまけに医療費は国費で負担されるので全部タダ」。これはちょっと極端な言い方ですが、このような厳しい環境下で医療を行うのは容易なことではありません。しかも矯正医療スタッフはこの「塀の中の患者様」のために24時間365日オンコールです。
このように矯正医療には多くの困難があるため、矯正医官をはじめとする矯正医療スタッフは日々疲弊しモチベーションが下がりやすいと言われます。また前回お話しましたように矯正医療は総合診療の側面が強く、医師の専門性がより重視される現代の医療界においては、矯正医官の経験が医師のキャリアアップに結び付きにくいという問題を抱えています。
さらに矯正医官（矯正施設に勤務する医師または歯科医師）は国家公務員であるため研修や兼業に制約があるだけでなく、給与についても国家公務員の給与に関する法律に規定されるため、一般社会の医師に対して決して高いとは言えないのが実情です。
国はこの矯正医官の待遇を改善するために、平成27年9月「矯正医官に関する特例法」という事実上矯正医官の勤務時間内の研修や兼業を容認する画期的な法律を公布しました。矯正医官の確保は矯正医療を適切な水準に維持するための国の最重要課題なのです。

札幌刑務支所　医務課長

第5章　問題の解決
―― グループワークからの提言

グループワークからの報告
 ゼミの学生は、全体のオリエンテーション、刑務所の生活、矯正医療などの講義を受けたあと、刑務所を2回に分けて訪問しました。その後、それぞれの学生が刑務所訪問の印象などを発表し、真剣なディスカッション後に、❶「刑務所の生活水準」、❷「再犯防止（理論）」、❸「再犯防止実践──窃盗症への治療法」、❹「『刑罰』を考える」の4つのグループに分かれ、レポートを作成しました。以下に、これらの4つのグループの「最終報告書」を掲載します。（玉城）

I 刑務所の生活水準

(佐野翠、西浦大地、原田遼河、汐川裕菫子、竹本良嬉、稲見航一、木本円花)

【刑務所の生活水準はどうあるべきか?】

はじめに

　私たちのグループでは、「刑務所内での受刑者の生活水準はどうあるべきか」というテーマのもと、活動を行ないました。このレポートでは、私たちが札幌刑務所、刑務支所の視察とその後のディスカッションを通じて得た「考察」をグループ発表の内容に即してまとめます。

刑務所の実態

　刑務所に対する一般的なイメージは、次のようなものではないでしょうか。

　食事は粗末なものしか与えられず、寝る部屋は暗くて汚い。1日10時間労働を強いられ、テレビや余暇の時間は一切なし……。しかし、実際に視察し、その後の調査から、刑務所の実態はそのようなイメージとは異なり、想像以上に恵まれている部分が多いことがわかりました。

　まず、家賃・食費・光熱費・水道代など、「住居生活費」全般を支払う必要がありません。洋服も支給されますので、受刑者は実質生活費の心配をすることなく、タダで生活をしていけます。また「食事」は栄養士によって監修されており、よく健康面に配慮したメニューになっています。時には受刑者個々の持病に合わせて適切な献立が考えられます。

　また、受刑者は平日には懲役作業を強いられるのですが、その時間は「1日8時間」と決められています。加えて余暇の時間も用意されており、時間制限のもとではありますがテレビを視聴することもできます。

　さらに専任の医師による診察を受けることができ、しかもその「医療費」は薬代を含めてすべて「無料」です。これによって受刑者は「健康診断」なども無償で受けることができます。また、医師や診療する部屋が刑務所内にありますので、緊急の際には迅速に処置を受けられます。

　その他、刑務所には体育館が付設されており、休み時間には運動をしたり、受刑者同士で談笑したりして時間を過ごすこともできます。年に1度開かれる刑務所内での運動会やほかのイベントなども行なわれます。また、体の不自由な受刑者や高齢な受刑者には、別の運動スペース

が確保されていることもあります。さらに、受刑者の脱走を防ぐためですが、刑務所は24時間365日、万全のセキュリティが敷かれています。

このように、これが刑務所ではなく一般の物件ならば入居希望者が殺到するのではないかと思えるほど、刑務所での生活はたいへん恵まれているように感じられました。

刑務所の生活水準——もっと厳しくするべきか

私たちは現地視察の直後、刑務所の生活水準が「恵まれている」という印象を受けました。実際にこのような印象を受けたため、現地視察直後に私たちゼミのメンバーが作成したレポートでは、「生活水準をもっと厳しくすべき」という意見が多く挙げられていました。

ここでは、厳しくすべきだという意見を4つ紹介します。

① 「受刑者」なのだからもっと苦しむべきという意見です。受刑者は社会的な不利益を他人に被らせて、刑務所に来ているのだから、その受刑者が刑務所でぬくぬくと過ごしていたのでは釣り合わないというわけです。

② 社会では刑務所より"低い水準"で暮らしている人がいるという意見です。他人に迷惑をかけた人が貧しい生活を強いられている人よりも「よい暮らし」をしているのはおかしいということです。

③ 一般の人は医療費を3割負担しているのに対し、受刑者は医療費負担がゼロなのはおかしいのではないか、という意見です。

④ 一般社会では就職難やブラック企業が問題になっているのに、刑務所のほうが実は労働環境がいいのでは、という意見が挙がりました。

しかし、以上の4つの意見は、あくまで私たちの「印象」に過ぎないのではないでしょうか。なぜなら、①の意見には「苦しむことが刑の本質」であるのかという疑問が生じ、②の意見には「それであれば社会の水準をあげればいいのでは」という提案ができます。また、③④の意見に対しても、受刑者が就労しているためにお金は入りますが、その金額はわずかであるという事実があるため、医療費ゼロや労働環境がよいのはとくに改善すべきことではないのではないか、といった疑問が生じてくるからです。

このように4つの意見はどこか論拠に欠け、判然とせず、私たちが抱いた「印象」に過ぎないのではないかと考えました。

このような印象が生じた理由として、マスコミの影響が挙げられます。被害者の視点を主にした報道が多く展開されるなかで、受刑者の「更生支援」といった、加害者にスポットを当てた報道がごくわずかになってしまっている状況があります。そのため、これらの報道によって私たちは潜在的に「刑務所は罪を犯した者が苦しむところだ」といった印象を抱いてしまっていたのかもしれません。
　そのような「印象」に反して、刑務所において受刑者は「しかるべき罰」を受けているのです。このことが認識できない要因の一つに、刑務所で実際に執行されている「罰」の定義が、一般の人々が抱くイメージとは異なっていることが挙げられます。

「自由刑」とは

　刑務所で受刑者が受ける刑罰は「自由刑」と呼ばれるものです。自由刑とは、受刑者の自由を「制限」する罰です。よって、罰の本質は「自由刑」であり、一般のイメージされているような「応報」とは異なるものなのです。
　ここで、受刑者が刑務所で実際に受けている「自由の制限」を具体的にいくつか挙げます。
　① 塀の外に出ることができません。刑期中は、特別な事情がないかぎり、「塀の中」という閉じられた空間で生活することとなります。
　② 労働が強制されます。一般社会の中では、仕事を選ぶことができ、また仕事をしないという選択もできます。受刑者にはそのような選択権はありません。
　③ 時間が厳密に管理されています。起床時間や就寝時間、食事時間、労働時間など、すべて決められた時間通りに行動しなければなりません。
　④ 居室が狭いことです。独房では3畳ほどです。
　⑤ 医療の面でも制限があります。刑務所では医療費・薬代が無料であることや、検診も受けられることもあり、医療が充実しているように思われます。しかし、現在刑務所で働く医師が不足しています。そのため十分な医療を受けられないことや、すぐに治療を受けられないことがあります。
　⑥ 入浴も制限されています。週に2〜3回しか入浴できず、また入浴

時間も15～20分と限られています。
　⑦　持ち込み物にも制限があります。携帯電話やスマートフォン、インターネットの使用はできません。また、本・新聞・手紙には検閲があります。
　このように、刑務所は受刑者の「自由」を大きく制限し、受刑者は一般社会とは離れた生活を送っています。

刑務所の生活水準への肯定的意見
　刑務所視察直後には刑務所の実態に対して、先述のような「恵まれすぎている」「もっと厳しくすべき」という意見が多数を占めていました。しかし議論を重ねるにしたがい、刑務所の生活水準に関する肯定的意見もみられるようになりました。
　まず、「刑務所で行なわれているのは自由刑だ」という視点からの意見です。受刑者が刑期中に制限されるのは「自由権」であり、「生存権」までは制限されない。よって刑務所内の生活水準は下げる必要はない、というものです。刑務所はあくまで「更生」のための施設です。更生のために受刑者は自由を奪われ、さまざまな指導を受けます。刑務所は受刑者に肉体的苦痛を与えるための施設ではないのです。よって、受刑者の自由権は奪われても生存権まで奪われる必要はありません。日本の刑罰においては「自由の制限」のみが刑罰の内容なのです。
　一方で、情状酌量の視点からの意見も見られました。まず、「罪を犯さざるを得なかった状況も考慮すべき」というものです。たとえば「貧しさから窃盗を行なった」など、罪を犯した理由は必ず存在する（愉快犯は除く）でしょう。そのようなことを考慮せずに、「犯罪者＝刑務所で苦しまなくてはならない」という短絡的な思考の結果、「刑務所は恵まれすぎている」といった否定的意見が生じてしまうのではないでしょうか。
　また、「運の平等性」という観点からの意見も挙がりました。「運の平等性」とは、不平等を招いた要因は個人の責任のみではないという考え方、すなわち結果に対しては当人の責任だけでなく、ある程度は制御不能な"運"という因子が関わってくる、という考え方です。
　具体例を挙げます。たとえば前述のような、貧しさから窃盗を行なった人間がいたとします。「運の平等性」に従わず、結果をすべて当人の

責任にするならば、罪を犯したのは当人がすべて悪いのであり、苦しむべき人間ということになります。しかし「運の平等性」に従うのならば、罪を犯したのは当人の責任だけでなく、運による部分、仕方のない部分も存在するため、いたずらに弾圧すべきではないということになります。

刑務所の問題点

　上記のように、刑務所での処遇に対する肯定的意見もあり、それらは理にかなっています。しかし、私たちは日本の刑務所の現状をすべて肯定しているわけではありません。じつは、日本の刑務所には「過度な受刑者への制限」が国際的に批判を受けているという側面があります。ここでは、刑務所の主な問題点を3点取り上げます。

　①まず、過酷な「所内規則」が問題となっています。具体的には、私語の禁止や、厳しい時間管理などが挙げられます。これらの規則は所内の大勢の受刑者を統率したり、受刑者の脱走を防いだりするために必要なものなのかもしれません。しかし、これらの厳しい規則が人間としての基本的な権利を制限しているのではないか、という批判があります。

　②入所時に受刑者に対して行なわれる「検査方法」が挙げられます。この入所時の検査では、受刑者は裸になり、体のすみずみまで刑務官に調べられることになります。この検査が、世界人権宣言第5条で禁止されている「屈辱的な取り扱い」に当たるのではないか、という国際的な批判が挙がっています。

　③規則違反を犯した受刑者に対する「懲罰決定」の方法も問題となっています。現状、多くの刑務所では、規則違反を犯した受刑者に対する懲罰の内容は「刑務官の一存」で決められています。そのため、必要以上に厳しい懲罰が与えられることで、受刑者の「人権」が侵害されてしまう可能性が指摘されています。実際に2002年の名古屋刑務所では、刑務官の暴行により受刑者が死傷する事件が起きています。

　以上のように、日本の刑務所には受刑者の「権利」への過度な制限という重大な問題点があり、決して刑務所の現状はすべて肯定できるものではありません。

まとめ

　私たちは刑務所視察の直後、「予想していたより受刑者は恵まれている」とか「もっと刑務所は厳しくすべきだ」という意見をもちました。しかし、その後のディスカッションなどの活動を通じて「刑の本質は自由刑」という重要な事実に気づき、はじめに刑務所に対して抱いていた意見は単なる「印象」にしか過ぎないということがわかりました。加えて、グループで行なった追加調査では、むしろ刑務所内では過度な受刑者への「制限」が問題になっていることも明らかになりました。

　以上の活動のなかで、「刑務所は犯罪者が苦しむところであるべきだ」などの先入観や偏見を、私たちは知らず知らずのうちに抱いてしまっていたことに気づきました。同様のことは今回のゼミの活動だけではなく、さまざまな場面でも当てはまるのではないでしょうか。一連のゼミ活動を通じ、「自分の常識を疑い、本質を見抜く力」の重要性を実感できました。

参考文献
菊田幸一『日本の刑務所』、岩波書店、2002。
日本弁護士連合会「名古屋刑務所における暴行陵虐に関する会長声明」
https://www.nichibenren.or.jp/activity/document/statement/year/2002/2002_16.html
(上記2点とも「刑務所の問題点」で使用)

2　再犯防止（理論）

（伊藤 維、当麻拓己、橋本菜々、村椿太一、服部大介）

【刑務所はどうあるべきなのか】

はじめに

　私たちのグループでは、「再犯防止」をしていくうえで、刑務所としてできることを考えました。タイトルにもあるとおり、刑務所ではこのプログラムを実践すべきだ、このような予算編成で刑務所を再建しよう、といった「実践」的な側面から再犯防止を進めていくのではなく、「刑務所のあり方とはどうあるべきなのか」というように、やや抽象的な「理論」的な側面について取り組んでいきました。

刑務所のイメージ：刑務所の方針について

　刑務所という場所についてどのような印象を持っているでしょうか。

テレビや本で見る刑務所は、汚い・暗い・残酷といったようなネガティブなものばかりなので、おそらくあまりいいイメージはもっていないでしょう。少なくとも私たち「再犯防止」（理論）グループのメンバー全員が最初はそうでした。
　しかし、2017年10月末に行なわれた札幌刑務所・刑務支所での「現地視察」を通してそのイメージは大きく変わりました。そこの外見はモダンなデザインで、その中は掃除がゆき届いていて、清潔感がありました。受刑者たちが暮らす「居室」も特別広いわけではありませんが、暮らしていくには不便がないほどの広さで、共用施設として体育館・運動場、さらには病院施設まで備わっています。
　私たちはその視察で、もともと抱いていた刑務所のイメージとのギャップに衝撃を受けました。それとともに新しい発見に気がつきました。刑務所というものには、もともと抱いていたネガティブなイメージも当然ながら、こういった別のあり方も実際は存在するものだということがわかりました。
　そこで、かねてから問題となっている「再犯」の防止に関連して、汚い・暗い・残酷といった環境の悪い刑務所に受刑者を収容して、「二度とここには戻ってきたくない」と思わせることで再犯を防止するのか、清潔感にあふれ、規則正しい生活が送れる環境のいい刑務所に受刑者を収容して、心から「更生」させることで再犯を防止するのか……。実際どちらのアプローチが「再犯防止」という観点から効果があるのかについて、議論することとしました。

各国の刑務所紹介
1 日本の刑務所の方式とその改善点
　他国との比較をするにあたって、まずは日本の刑務所の方式について理解をしておく必要があります。日本の刑務所では、作業・改善指導・教科指導からなる「矯正処遇」を通じて、受刑者に犯した罪の責任を自覚させ、社会復帰に向けて支援しています。
　「作業」とは刑務所での"労働"のことであり、製品の生産や受刑者の食事を作ることなどが行われます。「改善指導」とは、更生・社会復帰のための犯罪被害者による講演や薬物依存離脱のための"指導"などのことです。「教科指導」とは、学校での勉強のような"学力"をつけるための

指導のことです。

　受刑者は起床時間から就寝時間まで定められたスケジュールを送っており、週に何回風呂に入るか、どのような食事をとるか、どのような服を着るかなどもすべて決められています。このように、受刑者はさまざまな自由を制限されています。

　しかし、受刑者の改善更生の意欲や社会生活に適応する能力の程度に応じ、生活や行動に対する制限は緩められます。つまり、"まじめな態度"の受刑者にはよりよい待遇が与えられるということです。この制度は、受刑者がより「良い待遇」を求めてまじめな態度をとり、それによって「改善更生」することを目的としています。すなわち、日本の刑務所では、「まじめな態度を見せているか」ということを重視し、更生・再犯防止を図っているともいえます。

　また、日本において、2年以内の「再犯率」（1度出所した人が2年以内に刑務所に再入所した割合）は21.7％（2005年）です[1]。

　ここで、日本の刑務所では受刑者が「反省」しているか否かを重要視している面があるということを述べましたが、再犯を防止するという観点において、反省の重要性に関して考察していきます。

　反省の重要性を考えるうえでまず知っておかなくてはいけないのは、「反省」とはどのようなものであるのかということです。具体的に想像してみましょう。

「待ち合わせの約束の時間に遅れたが、ごめんねと真摯に謝ったら許された」や「悪い行ないをしたときに、反省文の処分となり、それを書いたら許された」という場面は多くの人が一度は見た、あるいは経験したことがあるでしょう。これらの場面において、それぞれ悪い行ないをした人というのは、当然「罪悪感」に満たされている顔をしながら必死に謝っているでしょう。そして、その姿を見た相手の人は許すほかありません。

　では、この悪いことをした人、本当に自分の行ないを悪いと思っているのでしょうか。そして、そう思っていることを私たちはどうやって確信したらよいのでしょう。表面上で反省している様子を振る舞うことなどたやすく、この悪いことをした人もまったく反省していないのかもしれません。

以上の例からもわかりますように、われわれは「形式的な手順を踏めば許してもらえる」あるいは、「表面上の変化で許してもらえる」のです。なぜなら、私たちは「反省」しているかどうかを重視しているためです。もう二度と同じ過ちをしないようにしてもらおうとするならば、必要なことは手間や恥をかかせることを主とした反省という行為ではなくて、どうしてそのようなことが起きてしまったのかを考え、そして次回からの改善策を考えてもらうことです。
　同じことが受刑者にもいえないでしょうか。刑務所の中では、あらゆる行為が刑務官の監視のもとにあります。そこにおいて受刑者はへたに余計なことを口に出してしまうよりは、真面目で、従順なふりをして刑務所内での待遇をよくしたり、仮釈放の権利をもらったほうがよいと考えるのではないでしょうか。
　あらゆる犯罪者には、犯罪をした「理由」というものが少なからず存在するはずです。本来ならば刑務所内で、その点についてしっかりと整理して、問題を解決してから社会復帰するべきですが、上記のようにただ「刑務」をこなしただけでは犯罪をした"根本の原因"にまったくといっていいほど触れられないため、社会復帰後に初犯のときと同じような境遇に立たされてしまったら、また犯罪をしてしまうでしょう。
　すなわち、形式的な反省をする受刑者を優遇していたり、正直に本心を打ち明けたら冷遇されたり、冷遇されるのではないかと受刑者に思わせている刑務所は、根本から受刑者を改善することはできないと私たちは思います。

2 アメリカの刑務所方式とその改善点

　アメリカの刑務所と一口にいっても、アメリカには「合衆国」というだけあり50もの州があります。また刑務所のあり方は各州によって異なっているため、アメリカ合衆国という国としては刑務所をどのような意図や狙いをもって設置しているかを知る必要があります。
　アメリカ合衆国連邦政府行政府の司法事務を司るアメリカ司法省の公式ホームページ（https://www.justice.gov/）のミッションステートメント一節には次のような文があります。「to seek just punishment for those guilty of unlawful behavior」……。日本語に訳すと「不法な行ないの罪に対する罰を追求する」となります。

また、アメリカにある122の連邦刑務所を管理するアメリカ連邦刑務所局の公式ホームページには次のような文があります[4]。「It is the mission of the Federal Bureau of Prisons to protect society by confining offenders in the controlled environments of prisons」……。訳すと「連邦刑務所局のミッションステートメントは管理された刑務所の環境に犯罪者を閉じ込めることで社会を守る」となります。
　つまり、アメリカは国として、刑務所は「罰を与える場所」、また犯罪者を刑務所に「拘束」することで「社会を守る」といった考えをもっているということがわかります。このような考えをもっているアメリカですが、アメリカ司法省が提示しているデータによると、29州で2005年に釈放された人が2年以内に「再入所」する割合は43.3％となっています。
　以上、アメリカの刑務所ではもっぱら犯罪者に対してしっかりと「罰」を与えて対処するという形式をとっていますが、これに関しては反対する意見もあるそうです。
　臨床心理学を専門とするジョエル・デュオスキン（Joel Dvoskin）教授（アリゾナ大学）は、「処遇が厳しい刑務所では受刑者に怒りと暴力的な感情を植えつけ、受刑者は相互に、欲しいものは乱暴にでも手に入れようとする態度を身につけてしまう」と述べています。また、刑務所では厳しい「刑罰」が待っているということによる「犯罪の抑止力」に関しては、ある研究で否定されており、「刑罰が厳しい」という事実が犯罪抑制に効果をもつのは、自分の行ないによるリスクを「理性的」に判断できる場合においてのみであり、薬物乱用や飲酒を原因とした、犯罪者は精神的に取り乱されていると考えられる罪の多いアメリカではその抑止力の効果は「期待できない」ということも明かされています。同様のことが日本にもいえるでしょうから、刑務所を厳しくすることによる再犯防止の効果はそれほど期待できないでしょう。

③ ノルウェーの刑務所の方式

　さて、「犯罪者に優しい国」といわれることもあるノルウェーの刑務所はどのようなものなのでしょうか。ノルウェーでは、なるべく刑務所に収容することを避け、収容したとしても自由の拘束以外は「一般社会に近づけるべきである」という考えがあります。そして、自由の拘束

以外に受刑者に何かを強制するということはあまりありません。ノルウェーは日本より刑期が短く、また受刑者は各個人に必ず「一部屋」ずつ与えられます(日本では共同室と単独室が存在します)。

"自由の拘束以外は一般社会に近づける"という考えを象徴する例として、ノルウェーのバストイ島にある「バストイ刑務所」を挙げます。バストイ島全体が受刑者のための場であり、受刑者は島の中を自由に動けます。受刑者が運営する店があったり、農場で農作業もできます。受刑者による受刑者のための選挙・議会もあり、図書館や教会もあります。

また、ノルウェーの2年以内の再犯率は20％(2005年)です[5]。さらに、「バストイ刑務所」の被収容者の再犯率は16％であり、ノルウェー全体の再犯率よりも低いことがわかります[6]。

刑務所において大切なこと

上記の「刑罰重視」のアメリカと「更正重視」のノルウェーを比較すると、後者のほうが再犯率は低いです。日本もこれに見習うべきですが、重要な点として、日本とノルウェーの再犯率がここまで差が出ている"要因は何なのか"を理解する必要があります。日本とノルウェーの刑務所のあり方を比較しますと、いちばん大きな差はその自由度や刑務所で経験できることの"幅広さ"です。どうしてそのようなことが大切になってくるのでしょうか。

図1[2]は日本における「保護観察対象者の再犯率」を示しています。10年間の累計調査にて、有職者の再犯率が7.4％なのに対して無職者の再犯率は36.3％と、およそ30％もの違いがあります。一度罪を犯した

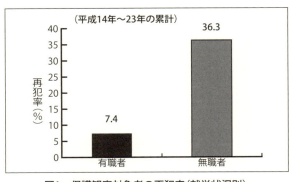

図1　保護観察対象者の再犯率(就労状況別)

人が社会復帰後に職をもっているかどうか、ということは「再犯」の有無に関して重要な役割を担っていることがわかります。同様に、受刑者に関して、適当な「帰住先」がない人ほど再犯に至る期間が短いことも明かされているため（政府広報オンライン「再犯を防止しよう。安全・安心な社会のために」[3]より）、受刑者が社会復帰後にスムーズに「自分の暮らし」を取り戻していけるような教育を施していくことが再犯防止には重要であることがわかります。

　ノルウェーの刑務所では、このように受刑者同士のコミュニケーションをとれ、協力しやすい体制が整っているため、受刑者は人と人とのつながりを意思することができます。また実際の社会に近い環境（店の運営、農作業など）が提供されているため、出所後の生活や職場でも役に立つことを学べるのです。

　日本の刑務所も作業や職業訓練などがあり、社会復帰のための「更正プログラム」が充実しているように思われるかもしれませんが、実際は批判もあります。作業中は基本的に「私語」が制限されており、一人で行なわなければなりません。また職業訓練などの更正プログラムも存在しますが、そもそもそれを受講する人が少ないことに加えて、内容に関しても実際の職場で"役に立たないことが多い"といわれています。受刑者が職業訓練を受けるには、受刑態度や適性などが厳しく審査されるため、ごく一握りの人たちしか「職業訓練」を受けれません。実際に2009年に出所した3万人のうち、職業訓練を受けた人は6.6％です。つまり、日本の再犯を防止するためには、刑務所内において人と人とのつながりを意識できる環境づくりをすること、社会復帰後の実際の職場でも役に立つような更正プログラムを作っていくこと、また多くの受刑者が受けられる更正プログラムを作ることが重要になります[9]。また刑務所の中だけでなく、出所後の元受刑者についても考えていかないといけません。

社会への呼びかけ

　刑務所の中の環境を変えていくことに加えて、社会全体が出所した受刑者を受け入れ居場所をつくる手助けをしていくことが、再犯率を下げるためには不可欠です。「刑務所」や「受刑者」と聞いて、「豚箱」だったり「一線を越えてしまった人」といったイメージをもつのではなく、

「刑務所は更正の場である」「受刑者は社会復帰を目指す人」といった認識の転換が必要なのです。今回のグループ発表や全体での発表がこのような「認識の転換」の第一歩になればと思います。

参考文献
1. 平成28年度版『犯罪白書』第5編/第1章/第3節/3 出所受刑者の再入率の推移
    https://www.facebook.com/events/291439974699373/?ti=icl
2. 平成24年版『犯罪白書』第7編/第2章/第1節/2　刑務所出所者等総合的就労支援対策
    http://hakusyo1.moj.go.jp/jp/59/nfm/n_59_2_7_2_1_2.html
3. 政府広報オンライン「再犯を防止しよう。安全・安心な社会のために。」
    https://www.gov-online.go.jp/useful/article/201406/1.html
4. アメリカ連邦刑務所局の公式ホームページ　https://www.bop.gov/
5. Retur: en nordisk unders?gelse af recidiv blant klienter i kriminalforsorgen
    http://www.kriminaalihuolto.fi/material/attachments/rise/julkaisut-risenjulkaisusarja/6Bzsbsks2/Paluu_2010.pdf
6. ノルウェーにおける刑事政策の現在（いま）
    http://glim-re.glim.gakushuin.ac.jp/bitstream/10959/2972/1/daigakuinhomu_7_107_124.pdf
7. Psychologists offer ways to improve prison environment, reduce violent crime
    https://medicalxpress.com/news/2009-08-psychologists-ways-prison-environment-violent.html
8. 岡本茂樹『反省させると犯罪者になります』、新潮社、2013年
9. 日本弁護士連合会　刑事拘禁制度改革実現本部、『刑務所のいま―受刑者の処遇と更正』、ぎょうせい、2011年

3　再犯防止実践——窃盗症への治療法

（宮野美羽、松田美和、大熊悠斗、佐賀旗生、信原佑樹）

【再犯防止実践―窃盗症への治療法】

はじめに
　刑務所は、犯罪をした者に刑罰を加えるだけでなく、彼らが再び社会に出るまでにしっかり更生できるようにする役割も担っています。私たちのグループは、最初にその更生という面に着目しました。

日本の犯罪の特徴
　図2からわかりますように日本では、近年、犯罪総数は減少傾向にあります。一方で刑務所へ再入所する者の割合が高く、およそ60％近いです。このことからも被収容者の更生をより強化し、再び犯罪に手を染めないようにする必要があります。
　受刑者の更生に着目し、再犯を防止するための対策を考えることになりましたが、具体的にどの犯罪に着目するのかについてグループで議論

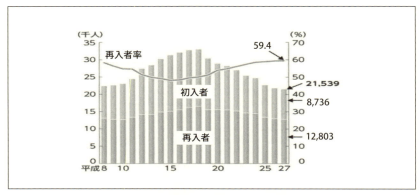

図2　入所受刑者人員中の再入者人員
出典：平成28年度版犯罪白書

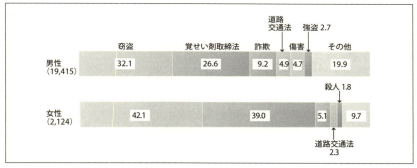

図3　入所受刑者の罪名別構成比
出典：平成28年度版犯罪白書

しました。ここで**図3**に注目します。ここでは入所受刑者を罪名別に分けたものですが、男女ともに窃盗と覚せい剤取り締まり法が突出して多いことがわかります。また、再入所受刑者の前科同罪である割合も窃盗と覚せい剤が非常に多いことがわかりました。

　以上のことから再犯を防止するためには「窃盗と覚せい剤に着目するのが良い」と結論づけました。

窃盗の再犯防止について

　そこで、窃盗と覚せい剤について具体的な対策案を考えていくことになりました。「覚せい剤」に関しては、いま芸能人やスポーツ選手が相次いで捕まっており、マスメディアを通じてその依存性の恐ろしさが世

間でかなり認知されるようになってきました。国でも覚せい剤の取り締まりを強化し、対策を練っています。一方で「窃盗」については、軽犯罪であるが故か再犯率が高いことはあまり認知されているとは思えず、まだまだ議論の余地が残されていると考えました。そのため、窃盗の再犯防止対策に焦点を絞って話し合っていくことに決めました。

　さらに窃盗について調べていく中で、窃盗犯にも、盗んだ理由によっていくつかの「タイプ」に分けられることがわかりました。貧困であるがゆえに生活に必要なものを盗んでしまうタイプ、アルコールや薬物依存によるタイプ、そして窃盗そのものに依存があるタイプ……。この最後のタイプは、病的なものであり、犯罪者でありながら病気をもつ患者とも見なすことができます。今回、私たちのグループは、この窃盗そのものに依存があるタイプ、いわゆる「窃盗症」について注目しました。

窃盗症の人の症状・特徴

　窃盗症（クレプトマニア）とは精神疾患の一つで、「衝動制御傷害」と呼ばれる疾患の一症状です。クレプトマニアの人は、万引きを初めとする窃盗行為の衝動を抑えることができず、くりかえし窃盗行為をしてしまいます。特徴としては、窃盗が犯罪行為であるとわかっているのにしてしまう、必要のないもの・安いものなのに盗んでしまう（盗みが成功した後にはその商品を捨ててしまうことさえある）、盗む行為に快感・達成感を感じる、自分の意志ではやめることができない、再犯をくりかえしている、というものが挙げられます。ただし、これらは先天的な病気ではなく、過度のストレスが原因となることが多いです。

　窃盗行為を行う原因となるものは、生活のための窃盗、アルコール依存や薬物依存によりアルコール、薬を求めての窃盗、クレプトマニアによる窃盗などのタイプに分けられますが、これらの中でも、クレプトマニアの人の再犯を防止することは非常に難しいものす。なぜなら、クレプトマニアは精神疾患・中毒症状であるため、刑罰によって再犯を防止することが困難なのです。刑罰によって刑を重くしても、犯罪行為だと承知の上で窃盗行為をするため、あまり効果がないのです。

　政府でも、覚せい剤の再犯防止に比べ、窃盗症に対する治療はまだあまり行われていません。以下に実際のクレプトマニアの患者の体験記を載せます。

実際の体験談
　「私は夫も子供もいる普通の主婦です。最初の万引きは魔が差したとしかいえませんでした。夫婦間の不和やママ友・パート仲間との人間関係がうまくいかないことでモヤモヤしていた時に、ふと食品を盗んでしまいました。当然悪いことだと分かっているのに、盗む時の緊張感と、無事盗んで店を出た時の安堵感、達成感は、気分をスッキリさせてくれました。それからというもの、その快感が忘れられず、"いけない"と思う反面、チャンスがあると"やらなきゃ"と衝動を抑えられなくなりました。物を買うだけのお金はあるし、特別必要に迫られている物ではなくても、やってしまいます」。（www.ohishi-clinic.or.jp/kleptomania_voice.html窃盗癖クレプトマニア体験談）
　ここに載せたのは、ほんの一例ですが、多くの患者は似たような心理状態にあることが調べていく中で気づきました。したがって、刑罰や法律という観点からではなく、より日常生活に即した場面での再犯防止策を考えていく必要性があることがわかります。

赤城高原ホスピタル
　先ほど窃盗症（クレプトマニア）に対応した治療はまだ発達段階にあるといいましたが、現在日本で先駆的に行なわれている取り組みを紹介します。日本でクレプトマニアの治療を先駆的に行なっている「赤城高原ホスピタル」という病院があります。そこでは窃盗癖を病気と捉え、再犯を防ぐようさまざまなプログラムを備えています。専門職によるカウンセリングはもちろん、患者にはMTM（万引き盗癖ミーティング）と呼ばれるグループミーティングへの参加を義務付けています。これは病院スタッフが一切立ち会わず、参加者は患者だけという環境を作ることで、誰にもいえなかった"盗みたい"気持ちや辛い体験を正直に打ち明けられるよう考えられたものです。他の参加者の話を聞いて同じ悩みを抱える人がいると知ったり、どんな話をしても責められず受け入れてもらえるということで、参加者は"安心感"を得ることができるそうです。
　また院内には万引きを防止するためにさまざまな工夫がなされています。たとえば売店では店の中央にあった陳列棚を撤去し、誰がみても「万引き」に気がつくようにしたうえ、スタッフ2名による監視を行なっています。ほかにも、院内に27機の防犯カメラを設置して、監視

体制を強化しているようです。

「改善策」について

　次に、グループ学習を通して自分たちが考えた「改善策」について紹介します。自分たちはクレプトマニアの治療法について患者自身と社会からの二つの側面でのアプローチを考えました。

●改善策－1　自己分析をさせる

　一つ目の改善策として、窃盗症の患者に「自己分析」をさせることを提案します。自己分析させることで、自分の力で窃盗の欲望を抑えられるようにすることが目的です。はじめに、窃盗症ではないが、自己分析が有効だった例を紹介します。この例は、中学時から肥満で、リバウンドを繰り返してきた30代男性が、その原因と考えられる「がっつき喰い」を改善することを目的として治療されました。治療では、はじめに「がっつき喰い」をしてしまう状況を記録し、そのような状況を「ハイリスク場面」としました。次に、①そのような環境から離れる。②ロールプレイ　の二つを行ないました。この治療の結果、男性は誘惑に対処できた経験を重ね、「自己効力感（自分の行動を自分の意思でコントロールできるという感覚）」を得ることができました。

　上の例を窃盗症に応用しますと、窃盗をしてしまった場面を記録することで、本人が窃盗症の原因を客観的に分析し、原因に対する具体的な対処が可能となり、窃盗の欲望を抑えることができます。具体的には、「①窃盗をしてしまった時の日時、場所、店内の様子、精神状況、盗んだものなどを細かく書き出させる。②自分が盗んでしまうタイミングの傾向を分析・把握させる。③その傾向からどのようなときに買い物をするべきか・避けるべきかをまとめたリストを作り上げる」という方法を提案します。

●改善策－2　防犯ラベルの導入

　カウンセリング、自己分析などで窃盗症の治療をしても、患者が完全に窃盗したくなくなることはありません。また、窃盗症のきっかけとなる「初めての窃盗」の機会を減らすことが重要です。したがって、患者が窃盗しようとしても「窃盗できない」環境を作ることが肝心です。そこで私たちは、小売店舗への万引き防止システムの導入を提案します。

　小売店舗の「万引き防止システム」では、一般に電子式商品監視機器

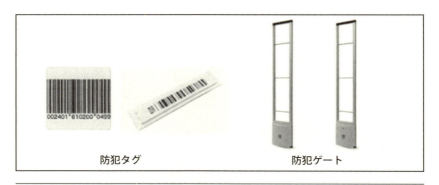

防犯タグ　　　　　　　　　防犯ゲート

EASのコスト（スーパーの場合、全て平均値）
（3台の防犯ゲートのコスト）＝120,000
（1年間で必要な防犯タグのコスト）
＝2＊（年間の来客数）＊（一人当たりの買上点数）
＝2＊（1974＊365）＊10
＝14,410,200
（数値は平成27年　スーパーマーケット年次統計調査　クローズアップ報告　による）
（EASのコスト）＝120,000＋14,410,200＝14,530,200（総売上の0.98％）

（EAS）が利用されます。EASは、防犯タグと防犯ゲートで構成されています。

　防犯タグを商品一つ一つに貼り、防犯ゲートを店舗の出入り口に設置します。防犯ゲートは会計処理されていない商品に反応し、警報を鳴らすことができます。これによって、会計をする前に商品が持ち出されることを防げます。結果的に「万引き」を未然に防ぐことができます。

　EASを導入するにあたり問題となるのがその「費用」です。防犯タグは2〜3円/枚、防犯ゲートは6万円〜/対の費用がかかります。この費用は、スーパーの総売上の0.98％に当たります。現在の患者に再び罪を犯させることを防ぎ、新たな犯罪者をつくることを防止するという効果を考えますと、社会でこの費用を負担することは十分合理的ではないかと考えます。

「改善策2」については、クレプトマニアの患者だけでなく、窃盗そのものの被害もなくせるのではないかと期待できます。またクレプトマニアは先天的な病気ではなく、一度窃盗に成功した"快感"が忘れられず、しだいにエスカレートしていく場合が多いため、このような人に対し

て、「犯罪の入口」をふさぐ効果もあると考えました。
まとめ
　グループ学習で多くのことを学びました。全体として刑務所や犯罪といった普段かかわりがなくあまり考えないものに注目し、それについて考えるというものでしたので、新しく知ることへの驚きを感じながら、とても濃い時間を過ごせました。このグループでは「再犯防止　実践」をテーマに話し合いを進めました。そのなかで再犯の数が多い「窃盗」に絞って調べ、覚せい剤の場合も同じことがいえるのですが、中毒になってしまっている人が少なからずいるのがわかりました。「窃盗症」になる原因は人それぞれで個々に合った治療が必要ですが、そもそも窃盗症か否かを判断するのが難しいので、十分な対応がなされないまま釈放され、再び盗んでしまうというケースが多いようです。
　しかし、残念ながらこれらのことは社会にあまり認知されていません。そして、グループで考えていくなかでそれは氷山の一角に過ぎず、刑務所や犯罪者、刑罰に対しても、無知であるがゆえに偏見を持っていたことに気づきました。再犯者の多くは社会からの疎外感を感じている人が多いです。その観点から見れば、再犯を防止するには本人に対する治療などの働きかけももちろん大事ですが、社会全体で彼らを理解し、受け入れ、社会復帰の手助けをすることが最も効果的でしょう。そして、そういう社会が実現すれば犯罪自体が少なくなるのではないかと思います。もちろん、同じ社会にいても、立派に生きている人もいますので、犯罪をすればそれ"相応の責任"を取らなければなりませんが、環境の問題や「運の平等性」を考慮すれば、本人だけが悪いとはいえないと思います。
　このグループ学習を通して、窃盗症には罰を与えても効果がなく、各々に合った治療が必要だとわかりました。そして、これは刑務所の方針にも同じことがいえると思います。罰を与えても根本的には何も解決しないのです。だから、刑務所は更生を重視するべきであり、刑務所の外の人は受刑者が出所後も完全に社会復帰できるようにサポートする環境を作ってあげなければならないと思います。その一歩として、私たちがこのグループ活動で学んだように、多くの人が刑務所や犯罪に関心を示し、"よく知る"ことが大切ではないでしょうか。

4 「刑罰」を考える

(御子神泰洋、高橋美百、田中 和、酒井聡史)

【「刑罰」を考える】

はじめに

　私たちは10月23日と24日に「札幌刑務所」を視察しました。この視察を通し、私たちは刑務所のシステムおよび「刑罰」そのものに対し疑問点を抱き、改善の余地があるのではないかと感じるようになりました。ここでは刑務所の新たな「システム」について提案を行なおうと思います。

新たなシステム提案

　まず提案について述べるよりも先に、札幌刑務所視察の感想について見ていきます。

　視察に行った学生からは「非日常的な暮らしをしている」「張りつめた空気を感じる」など世間一般のイメージどおりの感想も多かった一方で、「刑務所の中でも意外と暮らしていけそう」「思ったより和やかな雰囲気であると思った」「自由刑を受ける場として適切なのか」といった、刑務所の実情を疑問視する意見も目立ちました。

　札幌刑務所は、犯罪者の「社会復帰」に重点を置いています。これは全国の刑務所でも同様です。さらに札幌刑務所の被収容者は主に犯罪傾向が進んでいる者、もしくは外国人です。刑務官の話によると、刑の平均執行期間は3年3カ月であり、平均入所回数が4回（最大25回）とのことでした。このお話に私たちは「衝撃」を隠すことができませんでした。この数字を聞くと、札幌刑務所の被収容者の多くは「自由刑」を何とも感じていないのかと考えてしまいます。また、犯罪者の社会復帰がうまく果たされていないこともわかると思います。視察後の感想にありましたように、刑務所だけでは犯罪者にとって「足りない部分」があるのではないかと私たちは考えました。

更生能力を高めるモデル

　そこで私たちは刑務所の更生能力を高めるための「モデル」を提案しようと思います。このモデルの概要は以下のとおりです。

まず受刑者に対して、裁判所が下した刑期に加えた「追加の刑期」を検討する。追加の刑期の間、受刑者は刑務所とは別の「リエントリー施設」で生活をする。この「リエントリー施設」は日常の生活と隔離された刑務所とは違い、疑似的な「小社会」を実現する。そこでの生活を通して、担当の刑務官がその受刑者の更生を"実感する"まで、追加の刑期を続けるというものです。
　以上のモデルの実現により、再犯率を低下させること、一般市民に対して法に対する信頼を形成することが可能であり、全体的な犯罪率の低下にも貢献できると考えています。その根拠として、このモデルを提案することとなった数値的な経緯について説明します。
　現在の日本では「再犯者率」が増加傾向にあります。平成27年度版の犯罪白書によりますと、平成26年の再犯者率は47.1％であり、前年度比では0.4ptの上昇が確認されています。この増加傾向は平成8年度ころから継続しているものであり、「克服すべき課題」となっています。
　また、現在の刑務所では受刑者の更生を刑務官が実感できないまま出所するケースが数多く散見されます。これは実際に札幌刑務所の刑務官に質問したさいに答えていただいたことですが、刑務所の役割はあくまでも与えられた刑期の執行であり、それ以上の干渉はできず、更生せずに出所して再入所する受刑者が少なくないそうです。
　以上のことから、現在の刑務所では、受刑者の「改善更生」が十分に行なわれているとはいえないでしょう。刑務所では裁判所から下された「刑期の範囲」でしか受刑者の更生教育を行なえず、その教育の効果は低いものとなっています。刑務所は実社会と隔絶された閉鎖社会であり、出所後に実社会の生活に適合できずに罪を犯してしまうケースも少なくありません。
　こうした経緯から私たちは、刑務所とは違う、より実社会に近づけた施設での生活期間を設け、更生が確認されるまでそこで生活させるというモデルを提案することになりました。

期待される効果と問題点
　ここからは提案したモデルに期待される「効果」について検討していきます。
　再犯率の低下について、受刑者の追加の入所期間が刑務官の「主観的

判断」によるものであり、曖昧かつ無根拠で、効果を見込むことはできないという指摘が考えられます。しかし、平成26年度版の『犯罪白書』によりますと、満期で出所した受刑者と比較して、「仮釈放」の受刑者のほうが再入所率が低いことがわかります。仮釈放は担当者の主観的判断といえるため、上述の指摘に関しては回避できるものです。

　また、「厳罰化」が一般市民に対して法に対する「信頼を形成しない」という指摘も考えられます。しかし、平成28年度版『犯罪白書』によりますと、2003年の「法定刑」引き上げ以降、対象となった殺人・強姦の犯罪率が低下しただけでなく、全体的な犯罪率が低下しています。必ずしも「厳罰化」がその理由とは限りませんが、厳罰化がそうした効果を強化する根拠の一つになりうると考えています。

　さて、ここまでモデルについて紹介してきましたが、いくつかの問題点があるのは事実です。その一つに「リエントリー施設」について、その具体的な実態が不透明な点です。

　「疑似社会」の実現をするために、実際どのような施設にするのかのビジョンは私たちにはありません。また、それだけの規模の施設をどう運営するかという点に関しても、私たちは構想をもっていません。しかしながら、こうした具体的実態を深めることで、このモデルは実現可能性を高め、実際にその構想を検討することができると考えています。

「罪と刑罰」とリエントリー施設

　さて、話は変わりますが、ここで視点を変えて「罪と刑罰」について考えてみます。

「刑罰」とは、犯罪者が罪を償うこと、犯罪者を一般社会から隔離すること、再犯防止のため犯罪者を教育すること（特別予防）、犯罪をおかせば罰が与えられるということを一般社会に警告すること（一般予防）など、さまざまな意味をもちます。日本では特別予防に重点が置かれており、犯罪者の「更生」を第一としています。これは日本だけでなく、国際的にみても同様です。しかし、「罪の重さ」と照らし合わせたとき、すべての犯罪は更生に重点が置かれるべきだといえるのでしょうか。

　私たちは罪が重くなれば重くなるほど刑罰は「償い」の意味合いが強くなると考えました。殺人や強姦など、重い罪を犯した者は被害者に対し「償ってほしい」、反対に万引きなど軽い罪を犯した者は「早く更生

してほしい」というのが世間一般の感覚であると思われます。つまり、それぞれの犯罪に対し「求められる刑罰」の意味は変わってきます。

とはいえ、ほとんどの犯罪に対して、犯罪者の更生は非常に重要です。なぜなら、刑期の違いこそあれ、犯罪者は再び一般社会に戻るのですから、犯罪者の更生をしなければ社会は何も変わることはありません。犯罪者の「更生」は社会を守る上で大きな役割を果たしているのです。こうしたことを踏まえると、先ほど述べた「リエントリー施設」の発想がほぼすべての犯罪に「有効」であることがわかります。

死刑判決を「終身刑判決」に

しかし、犯罪者が死刑や終身刑になった場合はどうでしょうか。彼らは二度と社会に戻ることはないのです。つまり、一般社会に戻るための教育をしたとしても、それは「不要」なのです。そこで私たちは、死刑や終身刑になるような非常に重い罪に対して、現状の問題点やその解決策について考えてみました。

先ほど「刑期の延長制度」を提案しましたが、ここではきめて重い犯罪、すなわち殺人などの罪を犯すなどして「死刑判決」を受けた場合、遺族側が死刑判決を「終身刑判決」に変更することのできるというモデルを提案します。

現在の「死刑制度」に関しては賛否両論あるため、ここで代表的な意見をいくつかあげると、賛否で対立する意見は、憲法36条にある残虐な刑罰に該当するため「違憲」とする意見と、その反対に最高裁判例から「適法」であるとする意見があり、また「冤罪」の可能性がある場合、死刑は取り返しがつかないため「回避」すべきだとする意見と、冤罪の可能性があることはすべての犯罪に共通しており、死刑に限らず他の犯罪でも「取り返しがつかない」とする意見、犯罪抑止効果について「ある」とする意見と「不確かである」とする意見の三つが挙げられます。

また、賛成派に特有の意見は、他人の命を奪うという罪を犯したのであれば「命で償うべきである」とする意見、遺族感情を考慮して「生かしておくべきではない」とする意見、更生の見込みのない凶悪犯の「命を絶つ」ことで究極的な再犯防止策を講ずるべきであるとする意見の三つが挙げられます。

反対派に特有の意見としては、国際世界が死刑廃止ムードであるため、国際世界の流れにのるべきだとする意見、国民による殺人が許されないにも関わらず国家による殺人は許されるというのはおかしいとする意見、死んでしまっては何にもならず、反省し、生きることで罪を償うことが重要であるとする意見の三つが挙げられます。
　以上の意見のうち、対立する意見の方に関しては議論の余地がないためここでは触れることはしません。残る意見について、大きな構図としては、人を殺したならば「命をもって償うべき」であるとする考えと、「生きること」で罪を償うべきであるという考え（国家による殺人は許されるべきではないという考え）の対立ですが、国家による殺人の是非の議論に関しては、人権の議論にかかわってきてしまうため割愛しますが、深く掘り下げて考えてみたいところでした。
　以上から、大きな構図としての対立に関して、「生きることで罪を償うべき」であると考えるのは一部の遺族であると仮定して、この対立を解消しうる提案を行ないます。提案内容は、先に述べたとおりです。
　ここで、死刑と終身刑に関する認識として、基本的に死刑判決とは、裁判所が「命をもって償うべきである」として下した判決であり、終身刑とは、裁判所が命を奪わないまでも、刑務所から外に出さないとして「社会的な死」を宣告するようなものであるとする。この場合、社会的にどちらも「生きていけない」という点で、終身刑も死刑もおよそ同等の刑といえますが、終身刑では実際の命までは奪っていない点から終身刑は死刑よりもわずかに「軽い刑」であるともいえます。
　さらに、現在日本において実行されている「無期懲役刑」に関して、無期懲役刑を科された人間は、上限の年数を超えると「社会に復帰」できるため、死刑や終身刑よりも軽い刑であるといえます。そのため、無期懲役刑や終身刑から死刑に変更することは容認できませんが、死刑を終身刑に変更することは容認できるぎりぎりのラインであると考えられます。
　以上から、死刑判決の下った犯罪者について、「死なずに罪を償って欲しい」と考える遺族がいた場合に、死刑から終身刑に「刑を変更」することができる新しいモデルを提案します。このモデルによって、「死なずに償ってほしい」とする遺族感情を汲むことができ、またこのよう

にして死刑の執行を減らしていくことで、むやみに国家に「殺人」をさせずに済むことになります。死刑が減ることによって、死刑を当然存在すべきものとする先入観を消した頭で死刑制度の是非を問い直すことができるようになります。

まとめ

　最後に、私たちが行なった提案についてまとめますと、「追加の刑期」によって更生機能をより高める「リエントリー施設」の導入を行ない、死刑相当の犯罪者に対しては遺族が死刑か終身刑化を「選ぶことのできる制度」を導入することです。刑務所改善を図るうえで面白いアイデアなのではないかと私たちは思います。

コラム

受刑者の人権保障

「一度刑務所に入れば、その国の真の姿が分かる」。27年間の獄中生活を経てノーベル平和賞を受賞した、元南アフリカ大統領ネルソン・マンデラの言葉である。2015年の国連総会では、被拘禁者処遇最低基準規則が改訂され、「マンデラ・ルール」として新たに採択された。刑事施設における被拘禁者の処遇について、原則や禁止事項などが包括的に示されている。

被拘禁者処遇最低基準規則は、1955年に開かれた「犯罪予防及び犯罪者処遇に関する第1回国連会議」で採択された。また、その第9回国連会議（1995）は、「非拘禁者処遇最低基準規則の実践履行に関する決議」を採択。これに対して日本政府は、「各国制度の特殊性に対する十分な配慮を欠いているがために活用されないままになっている基準・規則については、これを多くの国で実施しやすいように修正していくことが検討されるべきである」との見解を発表した。『日本の刑務所』の中で、著者の菊田幸一氏は「最低基準そのものを引き下げることを提示した」として、日本政府の人権感覚を批判している。

日本の刑務所で人権侵害が起こった場合、被害者は不服申立制度を利用するか、裁判所に提訴することができる。しかし、第3章で指摘したように、不服申立制度は法務省から独立しているわけではなく、その実効性には不安が残る。また、日本の裁判所も、個別具体の事例に国際法を直接適用することには消極的だ。さらに、日本は自由権規約の第1選択議定書を批准していないため、被害者が人権委員会に直接訴える個人通報権は認められていない。人権侵害を受けた個人が、国際基準に則り、迅速に救済される仕組みを整えることは喫緊の課題である。

1990年、国連総会で「国内人権機関の地位に関する原則」が採択された。国内人権機関は、国際人権法で保障されている個人の権利が公権力によって侵害された場合に、被害者の訴えを受けて、加害者との仲介や調停を行う機関である。自由権規約委員会や拷問禁止委員会などは再三にわたり、政府から独立した国内人権機関の設立を日本に対して勧告している。2008年、国連人権理事会の勧告に対し、日本政府はフォローアップを表明。2009年の民主党政権発足時には、千葉景子法務大臣（当時）が、国内人権機関を内閣府に設置するという構想を明らかにした。しかし、結局実現しないまま政権が交代し、現在に至っている。

藤谷和廣・紺野圭太・玉城英彦

第6章　刑務所を知る
──認識の変容

講評
学生は、刑務所視察と全体ミーティングやグループワークなどを通じて、刑務所の現状と受刑者に対する知見を深め、思索してはその考えを止揚し、昇華させていきました。とくに受刑者への処遇をめぐっては、刑罰と人権、更生と再犯の間に心を揺らしつつ、それを統合的に発展させ、あるべき姿を求めて一歩ずつ高めていきました。その学びの軌跡が下記の報告書です。ここには学生一人ひとりの"心の叫び"が綴られています。力作をご一読ください。(玉城)

イメージとのギャップに衝撃

伊藤 維（総合理系1年）

　私が数あるフェローゼミの中からこの「玉城ゼミ」を選んだ理由はとても単純なものでした。その「刑務所」という独特のテーマに惹かれて、ただ単純に「おもしろそう」という理由だけでした。そうして気まぐれで選んだゼミですが、このゼミは私自身の刑務所・受刑者へのイメージを大きく変えるきっかけとなりました。

　私はもともとテレビや本の影響から、刑務所のイメージは汚い・暗い・残酷といったネガティブなものでしたが、2017年の10月末に行なわれた札幌刑務所・刑務支所の現地視察を通してそのイメージは大きく変わりました。建物の外見はモダンなデザインで、施設内部は掃除が行き届いており、清潔感がありました。受刑者たちが暮らす居室も特別広いわけではありませんが、生活していくには不便がないほどの広さで、共用施設として体育館・運動場、さらには病院施設まで備わっていました。私たちは今回の視察で、もともと抱いていた刑務所のイメージとの"ギャップ"に衝撃を受けました。それとともに新しい発見もありました。

　そこで、かねてより問題となっている「再犯」の防止に関連して、汚い・暗い・残酷な環境の悪い刑務所に受刑者を収容して「二度とここには戻ってきたくない」と思わせることで再犯を防止するのか、それとも清潔感にあふれ、規則正しい生活が送れる環境のいい刑務所に受刑者を収容して「心から更生させる」ことで再犯を防止するのか、実際どちらのアプローチが再犯防止という観点から見たら効果があるのかについて議論がしたいと思い、テーマを掲げてみたところ、ゼミ内で同じような疑問をもつメンバーが集まり、「再犯防止」（理論）グループとして考察をしていくことになりました。

刑罰重視か更生重視か

　再犯防止のためには「刑罰重視」か「更生重視」かのどちらに重きを置くかという議論をするにあたって、実際にそれぞれの方針で運営している刑務所を比較することにしました。そこで、実際に「刑罰」を重視し

て運営している例としてアメリカの刑務所を取り上げ、また受刑者の「更生」を重視して運営している刑務所の例としてノルウェーの刑務所を取り上げて議論を進めました。刑罰重視と更生重視のそれぞれの良い点と悪い点を挙げ、アメリカとノルウェーそれぞれの「再犯率」を調べたところ、治安の程度の違いはあっても、総合的にはノルウェーのような「更生」を重視した方針の刑務所のほうが圧倒的に再犯を防止できているといえる結果が出ました。

その結果から、私を含めグループのメンバーは再犯を防止する刑務所において重要なことは、「受刑者が社会復帰後生きていく手助けをすること」であると結論づけました。これにはもちろん、受刑者を更生させて社会に適応できるような「人格」をつくる手助けをするという、ノルウェーの刑務所の方針も含まれています。この結論のさらに行く先には、刑務所内での働きかけだけではなく、受刑者の社会復帰後の生活を支えるような「居場所をつくる」という、私たちを含めた社会全体での"働きかけ"も必要だということです。

このゼミを通して、私自身の刑務所・受刑者への考え方は大きく変わりました。このゼミに参加するまではテレビや新聞で凶悪な事件の報道を見ても、かつては「被害者はどんなにつらいだろう、どんなに悲しかっただろう」と被害者の立場に立って考えてばかりでした。しかしこのゼミを終えてみて、事件を起こしたとき「加害者はどんな心境だったのだろう。なにが目的だったのだろう」と加害者の目線に立ってモノを考えることもできるようになりました。これはゼミに参加して、仲間と真剣に議論を何度も重ねたことによる大きな成果といえるでしょう。

刑の本質に気づく

稲見航一（農学部二年）

このレポートでは、札幌刑務所・刑務支所の視察のあと、ゼミの活動を通じて自分の考えがどのように変化したのかをふり返り、まとめてみたいと思います。刑務所の視察でもっとも印象的だったのは、自分が抱いていた刑務所のイメージとは異なり、施設も清潔で、きちんとした食事が与えられるなど、受刑者の生活環境が思いのほか恵まれていた点でし

た。この点についてはゼミの多くのメンバーが同じことを感じたようで、視察直後のレポートには「受刑者はもっと苦しむべきだ」という意見も多く挙がっていました。

私はグループ活動のテーマとして、「刑務所内の生活水準はどうあるべきか？」という内容を提案しました。刑務所内で生活する受刑者は国によって管理されている立場であり、最低限度の生活を送る「権利」は当然認められるべきです。一方、刑務所内の生活水準は一般社会の貧困層の生活より「高くあるべきではない」と考えました。そこで、比較対象として一般社会の「生活保護受給者」をとり上げ、彼らの生活水準を参照することで、理想的な刑務所の生活水準を考えようとしました。

何が不公平なのか

上述のような方針で活動を進める予定でしたが、第3回のゼミで学生支援員の藤谷和廣さんによる「何が"不公平"なのか」という話を聞いて、考え方が大きく変わりました。藤谷さんのお話から、「刑務所では、質の低い生活を送ることが罰なのではなく、「自由刑という自由の制限を受けることが罰なのである」ということを学ぶことができました。

これを受けて、生活水準が刑の本質ではないのなら、当初想定していた生活保護受給者との比較はあまり意味をなさないのではないかという、グループ内での結論が出されました。

先述のように、私たちのグループでは、当初予定していた活動（生活保護受給者との比較）の遂行を取りやめたため、話し合いのなかで明確な結論や提案を提示することは難しかしいことでした。そこで、私たちのグループ発表では「刑務所の生活水準はもっと厳しくすべき」と「刑務所の生活水準はこのままでよい」という、二つの対立する意見とその"根拠"についてそれぞれまとめて紹介することにしました。

しかし、発表内容を精査していくなかで、前者の意見は「刑務所は厳しくあるべき」という先入観に基づいた印象にすぎず、一方後者の意見は「刑の本質は自由刑」という明確な根拠に基づいた考えであることに改めて気づき、この二つの意見の比較は意味をなさないとわかりました。そこでグループ発表では、刑務所の実態を聴衆に伝えるとともに、先述した刑務所での生活水準に対する正しい認識に至るまでの思考プロセス

を紹介する形をとりました。また、全体発表会では、刑務所の実態を紹介するというイントロダクションの部分を担い、グループ発表の内容を要約して発表しました。

自分の目で見る

私は本ゼミの活動のなかで、私自身の考えが大きく転換される機会が二回あったと感じています。一回目は刑務所視察のときです。実際に刑務所内に入ってみると、それまで抱いていた刑務所のイメージとは異なる部分が多く、自分がいつの間にか誤った先入観をもってしまっていることを自覚しました。この視察の経験を通じ、やはり何ごとも"自分の目"で見て経験することが重要であると再認識できました。

そして二回目の考えの転換が起こったのは、視察後のゼミ活動のなかで「刑の本質は自由刑」という事実に気づいたときです。刑務所視察直後は、多くのメンバー同様、「刑務所は恵まれすぎている」という意見をもっていましたが、刑の本質を考慮すればそのような意見は単なる"印象論"にすぎないということに衝撃を受けました。知らず知らずのうちに、自分の先入観に基づいて物事の判断を行なってしまっていたことを自覚しました。このゼミ活動を通じて、勝手に物事を判断するのではなく、何が本質なのかしっかり吟味するべきであるとわかりました。

偏見の目で見ていた

大熊悠斗（工学部1年）

ゼミに参加したきっかけは、刑務所は「自分には縁がない」「いちばん遠い存在だから」という理由でした。しかし、ゼミで議論を重ねるごとに、刑務所は隔離施設でなく、受刑者の更生の場であり、今後社会に復帰するための訓練をする場所。また刑務所はいまの社会を反映している面もあると感じ、自分たちに非常に密接に関わってくる問題だと気づかされました。また、とくにこのゼミでは、まだまだ自分は偏見の目で世界を見ているとも感じました。このことがゼミを経ていちばん自分の考え方が変わったことです。ほかにもたくさんこのゼミ通して成長したことや学んだことがあります。

刑務所を視察した直後は、想像とあまりに違ったことに驚き、「もっと厳しい場所であってもいいのでは」と思いました。しかしゼミを通し、議論を重ねるごとに、自分は刑務所の役割として、罪を犯した人に「罰を与える場所」という認識しかなかったことに気づかされました。つまり「更生」させる場所でもあるという認識が欠けていたこと、そしてそれはいままで自分がイメージしていた刑務所による"偏見"であったことがあとからわかりました。

答えのない問題の対応の難しさ
また、グループでの活動を通して学んだこともあります。「刑務所から見る日本の社会」という一つのテーマに対しても、どこに着目するか、どのようにアプローチするかによって「無数に考察できる」と感じました。ゼミ内で4つのグループで発表したときも、刑務所内の生活から刑罰の妥当性、再犯防止まで、同じテーマで考察しているのに「こんなにもとらえ方や注目するポイントが違うのか」と驚きました。
また今回、グループで考察し、一つの結論を出すまでにかなり多くのことを調べました。ふだんなら自分から読もうとは思わない本も読みました。いままで答えのある問題ばかりで、答えのない問題はあまり触れたことがなかったですが、これらの問題に対してただ自分の意見や考えをいうのではなく、それまでにしっかりした根拠や証拠を挙げて、論理的に述べる必要があることを肌で感じることができました。
今後、社会に出たときに多く取り組んでいくであろう「答えのない問題」の対応の難しさを知りました。このゼミはテーマが重く、深く考えさせられました。この経験は今後、絶対にプラスになると思います。

人が人を裁くことの難しさ

木本円花（理学部2年）

私が現地視察レポートを読んで最初に感じたことは、「刑務所での生活は思っていたよりもよい生活なのではないか」ということです。規則正しい健康的な生活、管理栄養士が考えたバランスのよい食事、適度な運動と労働……。これだけ聞くと、とても刑務所の中の生活とは思えませ

んでした。私のイメージでは、刑務所とは質素な食事で環境も悪く、こんなところ早く出たいと誰もが思い、そのような所に入る原因を作った自分の罪を悔いる場所でした。しかし、実態を見てみると充実した生活を送っているようにしか思えませんでした。私は法を犯した人がこのような満足な生活を送っているのは「おかしい」と感じました。

そこで、このゼミで刑務所の「生活水準」について考えてみようと決めました。調べてわかったのは、刑務所の本質は「自由刑」であるということです。自由刑とはその名のとおり、受刑者の自由を奪う刑です。受刑者は刑務所にて、人間にとって最大の権利である"自由"を奪われていたのです。このことを知り、私の刑務所の生活水準についての考えは180度変わりました。「自由」という大きな権利を失っているということは、十分刑に値するのではないでしょうか。そうであるならば、生活水準ぐらいは標準でよいのではないか。また生活水準を下げることは受刑者に対する刑の本質ではないため、そのようなことを行なうのはおかしい……。そう考えるようになりました。

さらに、生活水準を下げるとすれば、どのくらい下げるのかという疑問点もグループディスカッションにて出ました。自由刑であることを考えると、これ以上受刑者を苦しめる必要性はないのではないか。受刑者だからといって、人間として最低限の生活に関わる権利を侵害するのはおかしいのではないか。さらに、私たち人間に他人の権利をそこまで奪う資格はないのではないか……。そう考えました。また、海外からは逆に、日本の刑務所制度は受刑者たちの人権をないがしろにし過ぎているという、批判があることも知りました。実際に刑務官による暴力で受刑者が亡くなっていることも知りました。

人が人を裁くということはこれほどにも問題があふれていて、難しいことなのだということを再認識することができました。今回のゼミで得た知識や経験をただ自分のものにするだけでなく、自分はこの問題に対して何ができるのか、何をすべきなのか。そのような問いを胸に持ち続けていきたいと思います。

（※注：木本さんは諸般の事情で刑務所視察には参加できませんでした。その代わり全員のレポートを読破し、評価して報告書を提出するという課題を課しました。その報告書です）

「運の平等主義」という考え方

佐賀旗生（工学部1年）

私たちのゼミの活動を振り返りますと、刑務所の環境に対する印象の変化が三度あったように思います。一度目は刑務所視察直後、二度目は刑務所視察に関するグループワークをしたあと、三度目は発表資料作りから個人レポート作成時です。

刑務所視察直後には、刑務所の環境（食事、居室など）は予想していたよりも「良い、良すぎるのではないか？」という印象をもちました。しかしグループワークにおいてその印象が変わり、「良すぎることはない、むしろ厳しいのでは？」という考えに変わりました。なぜなら、グループワークにおいて「運の平等主義」という考え方を知ったからです。

「運の平等主義」の説明は、「現在、個人が社会で置かれている状況は完全に個人の決定や選択の結果ではなく、運が作用している。したがって、その結果について、個人が完全に責任を負わせられるべきではない。つまり、私たちが現在経済的・社会的に恵まれていたとしても、実際には被収容者と同じようなことになっていた可能性がある」というものだったと記憶しています。この「運の平等主義」を考慮すると、刑務所が「個人の自由を制限するのは正当なのか？」という疑問が湧いてきました。

発表資料作成時から、個人レポート作成時に、先の「運の平等主義」に関連する文書を読み、また考えが変わりました。その文書は、アンダーソンの「民主主義的平等論」を扱っていました。「民主主義的平等論」は、「市民に、①人間として、②政治参加する市民として、③協働の生産システムの担い手としての〈機能〉を達成するに必要なケイパビリティを保証しようというもの」（角崎、2014）です。

この「平等」の考え方に基づいて、私は最終的に「被収容者は他人の権利を侵害している。そのため、政治参加する市民に求められる相互に平等な関係を社会において保護するために、被収容者の市民としての権利がある程度制限されるのは正しい。ただし、被収容者の人間としての立場は制限される理由がない。したがって、人間らしい生活を送るための十分な栄養、住居、医療は与えられるべきである」。このことから、こ

の3つを与えている「刑務所の環境は適切である」と考えました。

参考資料
角崎洋平「アンダーソンの民主主義的平等論——関係性概念の射程」、『生存学センター研究報告21号　生存をめぐる規範——オルタナティブな秩序と関係性の生成に向けて』12-51、2014年3月(http://www.ritsumei-arsvi.org/uploads/center_reports/21/center_rep

「厳罰化」だけでは解決しない

酒井聡史（理学部1年）

私はこのゼミを通し、主に二つの点で自分の考え方が変わったように思います。一つ目は「厳罰化」について、二つ目はグループワークにおける「目標達成」に関することです。

私は札幌刑務所および札幌刑務支所視察後には、「日本の刑罰はゆるい、もっと厳しくすべきなのではないか」という感想をもっていました。さらに、刑務所視察とは関係ありませんが、死刑制度も「存置すべき」と考えていました。いまから思うに、自由を拘束するという意味の大きさ、生命を国家が奪うという意味の大きさを理解していなかったからそのように思っていたのだと思います。

「刑罰グループ」のなかで人権や刑罰の意味合いを考えていくうちに、「厳罰化」や「死刑存置」に対する考え方が自然に変わっていきました。いまは、単純に罰を重くするだけでは更生に対してなんの解決にもならず、被収容者が更生するためには何が必要かを考えていくことが重要だと思っています。とくに再犯をしてしまう人は、その人だけに責任があるのではなく、その人を取りまく環境、社会にも責任があるという考え方が自分の中で強くなりました。「死刑制度」に関しては、まだ自分の中では完全に死刑に廃止か賛成かとはいえませんが、「廃止にしてもよい」といえるくらいには自分の中で考え方が変わったように思います。

「自由刑」の意味

佐野 翠（総合理系1年）

私はこのゼミで現地視察後、グループワークを通してチームで刑務所の生活水準や、改善点などについて議論を深めるなかで、以下のようなこ

とを学んだと考えます。

まず、外面だけにとらわれないことの重要性です。私を含め、グループ内の多くのメンバーは刑務所視察をした直後、刑務所の実態とイメージの差に驚愕し、受刑者には「もっと過酷な環境で罪を償わせるべきだ」といった感情を少なからず抱きました。しかし、実際に刑務所の実態について詳しく調べたりまとめたりしていくと、そのような考え方は浅はかであり、ともすると短絡的であるということに気づきました。

まず、刑務所では「自由刑」という言葉の意味するとおり、多くの自由が制限されており、たとえ「死にたい」と願っても、生きて罪を償う必要があるために死ぬことは決して許されません。つまり、私たちが視察のときに「想像以上に恵まれている」と感じた食事の提供や、無料で医療が受けられるといった点は、受刑者にしっかりと罪を償わせるためにあるといえるのです。

被害者目線に偏向

さらに、私たちの考え方が、じつは非常に「被害者目線」に偏っているということも感じました。通常、マスコミなどで報じられるのは、被害者の視点でとらえた事件の概要です。そのため私たちは「加害者視点」で事件を考えることはほとんどありません。そのため多くの人が受刑者に対して「より厳しい罰」を望む傾向にあるのではないかと感じます。しかし、受刑者も被害者も同じ人間であり、本来、同様に「人権」が保障されるべきです。この点をめぐって、刑務所がさまざまな問題を抱えていることもわかりました。度を超えた懲罰による死亡事故も過去に発生しており、刑務所を一度見ただけではわからないことがたくさんあることを知りました。

以上のように、自分でも意識していないところで先入観や偏見をもっていて、それをもとに物ごとを見たり判断したりしているということを理解しました。さらに、そのように判断された考えは危険であるとも感じました。実際の状態を調べる前に、印象だけで結論を出してしまうのは、とくに人の人生が左右されるような大きな決定であるとき、避けるべきであると切に感じました。自身がもつ常識や、自分が思う"ふつう"が、ほかの人にとっては"どう映るのか"ということを多面的に考え、論

拠をもって説明できるように、しっかりとした考えがもてるように心がけていきたいと強く感じました。

誰でも犯罪者となり得る

汐川裕菫子（経済学部1年）

私はもともと、刑務所は受刑者に応報として「罰を与える場所」というイメージをもっていて、受刑者は「罪を犯した人、悪いことをした人」であるから、受刑者は「厳しい生活を送るべきだ」と考えていました。しかし、実際に刑務所を視察し、受刑者の生活を実際に見てみると、刑務所での生活は恵まれているという印象を受け、罪を犯さず塀の外で生活をする人よりよい生活を送っていることはおかしいのではないかと感じました。したがって、刑務所の生活水準を「もっと下げるべき」なのではないかと考えました。しかし、ゼミの活動をしていくうちに、自分の考え方は間違っていたのではないかと思うようになりました。まず、刑務所は、受刑者を更生させる役割が大きく、応報としての罰を与える場所ではなく、あくまで自由を奪う「自由刑」を科しているということがわかってきました。そのように考えると、受刑者に低い水準の生活を送らせることが本質ではないとわかりました。

また、必要以上に自由を制限しているという問題点も見つかりました。そして、そもそも「罪を犯した人だけに責任があるのか」「罪を犯した人が絶対的悪なのだろうか」という考えに至りました。罪を犯すことは確かに悪いことではあるが、「なぜその人が罪を犯してしまったのか」を考慮する必要があると感じました。その人と同じような状況になれば、自分も含め、「誰でも犯罪者となり得る」ということにも気づきました。罪を犯した人だけが絶対的悪なのではなく、彼らに罪を犯さざるを得ない状況を作ってしまった社会全体にも責任があり、犯罪者だけに責任を押し付けず、犯罪を起こさせない社会をつくっていくことが必要なのだと感じました。

犯罪者の立場に立ってみる

今回のゼミを通して、いままで「自分とは縁がない」と思っていたこと

が、じつは身近であるということに気づき、さまざまな社会問題への関心が深まりました。自分も犯罪者となり得るということ、また社会が犯罪をつくっているということを考えると、犯罪が自分と無関係だとは思えなくなりました。

現代社会には、罪を犯したことのある人のほかにも多くの社会的弱者や社会的少数者が存在しますが、ゼミが彼らのことも身近に感じるきっかけとなりました。いままでもそのような人も尊重しようという考えはありましたが、自分の中ではどこかで「自分とは違う。自分とは縁がない」と思い、彼らの立場に立って考えたり、深く考えたりしたことはあまりありませんでした。しかし、彼らも自分と無関係ではなく、誰もが同じ立場に立つ可能性があり、彼らが「生きづらい」と感じているならば、それも社会の責任でもあるという考えをもつようになりました。

社会の人びとが「犯罪者」を身近なものとしてとらえ、理解することが重要なのだと思います。これからは自分と無関係だと壁を作らず、社会のさまざまな問題を身近に感じて考えていきたいと思います。

スタンダードを疑う

高橋美百（法学部1年）

刑務所視察をした直後の段階では、刑務所内の暮らしは「恵まれている」と感じ、自由刑を科すことによる効果に疑問を抱きました。この考えはフェローゼミを経てもあまり変わりませんでした。しかし、視察直後にはただ漠然と根拠なく思ったことを述べただけでしたが、罪と罰グループで「軽犯罪と重めの（殺人相当の）犯罪とで刑罰を変えてはどうか」という立場で現在の刑務所を見直してみたところ、いくつか自分で主張できる程度には考えを深めることができました。

これまでに、マスコミなどで報道される裁判の判決を聞いて、この事件を起こした人が「懲役で更生するのだろうか」と思ったことが何度かありました。それは自由刑を苦痛としない人もいるはずだからです。また、期間が短ければ苦痛を感じるようになる前に刑期を終えてしまうかもしれないからで、人間は適応する生き物であるため、期間が長ければ自由が制限されることに慣れてしまうかもしれないからです。

しかし、ゼミで「誰もが犯罪者になり得て、自分が犯罪をしていないのは育った環境など、自分では選べないところに原因があるのだから、犯罪者だけを責めてはいけない」という意見を聞き、もしこの意見をとるならば、自由刑を苦痛に感じる必要はなく、更生につながればそれで十分なのかもしれないと感じました。

一方で、私自身は一部納得できておらず、精神障害者が「責任不能」で罰せられなかったりすることもあわせて、環境のせいかどうかに関わらず、ある人のした行動が罪に当たることであればそれは「罰せられるべき」であると思います。さらにいうと、「環境のせい」という考え方を用いると、もしかすると、現在の法は特定の環境で育った特殊な人の考えであって、絶対的なものではないかもしれない。言い換えると、現在の多数派が何らかの原因で死に絶えた場合、特殊な意見が多数派になることでそれが正しいものとなりうるかもしれないと感じました。

本ゼミを通して私が学んだことは、私自身が「こうだ」と思いこんでいるスタンダードを疑い、新しい可能性であったり、見方をすることができるようになり、さらにそれを検証し、考察していくことで、自分の意見を"より根拠のある"ものにすることができるということです。

まず実情を見る

竹本良嬉（農学部2年）

札幌刑務所・札幌刑務支所を視察する以前は、テレビ番組中で刑務所の暮らしを説明したものを視聴したことがあったり、刑務所の暮らしを図解した本を読んだことがある程度でした。深い理解があるわけでもなく、ステレオタイプなイメージを抱いていたと感じます。

視察直後に感じたのは、まず「実情を見る」という貴重な体験ができたことでした。資料で見るだけでなく、実際に刑務作業に従事したり運動時間を楽しんだりする受刑者の姿を見ることで、刑務所の実際の雰囲気を感じ取ることができました。視察に行ったことで、刑務所への具体的なイメージがもてたため、その後、文献などで刑務所について調べるときもより深い理解ができたと感じています。学習や議論においては、机上の空論では方針が"あさって"（見当違い）の方向を向いたり、そもそ

も停滞してしまうこともあるでしょう。実情を見ることはそのようなことを防いでくれるのではないでしょうか。

またゼミでの議論を通じても、刑務所への「理解は深まった」と感じました。ここでの理解とは、刑務所の存在意義といった、どちらかといえば抽象的な概念に対してのものです。文献などで修得できる情報は、数値であったり歴史であったりするものが多いように思います。しかし、私たちが議論を通じて得られるものは、存在意義などの概念的なものが主ではないでしょうか。もちろん、刑務所の存在意義が「更生」だということは文献にも書いてあることです。しかし、こういった概念的な内容は一人で読むだけでは咀嚼が難しいように感じます。議論などを通して自らの意見や思考をまとめることで、抽象的な内容も真に理解できるのではないでしょうか。

議論の有効性
いちばん強く感じたのは、「概念」に対する議論の有効性です。上述のとおり、明確な答えの存在しないような概念的な課題に対しては、他者との議論が「解決の糸口」だと強く感じました。思考の言語化により自らの考えはまとまるし、また他人の意見を聞くことで自らの意見が変容したり、強化されることもあるでしょう。

これまで私は議論というものがあまり好きではなく、一人で考えて一人で結論を出し、一人で実行するというパターンが多かった気がします。しかしそれは玉城先生の言うところの「各論」だからできていたことであり、今回のような「総論」を論じる場合はやはり他者との「対話」が重要なのだと感じました。ゼミで議論をしているとき、議論に導かれるような形で自分の意見がまとまったときなど、とくにそう感じました。ゼミを通じて、「刑務所」という自分の日常から離れた施設に対しての理解が深まったのはもちろんのこと、議論の重要性に気づけたのは本当に大きな"実り"であると感じています。自分の意見をきちんと表明していくというのは、人生決定に真摯に関わるということです。

"たまたま"という偶然

田中 和（総合理系1年）

「刑務所」をテーマとする本ゼミで私は多くのことを学びました。刑罰の仕組み、刑務所の実情、受刑者の生活など、すべてが私には新しいものでした。討論の場面では「死刑」について、本当に頭を悩ますこともしました。こういったゼミでの貴重な体験のなかでも、とくに私を動かしたのは学生支援員の藤谷和廣さんが紹介してくださった「運の平等性」という考え方です。というのも、私がこれまで抱いてきた正義感を揺るがすものであったからです。

これまでは、人が悪いことをしたらその人自身が罰せられる現代の刑罰の制度を当然のことと考えていました。しかし「運の平等性」では違う。悪いことをしたのが今回は"たまたま"その人であっただけであり、だれがやるかは「運」なのです。たとえば、マイケル・ジャクソンがあれだけのスーパースターになれたのはもちろん彼自身の努力の成果もありますが、彼が彼の音楽性を受け入れてくれる社会に"たまたま"生まれてきたためでもあります。この考え方は、私のなかの「アメリカ的正義」「結果主義」に一石を投じました。以降「運の平等性」は私に新たな世界を見せてくれましたし、私自身これからもこういった物事のとらえ方を大切にしていきたいです。

偏見であったこと気づく

ゼミでは学んだことばかりではない、二つの場面において自分の実力不足を痛感しました。一つ目はグループ内での「死刑」に関する討論のときです。初めの3人が「人を殺したのだから同様の報いを受けるべき」「被害者遺族がかわいそう」といった意見で「死刑賛成派」でした。私はそれとは違い、「死刑反対派」です。いくつかの理由が頭の中に浮かびましたが、うまく言葉にすることができませんでした。結局、学生支援員の藤谷和廣さんに、私の考えを間接的にくみ取ってもらうという形になってしまいました。そのときは自分の伝えたかったことが英文のようにさえ感じられました。本当に悔しかった。これはおそらく、私の読書不足が影響しているのだと思います。当初から大学生活の目標は読書

でした。今回の経験を通してまだまだ読み足りてないことがわかりましたので、これからは冊数を増やそうと思います。

もう一つは、全体発表の「表彰」のときです。ステージの上で賞を受け取っているのが私の友人でした。ステージ上の友人が輝いて見えたと同時に、席に座って手をたたいている自分がみじめに思えてきました。それはこのゼミに100％の力を出していなかったことをわかっているからです。「もっともっと自分のプレゼンを改善できた」「もっともっと調べればよい提案ができた」と、このとき初めて自分の甘えていた部分に気がつきました。

正直、成績には関係ないという考えが私のなかにありました。しかし、表彰されている友人を見て、何ごとも楽しんだもの勝ちなんだなと感じました。中途半端にやって済ませるのも、全力でぶつかるのも自分次第なのです。私自身の中に甘えがあったことを認め、もうこれ以上、今回のような悔しい思いをしないよう、やるからには全力でやろうと思いました。終わってみると、このゼミはすばらしいものであったと思います。刑務所の実情を知ることで、自分のなかで思い描いてたことは「偏見であった」ということに気づくことができました。そして、新しい考え方も教わることができましたし、自身の改善点も明らかにしてくれました。

反省重視の仕組み

当麻拓己（医学部保健学科2年）

今回の刑務所の見学を通して、まず自分たちのグループ全員が共通に感じたことは、刑務所は私たちが思っていた以上に明るく、また厳しくない環境にあるということでした。自分たちが想像していた刑務所のイメージといえば「豚箱」。暗く怖いものですが、実際は更正を重視した作業や医療費がタダであること、居室が意外と明るいことなどがわかりました。このことから、自分たちで「再犯防止」について議論をしていくためには、最初に日本の刑務所がどのように受刑者を捉え、どのように向き合っているのかという日本の現状を把握する必要がありました。調べてみると、日本の刑務所は受刑者に作業や更正プログラム、また行

ないがよければ面談や手紙の回数を増やせるなど、「更正」と「反省」を重視させるような仕組みでした。ただ問題点としては、作業や職業訓練が復帰後の「職業生活」に結びついていないことです。また、そもそも「反省させる」というシステムそのものがいけないのではないかということです。たしかに反省をすることは大事ですが、反省は表面的・形式的にできることでもありますので、受刑者が心から罪として感じないシステムになっているのではないか、ということが挙げられました。

「再犯率」は更正重視が低い

では、この現状から「再犯率」を下げるためにはどのようにすればよいかということで、海外にも目を向けてみました。まず、海外での刑務所のあり方は大きく分けて二つに分けられます。「更正」あるいは「刑罰」どちらを重視して刑務所を設置しているかです。

「刑罰重視」の例としては、アメリカが挙げられます。アメリカの刑務所は映画やウェブ上のブログなどで悪いイメージがありますが、刑務所の公式で発表しているデータにはそのような情報はありませんでした。ただ、アメリカは法務省や連邦刑務所局などの公式の文章に「刑罰を重視する」ように掲げているので、文化や社会全体で刑罰を重視する考えが根本にあるのは確かなようです。一方、「更正重視」の例としては、ノルウェーの「バストイ刑務所」が挙げられます。バストイ刑務所では受刑者に自由な趣味や職業、自由時間にもテレビゲームや講義をやるなど、なるべく社会での生活に近い環境を刑務所で作っています。

次に、二つの考えについて「再犯率」を調べてみると、アメリカの29州で2005年に刑務所を出て2年以内に再入所する割合は43.3％、一方のバストイ刑務所の再犯率は20％と、大きな差がありました。日本の『犯罪白書』が出している再犯率（2005年に出所した人が2年以内に再入所する割合）は21.7％であり、この点でバストイ刑務所のような形になっていました。

では、バストイ刑務所の何がよくて、ここまで再犯率を低く保っているのかが気になりました。ちょうど日本の反省のシステムを問題として挙げているさいに読んだ本のなかに、社会に出てから自分の居場所がなく、再犯に至ってしまう人が多いということが書いてありました。バス

トイ刑務所はこの点で、出所したあとも出所する過程でも"孤独"を感じないようになっているため、再犯率が低く保てているのではないかと思われました。

これらを通じて、日本の刑務所をこれまでより良いものにするためには、刑務所内で孤独を感じない環境を作ること、また出所後も孤独を感じないようにしていく必要がある、という結論に至りました。

今回のゼミでの経験では、以上のように、自分たちが見たものや自分たちの頭の中にあるイメージを実際のデータや公式の情報で確かめ、考察しました。自分たちが立てた推測も自分たちで根拠となる文献を探すことができました。結果として、一つの発表をこれほど煮詰める機会はふだんの生活ではないことなので、とてもよい経験となりました。

参考文献

岡本茂樹『反省させると犯罪者になります』、新潮文庫、2013年

参考URL

アメリカ司法省公式ホームページ　https://www.justice.gov/

アメリカ連邦刑務所局公式ホームページ
　　　https://www.bop.gov/Recidivism of prisoners released in 29 states in 2005,by most serious commitmentoffense and time from release to first arrest that led to recidivating event
　　　https://www.bjs.gov/content/pub/pdf/rprts05p0510.pdf
　　　http://www.kriminaalihuolto.fi/material/attachments/rise/julkaisut-risenjulkaisusarja/6Bzsbsks2/Paluu_2010.pdf

平成28年版『犯罪白書』、第5編、第1章・第3節・3、「出所受刑者の再入率の推移」
　　　http://hakusyo1.moj.go.jp/jp/63/nfm/n63_2_5_1_3_3.html

社会復帰が目的

西浦大地（総合理系1年）

刑務所見学をした当初、私は刑務所での生活は意外にも「恵まれている」と感じました。刑務作業時間は8時間、休憩中にテレビを見ることができ、囚人間の会話も認められ、栄養バランスの取れた食事を与えられています。医療費は無料で、薬をもらうのもお金がかかりません。一日の生活時間が管理され、常に監視の目が光っていますが、慣れればおそらくストレスも軽減されるでしょう。もし自分が将来生活に困窮し、頼れる身内もいなくなったとしたら、最後の手段として軽犯罪を犯して

「刑務所に入る選択肢」もあり得なくないと思いました。
　なぜこのような生活環境なのでしょうか……。刑務所は囚人の更生施設であり、彼らを社会復帰させるのが目的ですから、厳格に生活リズムを管理しているのでしょう。自己制御のできない人間でも、他人に徹底的に指示されると精神が鍛えられ、分刻みの生活を実現できるのです。このようにして、出所後再び犯罪に走ろうとしても踏みとどまることができ、再犯の防止につながるのです。
　本ゼミの最初のころは刑務所に対する知識や考えもこの程度でした。刑務所の抱える課題・問題には考えも及びませんでした。しかし、医療費の無償の裏には深刻な医師不足、囚人の詐病による薬の過度な要求が存在しました。これによって、本当に治療が必要な囚人が十分な医療を受けることができないため、外部の医療機関に診察を受けに行くこともあります。このことは見張り役のために刑務官が数人同行する必要があり、かなりの負担になります。また囚人間の会話も、実際は刑務所内のいじめや、出所後の犯罪の共謀につながる可能性があります。

加害者も"ふつう"の人間

さらには、日本の刑務所は世界的に見ても、「人権」を侵害するレベルで「自由」を奪っているかもしれないということです。過酷な所内規則や入所時の身体検査、規則違反による懲罰、選挙権・国民健康保険・住民票の剥奪などがその例です。加害者も一人の"ふつう"の人間であるということを、私たちは忘れていたのかもしれません。最初の受刑者の工場での作業姿を見て、「あんがいふつうの人間であった」と言っていたのを忘れていたのかもしれない。
　もしかりに、私たち塀の外の人間がさらに受刑者の人権を侵害するようなシステムを考案して適用しようとすると、更生施設である刑務所の仕組みを考えている人間が、より人間らしくなくなるという皮肉な結果になるかもしれません。人間らしくない生活を強要するカリキュラムで、いったいどうして人が更生できるでしょうか。

孤立が犯罪につながる

信原佑樹（工学部1年）

このゼミでの活動を通じて、もともと刑務所や犯罪者に対して抱いていたイメージは「無知」であるがゆえのものだとわかりました。視察レポートにも書いたことですが、刑務所での生活が恵まれているというのは、自分の刑務所のイメージよりはるかによかっただけであり、それは表面にすぎないと思います。実際、自由を失っていますので、楽をしているだけではないとわかります。そして、犯罪者については、やはり社会が彼らを更生させるために理解し、受け入れてやる必要があると感じました。

自分はグループで「再犯防止」の一環として「窃盗症」（クレプトマニア）について調べましたが、家族のように彼らの身近な人たちが助けてあげるのが効果的だと思いました。つまり、社会的な"孤立"が犯罪（再犯）につながるのだとわかりました。近年、高齢者による犯罪が増えていますが、多くの原因の一部はこれによるものです。ゼミ内のほかのグループの発表も自分にとってとても刺激的で、死刑に対する考えなど、深い話を聞くことができるいい機会でした。

これらのことは学んだことのほんの一部ですが、ふだん目をそらしがちな部分について真剣に考えてみることで、いままでは見えなかったものが見えるようになりました。また、グループ活動で自分の思考回路では導かれない考えに出会うことができて、非常に充実した時間を過ごせたと思います。

多面的に検討すべき

しかし、ゼミ全体的に疑問を感じることが多くありました。まず、自分のゼミについては4グループをまとめてしまったことで、プレゼン自体の"おもしろみ"が失われてしまっていました。そのせいで各グループが提案した具体的な話は消えて、視察レポートのまとめに毛が生えた程度のものでした。また、日本とノルウェーの比較で、あたかも刑務所のあり方だけで「再犯率」が変わるような言い方は気に入りませんでした。自分のゼミだから質問しなかったのを後悔しています。

刑務所の方針はもちろん大事ですが、それは更生させるための一部でしかなく、それよりも社会や経済状況、国民の心理のほうが根底にあると思います。実際、ノルウェーは社会保障が充実していて、国民幸福度が高く、冬に日照時間が極端に少なくなり憂鬱になるとはいえ、そういったことにも目を向けないと発表に厚みがなくなってしまいます。少なくとも学生の発表では利益とかの問題は発生しないので考慮すべき点です。

社会環境が「犯罪」を生み出す

橋本菜々（工学部2年）

私がゼミを通して学んだのは、「知り、当事者意識をもって考えることの大切さ」です。私が本ゼミを選んだのは、「いまの自分からもっとも遠く、もっとも無知なところを選ぼう」と思ったからでした。そして、どちらかというと、いままでの私は社会の明るい側面に目を向けてきたので、犯罪や刑務所など、社会の暗い側面にも目を向けようと（どこか傍観者のような気持ちで）考えていました。

しかし、ゼミを通じてさまざまな知識や考え方を知るにつれて、刑務所は「自分と関係のないところだ」という自分の認識が大きな間違いであったことに気がつきました。すなわち、刑務所や犯罪者は「一般市民がかかわることのない世界」ではなく、「社会の一部であり、社会全体で考えていかなければならない」ところだとわかりました。

ある特定の人が犯罪を生み出すのではなく、その人の属する社会環境が犯罪を生み出すことが多いのです。ですから、社会全体で犯罪者の更生を考え、一般の社会生活を送れるよう支援していくことが重要なのです。

自分ごととして考えること

全体発表を終え、刑務所についての知見が深まったいま、この分野について考えるきっかけを与えてくれたゼミに感謝しています。このような機会がなければ「犯罪」について知ろうとはしなかったでしょう。そして、無知なままだったら私は「日本人の犯罪者に対する偏見や無関心さ

（冷たさ）」の空気をつくり上げる一員であり続けたでしょう。

自分が社会の一員であり、犯罪者も社会の一員であることを認識し、犯罪が生まれないような世の中を作るにはどうすればいいのかを自分の頭で考え続けることが、再犯を防止し、よりよい社会を作り上げるためにもっとも重要なことなのではないでしょうか。

「知ること、自分ごととして考えること」はとても大切です。一人の人が知ることによって、その人の視野は広がり、そのことに対して当事者意識をもって考えることで社会は少しよくなります。そして多くの人が知り、全員がそのことについて主体的に考えることによって、社会の空気が変わり、社会はもっとよくなります。

結果は「運」でしかない

服部大介（総合理系1年）

ゼミの学びのプロセスを通して、自分自身の考えが「どのように変わったか」という点について述べます。まず、現地視察を通して、自分は「刑務所が恵まれすぎているのではないか」という感想を抱きました。その後のグループミーティングでも、多くの人たちがこのような自分と同じ思いをもっていました。大半が同じ意見だったので、この意見を深く掘り下げて考えていくのだろうと思っていましたが、グループの討論では反対の意見、つまり「刑務所は厳しすぎる」という考えとともに議論を進めていきました。

自分の意見だけではなく、少数派の意見も同様に同じ規模で進めていく、その姿勢が自分にはとても新鮮で、すばらしく思えました。いままで小学校・中学校・高校と、対面の授業しか受けたことがなく、討論という討論はしたことがありませんでしたので、少数意見に対するメンバーの対応は自分も身につけなければならないと感じました。

また、自分がこのゼミに応募した理由は、たんに「この機会でないとみることができないであろう刑務所の中を見学することができる」と聞いたからです。そのため、正直な話、その後の刑務所についての話や調べはそれほど興味がありませんでした。しかしまわりのみんなは、刑務所内のお医者さんや警備員の話を真剣に聞き、あとのグループワークでも

まじめに刑務所について調査していました。みんなのいろんなことへの興味心やモチベーションの上げ方、対象への真摯さは自分にはなく、とても尊敬できるものでした。

そして、学生支援員の方たちの明晰さに触れることができたのが、今回のゼミのなかでもっとも有益なことだったと思います。今回は、発表の方法が少し特殊で、この形式の発表をするには時間も少ないと感じていました。しかし学生支援員の話を聞いていますと、それぞれの意見を反映させながら「グループとしての発表」を作るために、すごくたくさんのことを考えていることがわかりました。自分たちの意見もしっかり理解してもらっていました。この限られた時間で作成できる最高のプレゼンだったと思います。そしてそれが可能になったのも、学生支援員二人のおかげだと思います。全体の意見を考えながら一つのものを作成していく、人をまとめる能力はとても参考になりました。

最後に、「結果は運でしかなく、どれだけ頑張れるかが重要」という言葉がとても心に響きました。自分は結果にばかり目がゆき、結果に応じて一喜一憂す日々でしたが、この考えで行動していれば"いい方向"に進めるような気がします。

俯瞰的に見る

原田遼河（総合理系1年）

私は現地視察の直後、「自由時間がかなり取られているということに気づいた」というように述べましたが、ゼミを通してこのような考えは変わりました。

「自由時間を取られている」ということ自体が、私たちの生活とは異なっています。私たちの人生とは「つねに自由である」ともいえます。もちろん法の規制の範囲内ではありますが、子どもの場合にはパターナリスティックな制約が及ぶことにはなりますが、行きたい場所に行き、食べたいものを食べ、休みたいときに休めます。

しかし、刑務所の中では被収容者のこのような自由を制約することで、「自由刑」の目的を達成させています。つまり、便利になった世の中において「自由があふれている」ということを私たちは意識することなく

生活しているのです。そのため、刑務所で生活している被収容者が「自由時間が取られている」という状況に置かれていることは「自由ではないか」と感じたのです。つまり、強制されていると思っている日々の時間、たとえば教授の授業の時間も楽しいかつまらないかは別にして、もとは自らが選択した、つかみ取った自由の一種といえるわけです。自由というものが無意識の中に埋没してしまうのは、それが子どものときから"当然のこと"だと刷り込まれてしまっているからなのかもしれません。私たちはいつにおいてもこのような「自由を謳歌」しているという状況に感謝しなくてはならないと考えます。

主観的になってしまうときもあるかもしれませんが、ときどき自分を"俯瞰的"に見ることが何よりそのことを気づかせてくれます。その俯瞰的視点たるものは今回のゼミのような、私たちからかけ離れたテーマを扱うゼミでこそ得られるものだと思います。

刑務所を社会に近づける

一方で、自由が制約されている被収容者は「自由を制限されすぎているのではないか」といった意見も、調査を進めていくうちに出てきました。そのなかの事例には被収容者の態度が起因していて、個人的には刑務所側にあまり過失はないのではないかと思う事例もありましたが、基本的な面でいえば、日本の刑務所は規則が厳しすぎるように感じます。たとえば、男子の頭髪に関しては、衛生的にそうしたほうがよいとの理由もあるかもしれませんが、全員坊主なのは、いささか奇妙な風景にも見えます。宗教的背景も関係しているのかはわかりませんが、頭髪ぐらいは自分の個性を主張してもよいと考えます。

そもそも被収容者を「更生」させるという目的があるにも関わらず、その被収容者が没個性的な様子であったのならば、かえって被収容者の意識が改善しないのではないかと思います。被収容者を反省させるべき罪を犯してしまった「反社会的な人」であるという認識があるがゆえに、こういった制約が存在しているように推測されます。このような認識を変えなければ、社会はますます犯罪者に対して厳しくなってしまうでしょう。

「犯罪者を容認しろ」ということではもちろんありませんが、社会の認

識として一度罪を犯してしまった人でも更生の余地が「幾分かある」という認識が浸透していかなければ、そのような人が更生したときに受け皿となるコミュニティーというものが存在しなくなってしまいます。そうなってしまえば、そのような人は「社会的に死んでいる」といっても過言ではありません。このような意識を変えるために、ノルウェーにあると再犯防止（理論）グループが言っていた「刑務所を社会に近づける」動きを日本もしていくべきだと思います。前科がある人も更生できる社会が必要とされています。このことはまさしく本ゼミで学んだことであり、これからも大事にしていきたい考えの一つです。

社会や法の限界を知る

松田美和（法学部1年）

私が本ゼミを選んだ理由は、「なんとなくおもしろそうだし、刑務所に訪問する機会なんてめったにないからここにしよう」くらいの、軽いものでした。法学部に所属してはいますが、まだ一年生ということもあり、刑法や刑罰の知識はまったくといってよいほどありませんでした。また、死刑制度に賛成か反対かという話題や、何度も刑務所に入所している人に対する再犯防止の具体的な案について、ゼミ活動を始めるまでは少しも考察したことがありませんでした。

大学に入ってまだ一年目なので、ゼミ活動というもの自体初めてで、あるテーマについてグループで意見やアイディアを出し合って発表するという体験がとても新鮮でした。ゼミ活動では主に、刑務所視察、テーマごとのグループに分かれての討論、考察、発表を行ないました。刑務所視察では訪れる前に抱いていた「暗くて重い雰囲気の場所」というイメージが払拭され、緊張感こそあれ、想像よりも和やかな雰囲気（とくに刑務支所では顕著に見受けられた）であるという印象を受けました。グループワークでは、4つのグループに分かれてさまざまな作業を行ないました。私は「再犯防止の実践」のグループに所属し、グループメンバーと一緒にいろいろな課題について考えました。発表に向けては、とくに「窃盗」の再犯防止に的を絞って、原因や現在とられている対策、私たちが考えた対策などを探りました。議論を深めるにあたって、問題

が単純ではないことや、現在の社会や法においては限界があることを知りました。そのうえで、実行されうる対策案を考察したことはとても容易とはいえませんが、根拠のある質の高いものになったと自信をもっています。

本ゼミを通して私がいちばん感じたのは、新渡戸カレッジに所属している人の「考察」の仕方のレベルの高さや、物事に対する「真剣」さです。グループワークで討論を行なったさいに、メンバー全員が全力で考えて答えを探ろうとする姿勢にかなり鼓舞されました。このようなメンバーとともに、約2カ月という短い期間ではありましたが、協同して課題に取り組めたことをとてもうれしく思います。

空想的な思考は堅固な現実に押しつぶされる

御子神泰洋（総合文系1年）

現地視察後、各自出し合い整理した4つのグループに分かれましたが、前途多難なスタートでした。グループの中でなんとなくやりたいことは共有しつつも、あいまいで、まずはその言語化に苦労しました。刑罰とはどうあるべきなのか、現状をどう変えればいいのか、そもそも変えるべきなのか……。自分たちの頭の中にぼんやりとした構想のようなものはありつつも、詳しく調べていくうちに、根拠に乏しいことがわかったり、対立する意見の存在などがわかったり、次第に全体としての方向性が混迷していきました。

ひと言でいってしまえば、現実に対して敢えて敵対的な態度を取るということは"それ相応"の覚悟と苦労が必要だということです。空想的な思考は堅固な現実に押しつぶされるのだ、ということを痛いほどに思い知りました。たとえば、単純に刑務所・刑罰の更生機能を強化したいと思っても、現在の制度にゆき着くまでには、人類史の長い積み重ねがあり、それを覆すためには、批判を躱（かわ）しつつ根拠を提示し、具体的な提案をしなければいけません。そんなときに助け舟を出してくれたのが、学生支援員の二人でした。グループ一人ひとりの意見を引き出し、それに対してさまざまな角度からの検討をし、全体として整理しまとめてくださいました。結果として、グループの方針の柱が私の提案した二つの構

想に落ち着きました。

しかし、方向性が決まってからも、進捗は思うようにはいきませんでした。死刑判決が下されるような重い犯罪と、更生能力を高めなければいけない犯罪の二つを扱ううえで、両者を一つの発表にうまく組み込まなければいけなかったからです。ここでグループ活動としては、発表の大まかな流れを決め、メンバーそれぞれに担当を割り振り、担当の発表スライドを作成し、週に一度設けた自発的に集まる時間で共有するという活動に移りました。

ここでの反省点は、基本的にそれぞれの担当ごとの作業になるため、情報の共有がしっかりとできなかった点であり、それは発表前に支援員の二人にスライドの事前確認をしてもらうさいに浮き彫りになりました。グループでの分担作業時における"情報の共有"というのは、今後の課題として頭に残しておきたいと思います。

検証の重要性

そんなこんなであっという間に時間は過ぎ、気がつけば発表当日になっていました。何とか形にした発表でしたが、その後の質疑応答でいくつかの視点漏れに気づかされました。この点はとても悔しかったです。少し調べれば返せる質問もあったし、もっと自分たちの発表を深められたと感じます。

本ゼミの学びを総括するのであれば、「検証」の重要性です。支援員、とくに藤谷和廣さんの指摘は、私たちの浅慮を鋭くえぐりました。しかし、それを受けて改善し、さらに検証していく。そのくり返しでだんだんと"深化"していくのを感じました。この工程を自分の力でできるようになること、自分の思考の中で曖昧な部分に妥協せずにつき詰めることができるようになること、このことがこのゼミでいちばん大事なことなのではないかと考えます。

罪を犯した人のとらえ方

宮野美羽（文学部1年）

約2カ月にわたる新渡戸フェローゼミは、私に多くの"気づき"をもたら

してくれました。このゼミを通して私の中でいちばん変化を感じるのは、「罪を犯した人」のとらえ方です。現地視察を終えた時点では、やはり服役する人びとは罪を犯した「悪い人間」であり、私の理解がおよぶ範囲ではないと感じていました。しかし、グループワークの中で、罪を犯した動機やその人のバックグラウンドなどを調べているうちに、彼らは生まれながらに悪かったわけではなく、育ってきた環境や日本の社会体制によって、悪い人間に"されてしまった"と気づくことができました。そしてそれは、もしかしたら自分に当てはまってしまったかもしれない、あるいはこれから起こり得るかもしれないという考え方を、学生支援員の方々に教わりました。

私はたまたま衣・食・住に何不自由ない家に育ち、たまたま親の愛情を存分に受けられたおかげでまっとうに生きて来られましたが、もし罪を犯してしまった人の環境に生まれていたらどうなっていたでしょうか……。このように、弱い立場に立つ人の視点から物事を考えるという非常に大切な教訓を学べたことは、刑務所の問題だけでなく、今後の人生で深慮を迫られたときに大いによい影響を与えてくれるでしょう。

情報収集能力の欠如
また今回のゼミで、自分の発想力の乏しさと実現可能性を証明することの難しさ、そして情報収集能力の欠如を痛感させられました。同じゼミ内のほかのグループが、刑務所と一般社会の間にワンクッション挟むための施設として「リエントリー施設」というものを発表していたのですが、じつは私自身もあのような施設を思いついて、グループ内で主張していました。われながらクリエイティブかつエフェクティブなアイディアだと自負していたのですが、メンバーからコストなどの面から見て「非現実的である」と指摘され、たしかにその通りだなと引き下がってしまいました。

しかし、そのグループの発表で、そのリエントリー施設というのは実際に海外で行なわれているものだと知り、自分が斬新だと思ったアイディアもすでに誰かしらが思いついているのだとショックを受けると同時に、その情報をうまく活用させることができていたらグループのメンバーも前向きにその案を検討してくれて、よりおもしろい考え方に発展

させていくことができたのかもしれないと後悔の念を覚えました。このことから、何か新しい考えが浮かんだときはまず、前例がないかをよく調べ、より説得力のあるプレゼンにしたうえで、積極的に発信していくべきだということを学ぶことができました。

犯罪の原因の解決こそ優先

村椿太一（工学部1年）

私はゼミのメンバーとして、刑務所について調査し、現行のシステムについての「是非」を考えました。私の所属していたグループでは、「再犯防止」について理論的な側面から取り組んでいきました。具体的に言いますと、再犯を防止するためには刑務所の中では受刑者を厳しく扱うべきか、治療を主とした扱いをするべきか、ということでした。その活動を通して、私に考えの成長がありましたので本レポートに記します。
ゼミが始める前の私の刑務所のあるべき姿は、受刑者に対して犯罪をした原因と考えられる精神疾患などがあればそこをしっかり治療する、そしてすべての受刑者に対して厳しすぎる刑罰は与えないのがよいだろうという考えでした。なぜかというと、私がもともと「性善説」に近い考え方をもっていたことに関係があります。すべての受刑者はある時に犯罪をして捕まっているわけですが、私は、この受刑者が生来の悪人であるということは思っていなくて、生まれてから生きてきた中でつらい体験、苦しい体験が多々あって、それが積もりに積もって最終的によくない方向で発散してしまったと私は考えたからです。
私たちは、その人が犯罪者になってしまった原因を作った社会の一部であることから、その犯罪者に対しても責任を負う必要があります（その責任はどれほど大きいのかはわかりませんが）。したがって「私たちには関係がないから厳しく処罰してもいい」、あるいは「その人は悪い人だから罰を受けるのは当然」という考え方には、私は賛成できませんでした。刑務所では、その犯罪をした"根本的な原因"を解決することのほうが大切であると考えていました。

犯罪者の奥底に見合った治療を
では、本ゼミを終えて、私の刑務所に対する理想型に「変化があったのか」と聞かれたら、じつは方向性に関して大きな変化はありませんでした。刑務所における刑罰を厳しくするのではなく、しっかりと治療を行なうことが大切だというものです。しかし、刑務所における「治療」について考えが深まりました。たとえば、「治療すればいい」という言葉のもとで、ただやみくもに治療プログラムを実行していたり、受刑者に反省文を書かせ、被害者の気持ちを想像させたりするといったことは、実際にはほとんど意味がありません。受刑者は、治療プログラムを惰性で行なっている可能性が考えられますし、反省文も書けば書くほど、読み手に自分が深く反省しているように感じさせるにはどうしたらよいかといった、変なノウハウを身につけてしまう可能性があるからです。

したがって、私は刑務所における治療とは、受刑者が罪を犯してしまうに至った苦しみや寂しさなどをすべて吐き出してしまうことから始まり、自分が罪を犯した時と同様な境遇にいたときに、「今度はどのようにふる舞えばいいのか」を考えるということだと思います。

犯罪者の人間らしい一面を知る
また、ゼミにおける調査活動では、「再入所率」をはじめとするたくさんのデータが必要であったり、刑務所のあり方について述べた論文やニュース記事を英語で読まなくてはならなかったりなど、いままでにくらべると、技術面で一つ階段をのぼった調査でした。たくさんの論文、本、記事を読むことでいろいろな考え方に出会うことができましたが、それらの考えは自分が調べたいことを調べようとしている時点で、自分の考え方に近いものに偏ってしまっていたのではないかと考えられます。加えて、その自分の考えに近いものをたくさん読んでいるせいで自分のいいように解釈してしまったり、それを批判的に読み取ることなく、すぐに自分の考え方にしてしまったりしていたのではないかと反省しています。今後の人生においても、文献調査をしなければならない場面にはたくさん出会うと思います。そのなかで、今回の経験はぜひ活かしていきたいです。

当初より、刑務所の視察を含めたゼミの活動では、非日常的なことへの見識が深まると考えられたため、このゼミの活動を希望していましたが、実際には受刑者を調べていくにつれ、受刑者の人間らしい一面を知れて、彼らを少し身近に感じました。また、受刑者の数というのは日本国民全体から見るとごくわずかなのかもしれませんが、犯罪や刑罰とは古代バビロニアの「ハンムラビ法典」の例があるように、古代人類文明から問題として取り上げられている人間のごくごく基本的な問題であることがわかります。したがって、より多くの人がこの問題について考え、そして意見をもつことが望ましいと、私は感じました。

参考文献
岡本茂樹『反省させると犯罪者になります』、新潮社、2013年
「刑務所の環境を悪くしても、再犯率は減らない。むしろ増える」
　　　　https://www.washingtonpost.com/news/wonk/wp/2012/08/24/making-prison-worse-doesnt-reduce-crime-it-increases-it/?utm_term=.d7b38a5d7555
「厳しい罰は逆効果」
　　　　https://www.thoughtco.com/harsh-punishment-backfires-researcher-says-972976
「読書によって再犯率は激減」
　　　　https://qz.com/796369/to-decrease-recidivism-rates-give-prisoners-more-books/
「心理学者からの刑務所のあるべき姿の提案」
　　　　https://medicalxpress.com/news/2009-08-psychologists-ways-prison-environment-violent.html
「刑務所教育によって再犯率は減らせる」
　　　　http://www.prisoneducation.com/prison-education-facts/prison-education-reduces-recidivism/
「再犯を減らすにはどうしたらいいのか」
　　　　https://www.ukessays.com/essays/criminology/prison-life-and-strategies-to-decrease-recidivism-upon-inmate-release-criminology-essay.php
「犯罪率における刑務所教育の重要性」
　　　　https://www.huffingtonpost.com/kiernan-hopkins/is-prisoner-education-the_b_3902205.html
「受刑者を信頼した形式をとる刑務所は再犯を減らせるのか」
　　　　http://www.baylorisr.org/wp-content/uploads/Johnson_Jan2012-CT-3.pdf#search=%27prison+environment+recidivism%27

コラム
何が「不平等」なのか──運の平等主義

受刑者が「いい生活をしている」のを見て、「不平等だ」と思った学生たち。前回のコラムで指摘したように、一つには生活水準の高さそのものに対する不満があった。受刑者の生活費や医療費をまかなっているのは税金である。「なぜ自分のお金が犯罪者のために使われなければならないのか」と憤慨する声も少なくなかった。

なぜ私たちは税金を払うのか。まず、「自分のため」ということがある。教育や社会保障の制度、インフラの整備などを国に委託することで、私たちはよりよい生活を送ることができる。刑務所についても、保険や年金と同じような発想が可能だ。いつ自分が刑務所に入ることになるか分からない。そのときのために、刑務所の運営費を日頃からある程度負担しよう。これも一つの考え方である。

しかし、税金を払うのは「自分のため」だけではない。「他人のため」でもある。常に自分が払った分の見返りがあるとは限らない。病院によく行く人は、あまり行かない人よりも国民健康保険の恩恵を受けている。それでも私たちは、国民皆保険制度を維持するために税金を払う。健康を享受することはすべての人の有する基本的権利の一つだからだ（WHO）。その根底には、病気をするという偶然によって、人生のチャンスが奪われてしまうことは不公平だという思いがある。

この考え方を定式化した1人が、哲学者のジョン・ロールズ（1921－2002年）である。ロールズは「社会的・経済的不平等は、それが社会の中で最も不遇な立場にある人々の利益になるような場合にのみ認められる」とした。これは「所得や機会は道徳的に恣意的な要素に基づいて分配されるべきではない」という主張に基づいている。「道徳的に恣意的な要素」とは、つまり運のことである。そこで、ロールズの思想は「運の平等主義」と呼ばれることもある。

犯罪をするかどうかは、生まれもった性格や育った環境、受けた教育、今置かれている境遇など、「道徳的に恣意的な要素」によるところが大きい。幸運にも刑務所に入ることがなかった人が、「不遇な立場」にある受刑者に対して、「税金を使うな」と言うことができるだろうか。徴税そのものに反対する覚悟がなければ、難しい。

藤谷和廣・紺野圭太・玉城英彦

第7章　日本の刑務所
―― 学生たちのパラダイムシフト

玉城英彦

1　刑務所内に足を踏み入れる前に

雰囲気に凍りつく

　まず女子学生のおびえたような姿がまず目に浮かびます。それは二回に分かれて札幌刑務所と札幌刑務支所（女子刑務所）を初めて訪問したときの光景です。一人では一歩も前に進めないぐらいに凍りついた様子でした。

　学生たちはほぼ20年の人生の中で、被収容者つまり「受刑者」は自分たちとはまったく違う次元の人間で、接点すら見いだせない存在として距離をおいて傍観していました。学生全員が、刑務所を外から見たこともなければ、自分がその中を視察することなど、想像したこともありませんでした。

　また刑務所は、彼らの環境とは遠く離れた存在で、自分一人なら刑務所の見学には絶対に行かないだろうと思われます。まして自分たちが罪を犯して刑務所の被収容者になる可能性（蓋然性はかなり低いが）など、微塵たりとも考えたことがないでしょう。新渡戸カレッジフェローゼミの課題として、「大学生から見た日本の刑務所」が取り上げられていること自体に、多くの学生はびっくりしていました。

現実に戸惑い

　刑務所に対する学生たちのイメージは、メディアで伝えられる職場の「3K」（きつい、危険、汚い）のようなものです。学生たちは「暗い、汚い、（息）苦しい」の新しい「3K」に代表される「負の遺産」でしか刑務所を想像できません。

　刑務所は危険だから、「人里離れたひっそりした場所にあるべきだ」という固定概念が植えつけられているなかで、札幌刑務所が一般市民の暮らす住宅地内にあることに学生たちは大いに驚いていました。しかも、それが想像していた以上に住宅地のど真ん中にあって、自分がこれからその建物の中に入っていくという現実に戸惑っていました。外から見える札幌刑務所は、どこかの「博物館か体育館」であるかのように感じた学生もいました。

　「本当にこれが刑務所なのだろうか？」

第7章　日本の刑務所——学生たちのパラダイムシフト

「北海道大学のどの建物よりも清潔できれいではないか」
「まるで人気がない日中の住宅街の中に大きな建物がぽつりと建っているようだった」「自分が幼いころ生まれ育った土地の雰囲気によく似ていて一瞬足が止まった」
　……と、学生は回想しています。刑務所は一般市民の住宅から「隔離された場所にあるべきである」という見解は学生たちだけの固定概念ではなく、日本国民全般の見解でもありましょう。多くの学生は、刑務所が一般住民の住宅に密接しすぎて地域住民に危険であり、一般住宅からもっと離したほうがよいのではないかと感じています。一人の学生は、「自分が刑務所の近くに住んでいたら、安全とわかっていても、そこから引っ越すだろう」と断言しています。
　「もし、一人なら逃げだして引き返していたかもしれない」……。そんな心境で学生たちは刑務所の研修室に入室して行きました。誰も声を発することなく、凍りついた心をさらに固くして、刑務官の説明に従って黙々と付いて行きました。学生たちの表情は硬く、無表情でした。そのときの有り様が「刑務所訪問記」(第1章)に詳しく語られています。
　それからほぼ2カ月間のゼミを通して、学生たちは何を学び、何を考え、それをどのように将来の「人生の糧」にしようとしているのでしょうか。
　本章では、この学生たちの「学びのプロセス」を、私なりに検証していきます。なお、学生たちが訪問した札幌刑務所と刑務支所は比較的新しい刑務所ですが、全国には築40年以上経った古い施設も少なくないことを付記します。

2　刑務所の中へ

現実と乖離
　一人で刑務所の中に入った者、あるいはグループで一緒にその門をくぐった者、いろいろですが、看守に通されて最初にゲートをくぐったときの彼らの緊張度は最高に達していました。
「ここが刑務所の中だろうか」
「自分は本当にその中に足を踏み入れたのだろうか?」……。

冷たく重い空気に学生たちは圧しつぶされそうでした。だんまりが幻想を助長し、だんだんと新しい未知の空間に舞い込んだような気分になっています。現実と乖離した雰囲気に、精神がますます高揚していきます。「刑務官の怒鳴る声が入り口まで響きわたっているものと想像していたのに、この静寂は何だろうか」「自分は場違いのところに来たのではないかと錯覚するぐらいでした」と、学生は書いています。
　とはいえ、刑務所は高い塀で囲まれ、文字どおり「塀の中」であるという実感を学生たちはしみじみと体験していきます。入所するにはそれなりのセキュリティを通過しなければなりませんし、入車する車も警備員が厳重にチェックしていました。私たちは前もって訪問許可を得ていましたので、刑務官がゲートまで迎えに来ていました。北海道の厳しい冬の寒い雨と強風の中で、刑務官は私たちの到着を辛抱づよく待ってくれました。
　私たちは刑務官の案内で、管理棟2階の「会議室」に通されました。外観同様、刑務所の管理棟の中も清潔感が漂っていました。途中、私語する学生は一人もいませんでした。

刑務官に尊敬の念
　制服の刑務官はとても貫禄があって、プロフェッショナルに見えました。多くの学生は「刑務官」という、法務省の国家公務員を見るのも初めてです。学生たちはみな、「厳しい、大きな声」が飛んでくるのはないかと緊張していましたが、そうしたことはなく、逆に刑務官に対して「まことに親切で明るい」との印象をもちました。学生たちは、想像していた刑務官と受刑者との会話に大きなギャップがあることに驚いたようです。そうしたこともあって、学生たちはかなりリラックスすることができたようでした。大学での受講態度とは打って変わって、学生たちは刑務官の「刑務所概要」の講義に真剣に耳を傾けていました。
　講義室では、女子は女子、男子は男子という"かたまり"を作って、刑務官の講義に向き合っていました。札幌刑務所の歴史と現状、矯正医療、被収容者（受刑者）の背景などについて講義を受けました。
　刑務所は、多くが殺人や強盗などの「凶悪犯が収容されているところ」とイメージしていましたので、刑務官の「実際は、覚せい剤取締法

違反や窃盗といった軽い罪で収容されている人がほとんど」という言葉に驚いていました。ここでは学生たちからの質問はありませんでした。

　また学生たちは自分が想像していた刑務官像と、実際に対面し案内されている刑務官のイメージの違いのギャップにも驚愕していました。彼らの親切でやさしい態度、接待、ユーモアあふれる語りに学生たちは大いに癒され、自分が刑務所の中でいることを一瞬忘れさせてくれました。そうした刑務官の態度に対して、学生たちは改めて尊敬の念を抱き、それがこの業務をまっとうすることに少なからず貢献しているだろうとの想像をふくらませていきました。まさに「百聞は一見にしかず」です。

3　刑務所を歩く

パノプティコン

　学生たちは管理棟での講義を受けたあと、いよいよ施設に案内されました。学生たちは一列になって刑務官の後に続きました。管理棟と受刑者収容施設の間は、重い鉄の扉で仕切られています。扉は10人ぐらい入れることができる独房のような頑丈な空間で、そこにはドアが二つありました。この二つのドアは、脱走防止のための警備強化の一環として、同時には開かない仕組みになっています。多くの外国大使館なども同じようなドアを採用しています。

　そこを抜けると長い廊下が「カニ（蟹）の足」のように伸びています。学生の一人は、その構造に大変興味を示していました。彼は、この札幌刑務所の構造が「北海道大学の『恵迪寮（けいてきりょう）』によく似ている」と指摘し、高校の「倫理」の授業で習った「パノプティコン」（panopticon：pan＝すべて、opticon＝見る、optic＝目。展望監視システム）を想像したと言いますから感心します。

　この「パノプティコン」は、18世紀後半のイギリスのジェレミ・ベンサム（哲学者・思想家。「最大多数の最大幸福」の実現を説く。1748〜1832）が考案した刑務所の構想です。功利主義者であったベンサムは、「社会の幸福の極大化を見込むには、犯罪者や貧困者層の幸福を底上げすることが肝要である」（1791年）と考えていました。またベンサ

ムは、「犯罪者を恒常的な監視下におけば、彼らに生産的労働習慣を身につけさせられる」と主張しています。それが「パノプティコン」のアイデアにつながったと推察することはそう難しいことではありません。

医療費はすべて無料
　最初に案内されたところは「医務室」でした。ぜいたくな設備やサービスでは決してなさそうですが、「必要最低限度のものは完備されている」との説明でした。通常のクリニックとの違いは、受診者同士が遭遇しないように、待合室がカーテンで仕切られていることや、診察中も医師や看護師らの医療提供者の安全を考慮して、刑務官の監視のもとで診療が行なわれていること、服薬などが厳しく管理されていることなどでした。また医療スタッフが少ないので、希望する時間帯に受診してもらえないなどの時間の制約の不便さはあるそうです。
　さらに健康管理も厳格に行なわれているということでした。これらのサービスにかかる費用、つまり医療費はすべて「無料である」ということに学生たちはびっくりし、「貧しくて治療も受けられない一般の人がいるというのに、それでいいのだろうか？」と頭をひねっていました。
　また「調理」は、管理栄養士のもとで特定の受刑者が行なっています。主食以外の「副食費」の一日のコストは一人当たり約430円で、ボリュームも決して少なくはなさそうです。年齢による食事の差はありませんが、身長が180センチを超える人とそうでない人には「差をつけている」とのことです。三食の食事代もすべてタダです。
　学生たちはケースの中に陳列されている朝昼晩の食事の模型を見て、「自分が食べているものよりずっとマシではないか」と、日ごろ食べている食事内容の貧しさに嘆息をもらしていました。そして「医療も食事もかなり恵まれている」「刑務所の中の暮らしは思ったよりずっと『快適』かもしれない」という印象をもったようです。

4　刑務所内の居住と作業

彼らにも大切な人がいる
　居室には、ステレオタイプの鉄格子ではなく、内からは開錠できない

ような普通の扉に会話用の穴と小窓がついています。独居室（単独室）は3畳ぐらいで、雑居部屋（共同室）はひとり1畳程度の広さです。そこには板で半分仕切られた「トイレ」があって、刑務官がトイレ中でも外から覗くことができるようになっています。「トイレ中でも監視されているという意識はとてもストレスフルではないかと感じました」と学生は報告しています。また、あの刑務所の特有な"におい"の一因はこのトイレの構造にあるのかもしれないと思いました。

　部屋に持ち込めるものに制限があるものの、いくつかの私物も部屋にはありました。全員が大きなスポーツバッグのようなものを1個持ち込んでいました。決められたサイズのものと思われます。女子学生の一人は、「ある受刑者の居室においてあった荷物の中に、娘でしょうか、写真立てにていねいに入れて飾ってある若い女性の写真を見つけました。きっと受刑者にとって大切な人なんでしょう。受刑者も一人の人間で、彼らにも大切な人がいるというあたり前のことに気づかされた瞬間でした。それと同時に、そんな大切な人がいるのに罪を犯して刑務所に入る理由とは何なのか疑問に感じました」と書いて、「この写真のことがとても印象に残っています」と述べています。

　多くの学生は、「部屋の大きさは十分でないけれども、このトイレ以外、住めなくもなさそうだ」と感じたようです。たしかに、受刑者はこの部屋で9時の就寝時間まで数時間、自由な時間を過ごせることができます。それが24時間監視されている中で、唯一、人間らしい時間といえるのかもしれません。

負のオーラ

　受刑者は懲罰の一環として、また更生の一つして刑務所内での「作業」が義務づけられています。これが「労働」にあたるかどうか、いろいろと議論がありますが、学生たちはその作業を、そして作業している受刑者をどのように見ていたのでしょうか。

　学生たちが受刑者を見るのはこの作業場が初めてです。受刑者は見られることに馴れているでしょうが、学生たちは受刑者を見ることに躊躇していました。受刑者はなるべく外部訪問者と目を合わせないように指導されているようです。しかし、時として、その場のなりゆきで、視線

が合ってしまうことがあります。学生たちもその経験をしていました。そのときの様子を学生の一人はこう語っています。
「目が合った瞬間、背筋に震えが走るのを覚えた」
「何ともいえない"ゾッ"とするような異様さを感じた」……。
　学生たちにとって「初めての経験だった」そうです。それは、受刑者が醸し出す「負のオーラ」なのでしょうか、それとも刑務所という特殊環境がそうさせるのでしょうか。訪問者には耐えがたい一瞬です。
　作業場での被収容者（受刑者）は刑務官の「号令」に従って行動していました。ひとたび「右向け右」の号令がかかれば、全員が躊躇することなく右を向き、壁に向かって「整列」との号令がかかれば、受刑者は私たちに背中を向けて直立不動の体勢をとり、私たちが行き過ぎるまで続けます。その間、受刑者間の「私語」は厳禁です。こうして受刑者間のコミュニケーションは禁じられ、ロボットのように体を動かす以外に自由はありません。
「これが労働の対価であるとは思えない」
「この環境での作業が出所後の雇用訓練になっているだろうか」
　……と自問します。
　学生たちは逃げたい衝動にかられながら、次の案内先へと急いで足を進めます。

5　女子刑務所

人間らしい一面
　女子刑務所は男子刑務所に隣接して建てられています。ほぼ独立していますが、洗濯や食事などは共有しているそうです。ここは男子刑務所と違って「収容率」がほぼ100％です。女性の受刑者が増えているものの、刑務所の「収容能力」が増えないのがその原因の一つです。
　「居住」については、女子刑務所も男子とほぼ同様ですが、女性は持ち込み物品が男性よりも多く、「何となく女性らしさを感じました」と女子学生の一人は感想を述べていました。また男子と比較して起床時間が早く、入浴時間が長いなど、女性としての配慮がなされています。
　壁には、ハッピーメッセージバードが飛んでいたり、母子像があった

りして、「男子刑務所より少しおしゃれだった」と感じた学生もいました。が、やはり殺風景でした。

運動時間は、身体を動かすことよりも、むしろ仲良しグループがそれぞれ寄り集まって談笑しているという、まるで女子高校生のような雰囲気でした。学生たちはこの光景に親しみを感じていますが、はたして「塀の中」の複雑に絡み合う人間模様にまで想像力がいっているかどうか……。とはいえ、わずかな"人間らしい"一面をかいま見たことは今後の学習に大いにプラスになるだろうと思いました。

男女の違い
　男子被収容者（受刑者）と女子被収容者では、犯罪の種類にも大きな違いがあります。女子の場合は覚せい剤取締違反と窃盗などの「微刑者」が大半を占めています。それが両者の刑務所の違いを浮き立たせている可能性もあります。

　また、学生たちが男女の施設の大きな違いを感じたのは「臭い」だったと書いています。そういえば、女子刑務所のほうが男子刑務所よりも「生活臭」が漂っていました。それが何なのかはっきりしませんが、学生のほとんどがその"臭い"になじめないようでした。一方で、産婦人科医である医務官は「女性の臭いにはとくに気になりませんが、男性の臭いには閉口します」といっていました。産婦人科医は特種な嗅覚をもっているのでしょうか。

　もう一つは、あの「目つき」です。それは女子刑務所にもありました。ある女子学生は、作業所を見学したときに、受刑者と目が合ってしまいました。そのときの女子受刑者の、見る者を威圧する目つきに、ある種の「恐怖を覚えた」と語っています。男性の受刑者からは感じられなかったその「目つき」には、女性としてのプライドがあったのかもしれません。

女子刑務官の献身ぶり
　女子刑務所を担当するのは、ほとんどが女子刑務官です。彼女らの献身ぶりは男子刑務官には真似できないのでないかと思うほど、ゆき届いていました。緊張した刑務官としての仕事の合間に見せる彼女らの優し

さや献身さに、受刑者は一抹の「希望」を抱くのではないと思いました。更生に必要なのは、「三食」ではなく、この未来へのわずかな「希望」なのです。

　もう一つ、女子刑務所の医務官の「自分の仕事が社会の役に立っているという"貢献感"を大事にしている」という話に学生たちはとても感動していました。そのせいでしょうか、「将来のキャリアの一つとして考えておくのも悪くないのではないか」と書いた学生もいました。刑務官はただ刑を執行しているのではなく、受刑者の「更生」を考えて業務に専念していることに、学生たちは大いに感動したのでした。そして次の社会への「責任感」へと思考を進めていきます。

　今回の訪問で、刑務官の仕事を直(じか)に、しっかりと観察することができました。これはすべての学生たちにとって初めての経験でした。こうした"非日常"なところを見学し、話を聞くだけでも、彼らの心を刺激し、神経回路を発火させて、変化させてゆきます。変化し、さらに前進するというのは若者の特権なのかもしれません。変化→前進→改善→希望と、人間の「可能性」を最大限化するところが教育の現場ではないでしょうか。

6　「罪を償う」ということ

実態に疑問

　罪を犯した者が、明るく、暖房の効いた個室や共同室で、管理栄養士の指導のもとに調理された食事を3度、決まった時間に"ただ"で食べ、運動施設も整っていて、自由時間にはテレビも観ることもできる……。その実態に、感受性の高い学生たちは疑問を投げかけます。
「受刑者は恵まれすぎていないだろうか？」
「これは本当に罪の償いにつながるのだろうか」
「受刑者は刑務所の中で黙々と罪を償って然るべきではないか」……。
　これが"自分の目"で見た学生たちの印象です。
　では、「罪を償う」とはどういうことでしょうか。
「罪を償う」ということは、まず罪を犯しことを反省し、自分を「更生」させることです。受刑者本人が"心から"更生することがすべての基

第7章　日本の刑務所──学生たちのパラダイムシフト　　195

礎となります。

　しかし、本人の更生は一方で、一人の力だけでは達成できないというパラドックスがあります。被害者を支援する家族の役割も重要ですが、加害者に対する社会の対応、そして国の対応も不可欠です。そのためには加害者を応援することも必要なのです。どちらが不十分でも、罪を犯した者の本当の償いは完結しないように思われます。

7　贖罪の方法

時間と空間の自由を奪う

　次に、「贖罪の方法」についてです。多くの先進国では、贖罪は「自由刑」（自由刑の定義については「第1章」コラムを参照してください）で行なわれています。「自由刑」とは簡単にいうと、犯罪者を社会から隔離・収容して、彼らの身体の「自由」（時間と空間）を奪い、「作業」を課すことです。具体的には、時間に厳しい生活を送らせる。自分で「時間」を管理できないように、時間規律の厳しい生活をさせること、さらに塀の中の「空間」が第三者によって完全にコントロールされるということです。そのうえで、更生のための「作業」が課されます（これが「労働」に当たるかどうか議論されていますが）。

　日本では（一部の例外を除いて）受刑者は「自由刑」によって刑務所で罪を償っています。その一端として、刑務所の「負のイメージ」（いわゆる「暗い・汚い・苦しい」の3K）を強調し、受刑者に対して「前科者」のレッテルを貼り、恐怖感を助長することによって社会全体に「犯罪をしないよう」にする予防効果を図っている側面があります。これは「一般予防効果」と呼ばれます。

　しかし、その効果は、被収容者（受刑者）の出所後を考慮すると、限りなく疑問です。なぜなら、出所者（受刑者）の更生には社会の「温かさ・温もり」が不可欠だからです。恐怖心を植え付けるような政策は、逆に「再犯」を助長し、社会をより危険にさらさせるものだからです。

地域に根ざしたシステムの構築

　日本の刑務所の「問題点」はいろいろと指摘されています（菊田幸一

『日本の刑務所』、沢登文治『刑務所改革　社会的コストの視点から』を参照)。刑務所の役割は、罪を償わせるという観点からの自由刑の執行はもちろんですが、もっと重要なことは、被収容者（受刑者）を更生させ、出所後の一般生活への「適応」を速やかにすることにあります。

しかしながら、日本では、「自由刑」のもとで受刑者は塀の中で完全に管理され、コミュニケーション能力や自己管理能力が失われ、塀の中に長くいればいるほど、社会的に不適合な人が作られていく。これは結果的に「再犯者」を育成しているようなシステムになっている嫌いがあります。

この背景には、社会一般の人がもつ刑務所への「負のイメージ」をはじめ、人員不足を含む刑務官の労働環境の悪さ、運営にかかるコストの問題、脱走への対応など、さまざまな問題が山積している結果だと思われますが、諸外国から見て、日本の刑務所における受刑者の厳重な管理は、彼らの「人権や尊厳を損なうもの」であると非難されています。

日本では松山刑務所・大井造船作業場（愛媛県今治市）以外は、自由刑は「塀の中」で行なわれています。また、第2章で説明したように、2006年以降、PFI手法、つまり公務員である刑務官と民間職員が共同して運営する「社会復帰サポートセンター」がありますが、その数は限られています。

そこで、イタリアやノルウェー、大井作業場などのモデルを参考にしつつ（第2章、第5章参照）、刑務所の「あり方」を根本から再検討する必要がある。少なくとも私には、その余地は十分にあるように思われます。それには「隔離」して「収容」するという画一的手法から状況に合わせた、もっと柔軟性を担保するやり方が必要と思われます。

それによって、刑務所運営の「コストダウン」だけでなく、再入者数（再犯率）が減り、より安全・安心な社会が構築できる可能性があります。まず、そうした先行の成功事例を受け入れ、それを「良し」とする社会を構築するという、地道な努力から始めなければなりません。つまりトップダウンではなく、地域に根ざしたコミュニティとの「協働体制」をいかに構築できるか、それがカギであると思います。

8　グループワークの講評

　これまで見てきたように、「罪の償い」にはさまざまなベクトルがあります。学生たちはグループにおいて、この難しいシチュエーションを一つひとつ多角的に議論し、問題の本質へと迫っていきました。その結果、受刑者および刑務所に対する学生たちの考え方や見方が徐々に変化していきました。

　その変化とはまさに、自発的なグループ学習からくる知識と理解、評価によるものです。一人ひとりの小さい変化の波がグループとして結集し、あるいはぶつかり合って、だんだんと大きな波となってグループ全体を包み込んでいきました。そして、その変化は小さいながらも、確実に未来への一つのステップとなって、新しい学びのプロセスへと続いていきました。

　ゼミの学生21人は、4つのグループに分かれて、■1「刑務所の生活水準」、■2「再犯防止（理論）」、■3「再犯防止実践―窃盗症への治療法」、■4「『刑罰』を考える」について議論しました。その成果は「第5章　問題の解決―グループワークからの提言」に掲載してありますので、ここでは私の「講評」を述べます。

【刑務所の生活水準】

　「刑務所の生活水準」を検討するグループは、まず刑務所を「視察」した経験をもとに「刑務所の実態」を調査しました。視察後、彼らは現在の刑務所の生活水準について「もっと厳しくすべきではないか」と考えました。「恵まれすぎ」「もっと厳しくすべき」との意見が多数を占めていました。しかし、議論を重ねるにしたがい、現状を肯定する意見も増えてゆきました。そして、日本の刑務所には、①過酷な規律、②入所時の検査方法、③規律違反をした者に対する懲罰決定の方法など、受刑者の権利への「過度な制限」という、重大な「問題点」があることに気づいてきました。

　そこで彼らは、自分たちが抱いたファースト・インプレッション（初印象）が、先入観や偏見に基づいたものかもしれないと気づきます。しかも、これはゼミでの出来事ではなく、社会のいろいろな場面にも当て

はまることであると、考え方をさらに発展させ、やがて「自分の常識を疑い、本質を見抜く力」を育てることの重要性を再認識していきます。
「常識」という知識は生活するうえで不可欠ですが、それはまたユニバーサルな真実というよりも、非常に限られた、特定の社会でしか通じない習慣、考え方、行動などであったりします。それゆえ私は、若者の成長は「常識を疑う」ところから出発すべであると考えます。そこに新しいパラダイムの芽が育つのです。

日ごろから私は学生たちに「教科書をあまり信じすぎるな」、小さい誤植や誤字を見つけることからコンテキストの中にある違和感を覚えるまで、そこに書かれている常識を「つねに疑え！」といっています。新しい「パラダイム」は教科書の中にあるのではなく、それを疑い、新しい解釈を加えることから斬新な思考体系が生まれるのです。また「正解」は教科書の中だけにあるわけではありません。また「権威にへつらうな！」ともいっています。今ふうにいえば「忖度」するなということです。いまのパラダイムに胡座をかいている多くのもの、常識の塊が「権威」なのです。「常識を疑い」「権威に逆らい」、そして「本質を見抜く力」を養うことが若者の特権でなければなりません。

【再犯防止（理論）】
「再犯防止」について、二つのグループが挑戦しました。日本の刑務所の課題の一つが「再犯率」（再入者率）の高さです。貧困や高齢化といった、社会環境の悪化が「累犯」を増加させています。

一つのグループは、刑務所視察の最初のイメージから「刑務所のあり方とはどうあるべきか」という、やや抽象的な側面について議論しました。つまり、3Kの刑務所に受刑者を収容し、「二度とここに戻ってきたくない」と思わせることで再犯を防止するのか、あるいは「更生重視」の視点から再犯を予防するのか、どちらのアプローチが再犯防止に対してより効果的であるかを議論しました。

そのプロセスの中で、日本、アメリカ、およびノルウェーの刑務所の方式と改善点を比較検討しました。そのなかでもとくに、ノルウェーの開放的な刑務所システムに学生たちの心はだんだんとなびいていきます。厳格な規律による日本の刑務所の非人間的なアプローチよりも、出

所後の就労や社会生活復帰に力点をおいた「ノルウェー」の方式に学生たちの興味がどんどん移っていきます。それは具体的な「エビデンス」に基づく解釈でした。

学生たちは日本の再犯防止についても提案を行なっています。
①刑務所内において人と人との繋がりを意識できる環境づくり
②社会復帰後の実際の労働現場でも役に立つような更生プログラム
(3)多くの受刑者が受けられる更生プログラムであること
などが重要であると指摘します。

さらにそれから発展させて、「刑務所は更生の場」「受刑者は社会復帰を目指す人」という考えに変わり、社会全体が元受刑者を受け入れる「居場所づくり」を手助けしていくことが重要であるとの認識を共有するようになっていきました。

多くの受刑者は、出所後に遭遇する、家族からの疎遠・反発、社会の冷たい目、行き場を失う不安、それらが増長して刑務所内で流した「無知の涙」とはまた別の涙を大量に流すことになります。

学生たちは「社会が変わらなければ犯罪はくり返されます」「刑務所内外で再犯防止の取り組みを進めることは社会の安定化につながります」との考えに導かれ、「私たち一人ひとりが、受刑者も社会の一員であることを認識し、刑務所のあり方、そして刑罰とは何かを考えるべきです」という結論に至ってゆきます。

【再犯防止実践―窃盗症への治療法】
「再犯防止実践」グループは、日本の犯罪の特徴を学習したあとに、窃盗の再犯防止について集中的に議論しました。「窃盗症」(クレプトマニア)の人の症状や特徴を具体的な事例をもって学習し、じつにプラクティカルな貴重な提案を行なっています。再犯防止に向けて、社会心理学的アプローチを用いた「自己分析」を徹底して実施することや、より実践的で費用効果の高い「防犯ラベルの導入」を提案しています。

さらに、学習を通じて新しく知ることへの驚きを感じながら「濃い時間を過ごせた」と報告しています。また「犯罪をすればそれ相応の責任を取らなければなりませんが、環境の問題や運の平等性を考慮すれば、本人だけが悪いとは言えないと思います」とも考察しています。そし

て、「更生」(犯罪防止)には「社会一般」の役割も非常に重要であることを学生たちは認識していきました。

すなわち、地域の犯罪あるいは再犯の防止において、刑務所内の犯罪防止策がいかに有効であっても、それが社会でうまく機能しなければ、社会全体の犯罪は減らないということです。リスクの低い地域の犯罪者数は、リスクの高い刑務所の犯罪者の数より圧倒的に多いのです。社会全体に恩恵をもたらす犯罪防止施策は、刑務所内でのそれに比べて、全体の犯罪者数を減らすことに大きく寄与します。つまり、社会全体で犯罪のリスクを軽減させることで地域全体には大きな恩恵がまわってくるということです。これは「予防医学のパラドックス」に通じる話です。

【「刑罰」を考える】

「『刑罰』を考える」グループの課題は挑戦的で、野望に満ちています。グループは刑務所視察後、刑務所のシステムと刑罰そのものに対し、疑問を抱いています。暮らしやすそうな、にこやかな雰囲気の刑務所が、「自由刑」を受ける場としてふさわしいのかといった、刑務所の実態に対する違和感が目立ちました。平均入所回数が「4回」(最大25回)ということにも学生たちは驚き、刑務所の中だけでは犯罪者を更生させるには不十分なのではないかと考えるようになりました。

そこでグループは大胆にも、更生能力をより高めることが期待できそうな「リエントリー施設」モデルを提案します。これは堀の中の刑務所と違って、疑似的な「小社会」をつくり、そこで担当の刑務官が受刑者の更生が実現されるまで「追加の刑期」を続けるというものです。堀の外の実社会を疑似体験しつつ、再犯率を減らすだけでなく、一般市民も法に対する信頼を形成するということに繋がるとの発想です。

この「リエントリー施設」モデルは、先に紹介したノルウェーやイタリアの試みに近いものですが、それよりはまだ初歩的なもので、もっとコントロールされた環境での実験になります。また、受刑者に対して担当刑務官の主観的な判断に委ねられるなどの不備はありますが、これは克服可能な課題と思われます。受刑者の特徴や施設のまわりの自然・社会環境などを総合的に検討して、モデル的に実践することは可能でしょう。

上記のとおり、この実現には一般市民のサポート、そして信頼関係が強く求められます。刑務所と受刑者という課題の前に、地域住民の行政に対する信頼・尊敬、順法精神の涵養などの基礎的な蓄えがなければ実行できません。そのモデルの視点からは、「すべての犯罪は更生に重点が置かれるべき」だという学生たちの強い思いが伝わってきます。
　死刑廃止は世界的な流れですが、日本では「死刑」について意見が真っ二つに割れています。その状況を理解しつつ、かつ遺族感情にも配慮して、学生たちは「死刑」についても言及しています。
　「死刑判決の下った犯罪者について、死なずに罪を償って欲しいと考える遺族がいた場合に、死刑から終身刑に刑を変更できる新しいモデル」を学生たちは提案しています。つまり、死刑判決を受けた受刑者に対して遺族が死刑か終身刑かを選ぶことができる制度を導入してはどうかということです。
　学生たちはグループにおいて、これらの重い課題を真剣に議論し、問題の本質を理解し、それをさらに深めて、新しい提案にまでグループの考えを昇華させていきました。そこでは、自分の考えを主張し、グループの他の学生の意見を聞き、ときには反駁し、あるいは寄り添い、そして協働して共通のプロダクトを生産するというプロセスは「自分たちにとっても大変に貴重なものであった」と学生たちはふり返っています。また、ここでできた仲間の存在は「何ものにも代えがたいものである」と学生たちはしみじみと述べています。ゼミとはまさに、メンバー一人ひとりが積極的に参加して、目標に向かってグループが協働作業するところです。そのプロセスにおいて新しい種が蒔かれ、成長するのです。ちなみに「ゼミ」の語源をたどれば、ドイツ語のゼミナール、英語のセミナーは種を蒔く「苗床」という意味です。私は、彼らの今後のさらなる成長を楽しみにしています。

9　変化のプロセス

　学生たちは当初、先入観と偏見から、刑務所に対して「3K」（暗い・汚い・苦しい）のイメージをもっていました。そして受刑者には殺人や強姦、強盗などの「重罪」を犯した人で、彼らに対して怖い、憎しみの

ような感情をもっていました。しかし、自分で勉強し、仲間と議論していくうちに、そうした感情が大きく変化していきました。いつしか学生たちは受刑者や元受刑者に対して、身寄りのような親しみを覚えていきます。しかし受刑者を完全に受け入れることはできず、それでいて突き放すこともできないという、アンビバレンス（両面価値的）な感覚に陥っていきました。

やがて学生たちは、罪の償い方や刑罰、再犯予防などについての理解が深まるにつれ、受刑者への親近さが増し、自分たちのまわりの「隣人」に近い感覚に変化してきます。彼らの頭に「運の平等性」という言葉が入力された瞬間、自分たちも、いつ、どんなかたちで、犯罪者と同じ環境に陥らないとも限らないと想像するようになります。そして、誰もが永山則夫と同じような殺人を犯さないとも限らない……。そうした想像力が彼らの考えを変えていきます。そのとき自分はリスクを回避できるだろうか、いまシャバ（娑婆）にいるのは、たまたま運が自分に味方しただけではないだろうか、と。

こうした学生たちの変化が、ゼミ終了後に提出した報告書にみてとれます。それぞれのレポートには一人ひとりの思いが綴られており、とくに刑務所訪問記のレポートと"対"にして読むとその変化が明確にわかります。

10　ゼミを終えて

学生たちは全員、それまで抱いていた刑務所のイメージが視察後に「大きく変化した」と告白しています。また、これまでの刑務所対する認識は「先入観と偏見」、そして単なる「印象論」に基づくものであったと自覚するようになりました。

「自分は偏見の目で世界を見ている！」……。学生たちは、自分でも意識していないところで先入観や偏見をもとに物事を見たり判断したりしていることに気づきます。そのように判断された考えは「危険」であるとも感じています。勝手に物事を判断するのではなく、何が本質なのかをしっかり吟味すべきであると考えるようになりました。さらに「自分の目」で見て経験することが重要であることを再認識しています。

このような考えの変遷から、「自身が持つ常識や自分が思う『ふつう』が、他の人にとってはどう映るのかということを多面的に考え、論拠をもって説明できるようにしっかりとした考えがもてるように心がけていきたいと強く感じました」と学生の一人は回想し、またある学生は「今回のゼミを通して、いままで自分とは縁がないと思っていたことが、じつは身近であるということに気づき、さまざまな社会問題への関心が深まりました。自分も犯罪者となりうるということ、また社会が犯罪をつくっているということを考えると、犯罪が自分と無関係だとは思えなくなりました」と回想しています。
　またある学生は、以前は被害者が「どんなにつらいだろう」「どんなに悲しかっただろう」と、被害者の立場に固執していましたが、ゼミを終えるころには「事件を起こしたときの加害者の心境は、またその目的は何だったのだろう」と、加害者の目線に立ってモノを考えることもできるようになっていました。
　また学生たちは、「厳罰重視」か「更生重視」かという二つの視点を外国の事例などを展開・引用して多角的に検討していきます。ある学生は「刑務所が更生させる場所であるという認識が欠けていた」と告白しています。また、刑務所内での働きかけだけではなく、受刑者の社会復帰後の生活を支えるような「居場所」をつくるという、社会全体での働きかけも必要であると認識していきます。
　被収容者（受刑者）が更生するためには何が必要か……。その問いかけから、罪を犯した人だけに責任があるのではなく、その人を取り巻く環境、社会にも責任があるという考え方に変わっていきます。なかには、死刑について「廃止してもよいといえるぐらいには自分の中で考え方が変わった」と述べています。
　刑の本質は「自由刑」です。一方、一人の学生は、「それ自体、つまり自由刑の妥当性を疑い、すべて社会環境のせいにしてもよいのだろうか」と自問自答しています。また別の学生は、「結果は運でしかなく、どれだけ頑張れるかが重要である」と、「運の平等性」の観点から刑罰や受刑者の本質に迫っていきました。学生たちはゼミを通して、自分なりに思考を巡らし、勉強して、問題の「本質は何か」を問い詰めていきました。

「受刑者だからといって、人間としての最低限の生活に関わる権利を侵害されるのはおかしいと思います。そして私たち人間に、他人の権利をそこまで奪う資格はないのではないでしょうか。今回得た知識や経験をただ自分のものにするだけなく、自分はこの問題に対して何ができるのか、何をすべきなのか、問い続けて行きたい……。この言葉に学生の成長を感じます。

コラム

矯正に携わる者としての「貢献感」

今回は矯正医療だけでなく矯正という困難な仕事に従事する者の心の拠り所についてお話をしたいと思います。

一般にはあまり知られていませんが、刑務所や拘置所、少年院などのいわゆる矯正施設は警察署などとは違い、国の機関である法務省矯正局が直轄する施設です。矯正施設を国が自ら管理するということは、それが国を守る重要な施設ということに他なりません。ゆえに矯正施設に従事する刑務官などの矯正職員は国家公務員であり、矯正医療に従事する医療スタッフもまた国家公務員ということになります。

(次ページへつづく)

私が矯正医官になった時まず初めに感じたのはこの国家公務員という何とも言えない重圧でした。公務員にはプライベートな時間でさえも公務員であることが求められます。この当たり前のような事実が自分には重圧と感じたのかもしれません。

しかし私は矯正施設で働くにつれ、この公務員としての重圧を乗り越えた先にある使命感こそが公務員として働く者の心の拠り所であるということが解ってきました。「お国を守る」、古臭い言い方かもしれませんがそれが国家公務員の使命感です。国家公務員である矯正職員もまた国の重要な施設である矯正施設を守ることを使命とし、それを忠実に遂行することで国に貢献しているわけです。

使命感から貢献感へ、この「貢献感」という言葉はオーストリアの精神科医であるアルフレッド・アドラー博士が使われた言葉ですが、アドラー博士は著書の中で貢献感の重要性について次にように述べています。『人はこの「公共に役立っている感覚」即ち「貢献感」を得ることで「劣等感を緩和でき」、自分に「価値がある」と思えるのだ』。これにより人は労働のモチベーションを保つことができるのだとアドラー博士は言います。

「自分は国のために貢献している」それが国家公務員である矯正職員、そして矯正医官である今の私のモチベーションです。

イギリスの喜劇王であるチャーリー・チャップリンは1932年5月19日に東京拘置所の前身であり当時最新の刑務所であった小菅刑務所を訪れた際、次のような名言を残しました。

「一国の文化水準は監獄を見ることによって理解できる」。空に向かってそそり立つ見張所と白鳥が両翼を広げるかのような優美な庁舎が特徴の小菅刑務所は当時の名建築と謳われていますが、この庁舎の中でチャップリンは当時の日本をどう見たのでしょうか……。

2018年2月、私は幸いにも東京拘置所を訪れる機会に恵まれました。その敷地内に今もひっそりと佇む旧小菅刑務所庁舎を前に、私は当時のチャップリンの姿と彼の残した言葉を重ねてこう思ったのでした。

「そう、刑務所が国を映す鏡なら、その刑務所を守るための矯正医療もまた誰かがやらねばならない国の大切な仕事。自分がどれほど貢献できるかは分からない……、それでもこの矯正という世界で自分にできることをやっていこう」。この気持ちを胸にこれからも困難な矯正医療に立ち向かって行こうと思います。

札幌刑務支所　医務課長

第8章　ある「罪の償い方」
――連続殺人事件犯・永山則夫の贖罪

玉城英彦

collaborator：佐々木久夫

はじめに

これまで学生たちとともに、刑務所の在り方、犯罪、運の平等性、罪と罰、自由刑、死刑制度、更生……、ひいては「罪を償う」ということ、そしてその「償い方」について考察してきました。

最後にこれらを総括する意味で、1968年に起きた「連続殺人事件」とその当事者・永山則夫(敬称略)のことについて触れてみたいと思います。というのは、この事例は、誰しもが犯罪と無縁でない「運の平等性」と、個人が罪を償い更生するとはどういうことか、また人間とは更生において無限の可能性を秘めた存在であることを教えてくれるからです。いいかえれば、「殺人」という重大な事件を犯した人間でも、獄中において自分と向き合い、人生と向き合い、そして犯した罪と向き合い、「私とは何か」を問うことで、人間がこれだけ変わることができるという可能性を示しているからでもあります。そして、私たちは彼の著作(『無知の涙』)から、刑務所(拘置所)が犯罪者を更生させることのできる"場"であることを確信させてくれます。

激動の1968年──若者らの反体制のうねり

いまからちょうど50年前のこと、街には「恋の季節」(ピンキーとキラーズ)や「星影のワルツ」(千昌夫)が流れ、公園では人垣の向こうで若者が自作の歌をギターのコードに乗せて弾き語っていました。グループサウンズが歌う「花の首飾り」(ザ・タイガース)「エメラルドの伝説」(ザ・テンプターズ)に少女たちは失神し、ヒッピースタイルの若者が登場、サイケデリックなファッションに身を包んだ若者が闊歩していました。

北海道では札幌医大の和田寿郎教授による日本初の心臓移植が行なわれ、「十勝沖地震」で52人が犠牲となりました。静岡の寸又峡では在日韓国人の金嬉老が飲食店で2人を射殺、人質13人をとり籠城。東京の府中では白バイ警官に変装した犯人が3億円を強奪するという事件がおきていました。この年、作家の川端康成(『伊豆の踊子』『雪国』など。1899〜1972)がノーベル文学賞を受賞し、郵便番号制がスタートしました。

世界に目を転ずると、そこには激動する国際情勢と学生や市民による反体制・反権力の"うねり"がありました。この年、ベトナム戦争は転換期を迎えていました。北ベトナム軍と南ベトナム解放民族戦線（ベトコン）のテト（ベトナムの旧正月）攻勢によって形勢が逆転、それまで絶対的優勢を確信してきたアメリカ国民に衝撃を与えました。それを機にアメリカ国内に反戦機運が高まっていきます。コロンビア大学では学生たちが大学当局に対し、ベトナム戦争支援機関に関与していると非難、大学を封鎖しました（4月23日）。反戦ムードは世界へと拡大、日本では小田実（1932〜2007）らが「ベ平連」（「ベトナムに平和を！」市民連合）を結成してベトナム反戦運動を展開しました。
　3月にはポーランド・ワルシャワ大学の学生や知識人が"民主化"をもとめた「3月事件」が発生し、8月にはチェコ・スロバキアで"自由化"をもとめた「プラハの春」（のちワルシャワ条約機構軍《主力はソ連・東独軍》が侵攻し圧殺）が起こりました。
　5月にはフランスで学生たちが大規模な反政府・反体制デモを展開、13日にはパリでゼネストが行なわれ学生が警官隊と衝突、フランス全土がマヒ状態に陥りました。この「五月革命」に触発され、運動はイタリア・西ドイツなど世界へと爆発的に拡大していきます。この運動は日本では、大学問題、ベトナム反戦から資本主義体制の批判となって社会変革闘争の様相を呈していきます。こうした運動は、学生・市民らの旧来の秩序に対する「異議申立て」でもありました。

私には夢がある

　アメリカでは"非暴力"による人種差別撤廃運動の指導者マーチン・ルーサー・キング牧師がテネシー州メンフィスで「貧者の行進」を展開中に暗殺（4月4日）、これを機に全米で人種暴動が発生、「公民権運動」が活発化していきました。彼の残した「I have a dream（私には夢がある）」の名演説は私たちの胸から消えることはありません。ロバート・ケネディ（上院議員。ジョン・F・ケネディの実弟）が暗殺されたのもこの年でした（6月6日）。
　日本でも学生運動が燎原の火のように拡大していきます。その先鞭となったのが東大紛争と日大紛争でした。東大では「インターン制度」な

ど医学部教育体制の改革要求をきっかけに、また日大では20億円の使途不明金問題をきっかけに、激しく闘われました。「自己否定」「自己変革」という言葉が使われたのもこのころです。時代はいつも既存の価値観に疑問をもった若者を登場させます。

　10月21日のその夜、東京・新宿駅は未聞の"騒乱"に巻き込まれていました。「国際反対デー」を機に新左翼の学生ら2,000人が角材（ゲバ棒）とヘルメットで武装し、新宿駅東口に集結。午後9時ころ駅構内に乱入し、電車のシートを外して放火、南口を炎上させ、さらに停車中の電車や信号機に投石し、駅構内の施設を破壊。デモ隊はヤジ馬も加わり約2万人にも膨れ上がって大衆闘争に発展、駅構内は破壊され、機能を失いました。この夜、警視庁は「騒乱罪」を適用、743人が逮捕されました。この「新宿騒乱」事件は学生運動の"絶頂"として、また一方で終わりを告げる"祭り"としての象徴でもありました。

　学生たちが「自己否定」「自己変革」を問題にしているころ、「金の卵」と呼ばれて青森から上京した一人の若者が、急速な高度経済成長の"ひずみ"の中で「生存のたしかさ」にもがいていました。その若者こそ、この年の10月から11月にかけて4件のピストルによる「連続殺人事件」（連続ピストル射殺事件。警察庁広域重要指定108号事件）をひき起こし、1969年に逮捕（東京）され、1997年に死刑執行された永山則夫そのひとです。おりしもこの年、日本は国民総生産（GNP）が1419億ドルと、アメリカに次いで世界2位にのし上がっていました。

生い立ち

　永山則夫の生い立ちは壮絶です。ひと口で言い表すことのできない、言葉が見つからないほどの貧しさの中で育ちました。その"貧しさ"を、映画『裸の十九歳』（主演・原田大二郎。1970）をつくった新藤兼人監督が語っています。

　「それはね、本当に貧しい生活でした。僕自身も小さい頃に家が破産して、借金のかたに風呂の壁まではがされて持っていかれて、その辺にある大根をかじって生きるというような貧しい生活をしましたけどね、そんな僕でもみたことがないというほどでした」「（則夫のお母さんは）相手と語り合う言葉をもっていない。ただもくもく

と働くだけ」「この貧しさは突き詰めていくと社会の仕組みが原因をつくっているんだけれども、そんなことは一言もいえないわけね。ただ黙って貧乏に耐えることだけが人生観になっているんです」「社会が生んだ貧しさを一身に背負ったお母さんをとおして永山則夫という"犯罪者"をやってみたいと思ったんです」

　加えて母親からのネグレクト（育児放棄）、そしてくり返される兄たちからの壮絶なリンチ（暴力）、すがる相手もいない底冷えのするような孤独……。そうした劣悪な「負のスパイラル」の環境のなかに彼は育ちました。そのスパイラルの源をたどっていくと、そこには永山家2代にわたる悲劇がありました。

二代にわたる悲劇

　永山則夫の祖母・マツ（仮名）も、そして母・ヨシ（仮名。北海道・利尻島生まれ）もまた不幸な生い立ちを持っていました。マツは若くして夫をなくし、幼いヨシを連れて樺太へと渡り、真岡という港町にたどり着きます。そこで缶詰工場で女工として働き、幼いヨシも小学校へも通わずに、女工の子どもたちの子守をしながらわずかな小遣いをもらい、家計を助けました。マツはそこである男と関係を持つようになり、同棲をはじめます。男は酒乱でした。ヨシは毎夜、暴行を受けるようになります。後ろ手に縛られ、天井に逆さに吊るして叩かれる。そこに母マツも加わり、「死んでしまえ」「こうして生きていても何にもなんねえ」といって暴行したといいます。ヨシへの性的暴行もあったようです。

　そんな生活から逃れようと、ある日マツはヨシを連れて川から身を投げ、無理心中しようとします。「嫌だ、死ぬのは嫌だ」というヨシの声で未遂に終わります。やがて男は郷里の北海道へと去りますが、間もなく母マツはまた新しい男を見つけ、同棲をはじめます。大工でおとなしい男でしたが、ヨシの存在を疎ましく思っていました。ヨシが10歳のときでした。母は男の実家のある青森・板柳町へと帰ることになったとき、男はヨシの同行を許さず、ヨシは樺太に「置き去り」にされました。永山の母もまたその母親に「捨てられた」のです。

　2年後の12歳のとき、ヨシはロシアのニコラエフスクにいました。

ちょうどシベリア出兵（1918〜1925）のころです。彷徨っているところをシベリア出兵から引き揚げる途中の憲兵隊に保護され、青森・板柳町のマツのところへと送られます。しかし、その後もヨシの放浪は終わることはありませんでした。永山の放浪癖は母親ゆずりだったのかもしれません。

　義理の父による虐待、母に捨てられたことによる放浪……。これがヨシの経験した半生であり、原点であったともいえます。親からも愛されることなく過ごした幼年期・思春期。のちに「（則夫の）オムツすら替えたことがなかった」というように、ヨシは親の愛情も知らないまま育ち、人を愛することを知らない女性になっていました。そのために人間的な温もりのある家庭を築くことも、母親としての役割も果たすこともできませんでした。こうしてネグレクトと暴力は「永山家2代にわたる悲劇」、そして「負のスパイラル」として引き継がれていったのです。

北海道・網走

　永山則夫は1949（昭和24）年、8人兄弟（長男・長女・次女・次男・三男・三女・妹）の7人目の子（四男）として、北海道網走市で生まれました。永山家の子どもたちはみな優秀で、成績はそろって学校で三番以内だったといいます。長女は網走女学校を入学から卒業まで首席で通し、地元でも一目置かれる才女でした。長男もまた地元の高校を首席に近い成績で卒業しています。しかし高校時代に同級生を妊娠させるという事件を起こし、生まれた子どもは永山家が引き取って育てています。次女も優秀でした。

　父親は腕のいいリンゴの剪定技師でしたが博打（ばくち）にのめり込み、稼ぎのほとんどを、はては生活費までつぎこんだあげく、しまいには子どもたちが食べる米や味噌さえも持ち出す始末でした。生活は貧しく、その日の食事にもこと欠くありさまで、生きていくのがやっとでした。

　博打に狂い家を省みることのない父親、朝早く行商にでかけたきり夜遅くまで帰らない母親……。永山は父親の顔を見ることもなく、また一緒に住んでいながら母親の顔を見ることもなく育ちました。「オムツも替えたことがない」母親に代わり、家事いっさいと幼い永山の面倒はす

べて長女（19歳）がやっていました。しかしその長女も、永山が4歳のとき精神を病み、入院してしまいます。これを機に一家は崩壊します。

　博打狂いの夫から逃れるため、また長女の入院で身動きが取れなくなった状況から逃れるため、母親は網走を去る決心をします。しかし、子ども全員を連れて行くだけのお金は工面できず、3人の女の子だけを連れていくことにします。

ネグレクト

　1954（昭和29）年10月28日、冬の訪れが迫る網走の駅に1歳になる妹（4女）と、同じ1歳の長男の子（孫）、そして2人の面倒をみるために選ばれた次女（17歳）の姿がありました。網走を発つとき、母親は「網走は雪ふって仕事さ出来なくなるから、おら青森で働く。食べ物は家に1週間分、置いてあるから、あとは親父にもらえ」と言いふくめたといいます。

　置き去りにされたのは、中学2年の三女（13歳）と次男（11歳）、三男（8歳）、そして四男の永山（4歳）でした。「あとは親父にもらえ」という母親の算段とは裏腹に、父親は間もなく家に寄り付かなくなり、こうして子どもたち4人だけで氷点下30度までになる網走の冬を越すことになります。たった1週間分の食料と次男の新聞配達（「網走新聞」）によるわずかなアルバイト代。すぐに食料もお金も底を尽き、姉兄たちは学校に納める給食費も払えなくなり学校を欠席するようになります。

　残された4人の生活は悲惨そのものでした。漁港に行って網からこぼれ落ちた小魚を拾って食べ、あちこち歩いて鉄くずを集めては売り、ゴミをあさり、物乞いをつづけながらの生活を強いられたのでした。

　永山はいいます。

痛いほどの空腹

　「寒くて、いつも腹がすいてたよ。次男と三男と三女がいてね、俺を、小便たれたからわからないけどね、蒸し風呂（布団蒸し）にしてね。それが非常に苦しくってワンンワンないてた、あれ思い出すね。あと兄貴たちとね、缶とかあって、小さな船があるところで、屑ひろい、やってたのかな。それで三番目の兄貴かな、俺の方をこ

うやって掴んでね、『俺ら、捨てられたんだ』って泣いてたみたい。俺、ボケーとして、その頃、（兄貴の言葉の意味が）わかんなくてね、俺の肩こうやってゆすって、『俺ら、捨てられたんだ』って。それで、近くにチクワ工場みたいなのがあるんだ、そこへね、近所の子どもたちを一緒に二、三人で行ってね、僕だけ、僕だけにね、チクワくれなくて、それで指をくわえてたっていうか……。」

「あれは網走公園かどっかかな、……羊羹みたいなの拾ってさ、ごみ箱みたいな折詰かな、それ拾ってね、……食ったのかな。……なんか俺たち。乞食みたいだったんだね。……よく俺は殴られていたような気がする。次男からも近所の人からも……」

二度捨てられて

こうして子どもたちは凍てつく寒さのなか、暖房もない狭い小屋のような家の中で、食べものもなく、畳のワラまでかじりながら飢えをしのいでいました。翌1955（昭和30）年の春、ようやくその惨状が民生委員の知るところとなり、母親のいる青森県板柳に送られました。そのとき、三女の靴下の中には福祉事務所の人が入れた5千円が入っていたといいます。

永山がみずからの人生を回想して書いた小説『木橋（きはし）』に書かれたエピソードはいまも私の胸をつよくとらえて離しません。

「ある日、木橋を渡っていると、大型トラックが通り、その近くは揺れ動いた。……それと同時に、この揺れをどこかちがうところで体験した記憶があるように感じていた。しかし、はっきり思い出せなかった。……やがてある冬の日に、バスが通り、その揺れを感じた時、思い起こすことがあった。……ようやく歩けていた。小さな時だった。三番目の兄と一緒にその橋へ行ったのだ。長い長い橋の真ん中で、ここで待つように言われて待っていたようだった。そこで、N少年は一人で待っていた。ずい分と長い間待っていたようだった。兄はもうそこへは来なかった。母も来なかった。セツ姉さんも来なかった。その他の誰も来なかった。長い長い橋の真ん中で、幼いN少年は待っていた。長い間、待っていたようだった」……。

兄はついに則夫を橋に置き去りにします。何もわからない則夫は、寒さと飢えに震えながらも、兄の来るのをいつまでも橋の上で待っていました……。則夫は二度捨てられたのです。

青森・板柳

数百軒たらずの小さな町……。永山にとって、この「板柳」での生活（4歳〜15歳）もまたつらいものでした。ここでも偏見と差別が待っていました。「マーケット」（貧乏人を指す蔑称）とよばれる長屋で暮らす人々への蔑視と差別、くわえて同じ長屋の住民からのさらなる差別、そして同級生たちからの冷たい眼差しと仕打ち……。四方からの容赦のない差別と偏見の真ん中で、少年・永山はもがき、苦しみ、悲しんでいました。しかし、彼をそこから引き上げてくれることは誰ひとりいませんでした。兄妹ですら永山を毛嫌いしました。

家族のなかでたった一人だけ自分をかわいがってくれた長女は精神病院に入院したままで、母親は相変わらず行商に出たきり帰りません。長男は網走の土木現業所に勤めていて音沙汰もなく、養育係だった次女は逃げるようにして家を出てゆき、網走に置き去りにされた三女は中学を卒業するやいなや家を出てゆきました。残されたのは母親と次男を筆頭に、三男、四男の永山、そして四女と孫（長男の子）の5人の子どもたちでした。

彼らはその「マーケット」に住んでいました。家は一階二階ともに6畳の二間だけで、薄い木の板を上下左右に張り合わせて組み立てただけのきわめて粗末な造りで、一階部分の玄関付近はすきま風や雨露を防ぐためと思われるビニール製のトタンで覆われた、まさに"つぎはぎだらけ"のボロ家でした。長屋の真ん中には左右にズラリと便所が並び、「便所通り」とよばれる臭いの立ち込める場所があり、その便所と板一枚の場所に「永山家」はありました。のちに永山は「住民が用を足すたびにその音が聞こえてきた」と語っています。

一階は入るとすぐに6畳間で、隅に水道の蛇口と簡易な流しがあるだけの台所があり、床はなく、土の上にゴザをしいた程度で、冬の底冷えは厳しいものでした。二階にも同じように6畳間があり、天井からぶら下がる裸電球と壁はベニヤ板に新聞を貼っただけのもので、この劣悪な

環境に、母子が重なり合うようにして暮らしていました。

兄のリンチ

周囲からの蔑みと虐げも、母親からのネグレクトも、そして貧しさも変わらずつづいていました。そこに兄からのリンチ（暴力）が新たに加わります。ことに次男によるリンチは凄絶でした。

小学校に上がっても、母親はほとんど永山に手をかけることをしませんでした。そのため永山はいつも鼻をたらし、袖先は年中、鼻汁でピカピカに光っていました。滅多に洗濯しない服は薄汚れて穴だらけで、外出のときも寝るときも同じ服を着ていました。中学（2年）までオネショ（夜尿）のせいで始終ションベン臭く、洗わない髪は逆立っていたといいます。それをみた近所の子どもたちは永山を「ゲンジョウ」（乞食の名前・源次郎乞食のこと）と呼び、バカにしました。

薄汚れた服とオネショの臭い……。次男と三男はそんな汚い永山を毛嫌いしました。兄たちは永山に、大勢の人目に触れる学校の学芸会などの集まりには『絶対にくるな』といいつけていました。しかし、そこは幼い子どものこと、「来るな」といわれても、楽しそうな集まりがあればのぞいてみたくなるのが人情。ある日、永山は人混みの後ろでこっそりと催しものをみてしまいます。それを見つけた次男は自宅に帰ってから永山を半殺しになるまで殴りつけました。

「理由もないのに殴られるんだよね、ボコボコに殴られて、血を必ず流して。しょっちゅう、ていうか、ほとんど毎日。（ボクシングのサンドバックの）あれみたいに顔をバコバコ殴られてね、兄貴は鼻血を流したら大概やめるんだ。だから鼻血、流さない時は、いつも気絶してたよ」

このときから次男の暴力は恒常化します。殴られた永山が倒れると、今度は下から蹴りあげ、かならず鼻血がでるまで殴りつづけました。永山は殴られるたびに『早く鼻血が出てくれまいか』と祈ったそうです。殴られて気を失い、空腹で気がつくことが何度もありました。永山はただ暴力に耐えるだけでした。

「ここ、みぞおち、ここが一番きくからね、したからこうやってボーンって（蹴り上げて）、ここ、二発目、受けたら気絶してたよ。

僕はね、当時、気絶っていうこと知らなくてただ、朝起きたら、もう誰もいなくて。殴られて、飯を手で食ったりして……」

家出をくり返す

妹たちもまた然りで、彼女らの通う幼稚園を覗くたび、「帰れ、帰れ」とそのつど追い返されたたといいます。

ところが、次男は母親が家にいるときには決して暴力をふるわなかったというのです。母親が行商からクタクタに疲れて帰ってくると永山はいつも泣いている。母親はなぜ泣いているのか理由も聞かず、「また泣いて、この！」といって殴ったといいます。しかし、そのさいもけっして手を使わず、肌に触れることもせず、なぐるときはいつも「道具」を使ったといいます。次男はおそらく網走での「置き去り」にされた経験があってのことでしょう。「二度とあの苦しみはいやだ」と。それと、永山が父親似だったこともその理由でした。

次男は頭がよく、学年でもトップを争うほど成績もずば抜けていました。しかし、貧しさゆえ修学旅行も行けず、成績がいいにもかかわらず高校進学も叶わない。残された道は集団就職……。その鬱憤を永山への暴力で晴らしていたのでした。彼もまた貧困の被害者なのです。のちに永山はこう語っています。

「俺の他にだって貧しい人がいる。それでもちゃんとやっている人がいるって言われるけどね"違う"って言いたいんだ。違うから、ここにこういう存在があるんだ。馬鹿扱いにされてね。兄姉かな。兄貴のリンチ……あれさえなければ……。学校、ちゃんと行くようにしていればね」

このことばに胸がつまります。このときを境に永山は家出をくり返すようになります。小学2年のとき、長女が入院している北海道・網走まで行こうとして、一人きりで電車を乗り継ぎ、函館までたどり着いたことがありました。そのおり、電車に乗り合わせた乗客が永山のあまりに薄汚れた格好に同情して、羊羹を与えたというエピソードが残されています。このときは函館で補導されて戻されています。また中学校のときには、北がだめなら南へということで、集団就職した兄を頼って自転車で東京に向かいますが、福島まで行ったところで警察に見つかり、戻さ

れています。こんなことをくり返す生活ですから、学校はまともに通ってはいません。

姉の漬物石

小学5年生のときでした。それまで不登校だった永山に変化が起こります。いちばん自分を可愛がってくれた長女のセツ姉さんが病院を退院して家に帰ってくることになったのです。そして、ふたたび面倒を見てくれることになったのです。彼女は永山を「のっちゃん」と呼び、永山は「セツ姉さん」と呼んで二人三脚のような生活が始まります。宿題も手取り足取りで教えてくれ、雨がふれば傘をもって学校まで迎えにゆき、家庭訪問があれば母親に代わって担任の話を聞き、色とりどりの靴下や手袋を編んでくれました。その行為まさに母親とみまがうほどに献身的でした。これを機に、それまで何年も学校に行くことがなかった永山がせっせと学校に通うようになります。

「宿題があっても、全部やれたもんね。セツ姉さんが手伝ってくれるから……」

たったひとりの人間の存在が幼い子どもにとって、愛する人から愛情を注がれることがいかに大切で尊いことか、この事例は示しています。

しかし、永山の平穏の日々は長くはつづきませんでした。ある日のこと、小学校から帰ってきた永山は1階の部屋でセツ姉さんが同じ長屋に住む独身男と性行為（セックス）をしているところを目撃します。家族の中でたった一人、自分を可愛がってくれたセツ姉さんがヨダレを垂らして虚脱している。その瞬間、母のように慕っていたセツ姉さんが穢（けが）らわしく、ヘド（反吐）の出そうな存在に変わってしまいました。この出来事は、永山に大いなる不信感と絶望感を与え、深刻な抑うつ状態に陥らせました。そして、それ以後の永山の人格の発達や人間関係のあり方に大きな障害をもたらす要因のひとつとなりました。

事件はつづきます。その後セツ姉さんは妊娠し、母親に悟られないよう細心の注意をはらいながらなんとか子を産もうとします。しかし誰からどのような説得があったのか、妊娠7カ月になったころ堕胎します。それを機にふたたびセツはひとりふさぎこむようになり、数週間後、弘前市内の精神病院に入院してしまいます。以来、生涯を入退院で過ごし

たということです（セツは1992年に62歳で死去）。

　姉の堕ろした子は「黒寺」（正称「大善寺」）の永山家の墓の敷地に葬られました。その胎児の遺体を運んだのも永山でした。幼い手で埋めたのも永山でした。墓石をつくる金はなく、母親は「水子の墓石にするために」といって、家にあった"漬物石"を運ぶよう、幼い永山に言いつけたのでした。嫌なことはぜんぶ永山の仕事でした。永山はその重い漬物石をひとりで墓まで運んだといいます。

　　「なんか、こう、石、あるでしょう……、あれ持っていくのも嫌だったよね……」

父の存在

　もうひとり、永山にとって気になる存在がいました。父親です。

　永山は一度だけ父親に会っています。小学2年のときでした。行方不明になっていた父親がひょっこりと長屋に顔を出したのです。しかし、次男（中学3年）と三男（小学6年）は家に入るのを許さず、木刀で殴りかかり、叩き出してしまいます。その翌日、町の映画館の前で看板を見ていたところ、後ろから「則夫、則夫、これやろうか」といって100円を差し出したといいます。永山は怖くなって逃げ、父親はそのまま駅のほうに歩いて行き、汽車に乗って去っていったということです。ほんの一瞬の邂逅でしたが、永山の胸に父親に対する夢想が膨らんでいきます。

　　「おふくろは悪くいうけど、俺にとってはいい感じの人だったんだ。……やさしい感じだったんだ」

　それが永山にとっての父親像でした。私事になりますが、筆者（玉城）も周りの人から「あの人がお前の父親だ」といわれて育ちましたが、その人を「お父さん」と呼んだことも、その人と一緒に遊んだ経験もいっさいありませんでした。そのため理想とする「父親像」を形成することなく育ったせいか、子をもつ父親としては少し欠けたものがあるかもしれません。しかしながら、永山とは違って、私は母と異父の兄姉から愛情をたっぷり注いでもらいました。

　永山の父親は、彼が中学2年のとき、岐阜県垂井で道に倒れ、亡くなっているのが発見されます。所持金はズボンのポケットにあった10

円だけだったそうです。博打に身をやつしたあげくの行き倒れでした。

自殺願望

「その頃からなんだね、『何で俺、生まれてきたんだろう』って思ってね。それで俺、何回も死のうと思ったりしてね……。次男が使ってたサンドバックの縄、外して、こうやって、それ（天井に）かけて、いつ死のうかなって、それ‌ばっかり考えてたよ……」

永山はこのころから「自殺」を考えるようになります。自分を愛してくれた母代わりの長女セツの性行・妊娠・堕胎、父親の行き倒れという非業の死、まぶたに焼き付けられた父親の横死時の顔写真はのちのちまで永山の胸をとらえて離さず、自殺念慮と自殺企図の原点となりました。

一度も触れることのなかった父親の愛情、手を伸ばしても届かなかった母親の愛情、兄たちからの凄絶なリンチ、愛してくれた長姉との乖離……。永山は家族への憎悪と分断する思考のなかで懊悩し、苦しみました。その憎悪のはけ口を身近な弱者へと向けはじめます。

兄2人が集団就職で家を出てゆくと、今度は永山自身が幼い妹と姪に暴力の矛先を向けはじめたのです。かつての兄たちと同じく"木刀"を持ち、暴力をふるうようになったのです。木刀をもつと「自分がつよくなったような気がした」と永山はいいます。憎悪の標的になったのはとくに姪でした。姪も夜尿があり、「長男の子」という立場の弱い子どもでした。

祖母から親、そして子へ、孫へとつづく暴力の連鎖……。暴力を振るわれて育った子どもは人との接し方がわからず、暴力でしか自分の気持ちを表現できないという「負のスパイラル」……。その悪循環の中に永山はいました。

集団就職

集団就職もいよいよ近づいていたある日、永山は町の呉服店に忍び込み、胸に大きなワシの絵がプリントされたシャツを盗みます。それを着て東京に行くつもりでした。「大きなワシ」も永山にとって"木刀"だったのでしょう。母親は、窃盗をくり返す永山をうとましく思い、「則夫

（が東京に）行ったら、赤飯炊いて喜ぶべし」といったといいます。

　永山はいつも逃げていました。学校から、家から、母から、兄たちから……。地域でうとまれても、学校で嫌われても、本来なら安心して逃げこむことのできるはずの「家庭」がありませんでした。そんな永山に、いいことなど何ひとつなかった「板柳」からやっと脱出するときがきます。

　1965年（昭和40）年3月下旬、中学を形式的に卒業した永山は、ほかの生徒ら500人ともども「集団就職列車」に乗りこみ、経済成長著しい東京へ、時代の渦のなかへと飛び込んでいきました。駅のホームは見送りの人々でごった返していましたが、永山の家族の姿はそこにありませんでした。

　余談ですが、さいわいそのころの日本は「高度経済成長」[*]の真っ盛りで、中学卒が「金の卵」と呼ばれた時代でした。その「金の卵」を乗せた「集団就職列車」が毎日のように青森駅と上野駅を往復していました。「金の卵」とは「未成熟だが高い潜在的能力を持ち、手に入れることが難しい者」のことを指しますが、日本では1960〜70年代の高度経済成長を支えた中卒の労働者のことで、当時、日本中に溢れていました。ちょうど私（玉城）と同じ世代で、いま「団塊の世代」と呼ばれる人たちです。私も留学生として沖縄から鹿児島経由で夜行列車に乗って上京していた頃とほぼ同じ時期に、永山則夫も青森から東京をめざして上って来ていました（拙著『恋島への手紙　古宇利島の想い出を辿って』、新星出版、2007年）。彼は私より1歳若い、1949年生まれです。

　　　＊高度経済成長：1960年代の経済成長率が平均10％を超え、急速な経済成長を遂げた。石炭から石油へ（エネルギー革命）、所得倍増計画（所得向上）、技術革新、モータリゼーション、スーパーマーケット（流通革命）などにより国民生活が豊かになる。一方で、物価上昇、大都市圏の過密、農村の過疎、公害といった「負の遺産」を生じた。

上京・殺人・逮捕

　永山は上京するとき、身のまわりの品物に加えて教科書を数冊しのばせていました。おそらく板柳でできなかった勉強をとり戻すつもりだったのでしょう。彼は教科書を開いてはもくもくと勉強する姿が目撃されています。そして東京に溶け込もうとしました。いち早く髪をのばし、

整髪し、スーツを月賦で買っています。
　永山が最初に勤めたのは渋谷のある果物店（西村フルーツパーラー）でした。誰よりも早く出勤し、店の掃除をし、店先での果物の販売と包装をてきぱきとこなし、きびきびと働いていました。その勤務態度が評価され、2カ月後には渋谷駅の近くにできた東急プラザ2階の新しい支店の担当に抜擢されます。順調にみえたその年の秋ごろ、上司に青森での万引きの過去を曝露され、果物店を辞めてしまいます。これは人生を踏み出そうとしていた永山にとって予想しなかった"つまずき"でした。以後、ふたたび「負のスパイラル」へと人生が転回していきます。
　永山が上京してからの逮捕されるまでの4年間の足取りを堀川惠子著『死刑の基準「永山裁判」が遺したもの』から追ってみます。

1965（昭和40）年、春（16歳）
・東京渋谷のフルーツパーラーに就職、同僚と口論して秋に退職。
・横浜から貨物船に乗り込み香港へ密航を試みるが失敗。
・栃木県小山市内の長兄宅に住み込みで自動車工場に勤める間、窃盗未遂で逮捕され、宇都宮家裁で不処分決定。
・ふたたび自動車工場で働き始めるが社長とケンカして退職。
1966（昭和41）年（17歳）
・ヒッチハイクで大阪に行き、守口市の米屋に勤めるが退職。
・ふたたび上京、池袋の喫茶店、羽田空港のレストランのボーイ、浅草でテキ屋の見習い、横浜港で沖仲仕として働く。
・横須賀の米軍基地に侵入し、窃盗で逮捕。
・横浜家裁で少年審判、試験観察処分となる。
・川崎市内のクリーニング店で働くが、解雇される。
・新宿区の牛乳販売店で住み込みながら中野定時制高校に入学するが、三カ月後に長期欠席で除籍処分。
1968（昭和43）年（19歳）
・神戸港からアフリカへ密航を企てるが失敗。
・船内で自殺を図るが失敗、横山少年鑑別所へ移送。
・保護観察中だったため、東京少年鑑別所へ移送、不処分決定。
・杉並区の牛乳販売店に住み込みで働く。

- 定時制高校に再入学、クラス委員長に選ばれる。
- 集金した金を持ち出して牛乳店をやめて青森へ帰る。
- 地元の定時制高校へ入学を希望するが、受け入れられず。

運命的な出会いから連続殺人

　そして1968年10月8日、ふたたび横須賀の米軍基地にフェンスをよじ登って忍びこみ、基地内の住宅に侵入します。そのとき永山は「アメリカ兵に撃たれて死んでもいい。そんな捨てばちな気持ちだった」と供述しています。そしてその家で手のひらにすっぽり収まるほどの小さな22口径のピストルと銃弾50発を見つけ盗みだします。拳銃の銃杷は白い象牙で装飾された美しいものでした。永山はここでも"木刀"と同じ強さを手に入れたと思ったに違いありません。ピストルは桜木町駅前のガレージの塀に穴をつくって、隠しては取り出して、ピストルの重みを何度も確認していました。永山はそのときの様子をこう語っています。

　「横須賀の基地に盗みに入って、思いがけずピストルを手に入れたことが、自分を狂わせてしまった。子どものことからピストルには憧れていたので、本物を手にしたときは、握った感触がとてもよかった。ピストルを身につけていると、心がやすまるというか、頼りになるというか、長い間求めていた本当の友だちに、ようやく出会ったような思いがした」

　彼にとって「生存のたしかさ」はピストルという"実存"であり、「殺人」は社会の差別と偏見、そして家族への"憤怒"の爆弾なのではなかったか……。私にはそう思えます。

　その3日後、ついにピストルの引き金を引くときがやってきます。

　10月11日、午前0時50分ころ、東京プリンスホテルの敷地内で巡回中の警備員（当時27歳）を射殺（第1の殺人）。この事件を皮切りに、その3日後の10月14日、午前1時35分ころ、今度は京都の八坂神社で警備員（当時69歳）を射殺（第2の殺人）。さらに京都の事件から12日後の10月26日、函館でタクシー運転手（当時31歳）を射殺（第3の殺人）。そして函館の事件から10日後の11月5日、名古屋でタクシー運転手（当時22歳）を射殺（第4の殺人）……。わずか26日間のできごとでした。

逮捕される

　明けて1969年（昭和44）の4月7日、渋谷区千駄ケ谷の英語学校の入り口をドライバーでこじ開けて侵入。警報でかけつけた警備員に発砲して逃走。その日の未明、渋谷区代々木の神宮前路上を歩いているところを職務質問され「拳銃の不法所持」で逮捕……。第1の事件から半年がたっていました。永山は連行された代々木警察署でポツリとひと言、「苦しかった」ともらしたといいます。逃避行の終焉でした。

　もし、永山と同じ状況におかれたら、私であれ、誰であれ、ピストルに手をかけなかったか（犯罪者にならずに済んだか）と問われれば、「わからない」としか答えようがありません。それが「運の平等」なのです。殺人などの凶悪犯をたんに環境のせいだけにすることはできませんが、同じ環境に置かれたとき、つまり偶然にも拳銃を手に入れたときに、永山と同じことをくり返さなかったと断言できる自信は私にはありません。

　永山に同質性とシンパシーを感じていた作家・中上健次（1946〜1992）はこう書いています。「永山則夫という犯罪者は無数の永山則夫の一人なのだ」と。誰もが永山則夫になりうるし、かくいう私もその一人かも知れません。重要なのは自らの中に「永山則夫」を発見・自覚することなのです。近代の差別と闘った中上はつづけます。「いまいちど、ぼく自身の場にもどって、なぜぼくは無数の永山則夫の一人でありながら、唯一者永山則夫でなかったのか、考えなおしてみようと思う」と。そういえば、中上の『十九の地図』（1974）には都会を彷徨う少年の姿と心情が描かれていました。

『無知の涙』

　逮捕された永山は取り調べに多くを語りませんでした。死にたかった永山少年は留置書で自殺を図り、送られた少年鑑別所でも首を吊って自殺を試みました。逮捕から4カ月後、永山は20歳なっていました。1969年8月8日の初公判でも語らず、公判を重ねても沈黙をつづけました。その一方で、独房に戻ると差し入れられた「大学ノート」に自分の心情を綴っていました。表紙には「詩」と大きく書かれ、『無知の涙』の表

題とともに［金の卵たる中卒者諸君］と記されていました。そしてこのノート（1〜9）はのちに『無知の涙』（合同出版、1971）として出版されることになります。

そんなとき、のちに直木賞作家となる井出孫六（1974年『アトラス伝説』で直木賞。人物評伝には定評がある）が東京拘置所を訪ねてきます。1969年も暮れようとする11月のことでした。この訪問が永山の転機となりました。井出はもち帰った永山の「ノート」を見て、「それはもう、本当にびっくりしましたよ。いや、もうすごいと。……稚拙だし技術はないけど、ちゃんとしている」。そして「これはすぐにでも本にできる」と確信したといいます。

「ものすごい宝石みたいなものが一杯あるという感じ、あのノートの中に。考えられないような可能性を秘めているようなきがしたんです。彼が書いていたのは、自分が殺した四人が一生、自分の中にいて、自分は五人を生きている。だから自分を書きたいのではない、書くことで四人を殺した罪を償うんだという言い方をしているわけ。自分は弱い人間で、自殺するにも四人殺さないといけなかった、そういう罪を背負った人間なんだと。……共感するところがとても大きかった。だからそれを見て改めて、この少年……。この少年の命をもう少し長らえさせたいなって、ものすごく思いましたね」……。

編集者の直感でした。

『私とは何か』

そこには、いつも逃げることばかり考えていた永山が自分と向き合い、自身の人生と向き合い、犯した罪と向き合いながら、「私とは何か」を徹底的に問いつめていく姿が描かれていました。そして、取り返しのつかない行為への後悔、自分の生い立ちについての怒り、そんな自分を救ってくれなかった社会への恨み、自分の存在をみずから否定せざるをえなかった社会からの疎外感、絶望感、そしてひとかどの人間になろうとした夢……。そんな永山のもつれた感情が表現されています。そこには贖罪の中で生きようと苦しむ永山の姿がありました。やがて、彼は獄中で劇的なほどの変化を遂げていきます。それは"自分の生の源泉"に出

会おうとする苦しみでもありました。
　第1回の公判（東京地裁）で「おれのような男が、こうしてここにいるのは、何もかも貧乏だったからだ。おれはそのことが憎い。憎いからやったんだ」と叫び、犯行の動機を国家権力に対する挑戦と発言（その結果「改悛の情なし」として死刑判決宣告）するなど、精神的に荒廃していた彼が、やがて被害者の家族にも、そして社会にも「詫びたい」といいだすようになっていきます。その姿勢は手紙のやり取りの中にも見てとれ、国家に対する心情から贖罪意識に変わっていく様子がうかがえます。
　ちなみに、彼は表題の『無知の涙』の意味を、「実存主義そのもので……。ぼくは無知であるから、真の敵を知らず、罪もない人を殺してしまった。自分の理想、話そうとしていることを、この本に収めています」と語っています。
　井出の見立てはもくろみどおりでした。『無知の涙』は、みずからを徹底的に問いつめ、外の世界と自己へ目を開いていく魂の軌跡を描いた作品として高い評価を受け、発売3週間にして6万部を売り上げるという大ベストセラーとなりました。そして出版契約書には、印税を（自分が殺した）「遺族へ送る」ことが明記されていました。それが彼流の「贖罪」だったのでしょう。事実、遺族への印税の支払いは情状酌量の一つとして死刑判決破棄（1981年）につながりました（のち差し戻し審で死刑判決）。永山はその後も、印税が入れば出版社に頼んで遺族へ届けようとしました。被害者の命日の墓参も欠かさず頼み続けたといいます。また死刑執行の直前、「本の印税をにほんと世界の子どもたちへ、とくにペルーの貧しい子どもたちのために使って欲しい」との遺言をのこしています。その遺言により永山の死後「永山子ども基金」が設立されました。そこには永山の「貧しさから犯罪をおこすことのないように」との願いが込められていました。

心の足跡を訪ねて

　そこで『無知の涙』に彼の心の足跡をみてみたいとおもいます。

　　私は四人の人々を殺して、勾留されている一人の囚人である。

殺しの事を忘れる事は出来ないだろう一生涯。しかし、このノートに書く内容は、なるべく、それに触れたくない。
何故かと云えば、それを思い出すと、このノートは不要に成るから……

（昭和四十四年七月二日筆記許可おりる。永山則夫　ノート1）

私の耳の中にまだ響いている
あれは肉親(きょうだい)だったのだろうか？
「あんたなんか、兄弟とも何とも思って
ないんだから来ないでちょうだい──」
今でも時々思い出す響き
娑婆での最後に聞いた言葉である
娑婆で最後の──私の最後の──
怒りを耐える事なく走った私だが……
あの言葉に閉口してしまった
自分自身にこれでいいのだ……終ったのだ
そう考えても、人前で涙を隠す事は出来なかった──

殺すか殺されるか──
私の作った世界だが
悲しみに耐えられなかった……
良いんだ……これで何もかも終った
憎むより
憎まれて死んで行［こ］う
あの拳銃と生き死を共にするのだった
私の胸の何処かで今も叫んでいる
思わず書［か］ずにいられない
そんな衝動に成って書く
私の小さい心臓には大き過［ぎ］たのです
私はまだ小［子］供なんだ
小さい小さい小［子］供なんだ
よォ‼

ぼうや何時に成ったら大きき［く］なるんだ!!
何時までもそうなら人間辞めろ!!
そうしてみようか？
　　　　　　　　　　　　　　　（ノート1　「人間辞めろ」七月八日）

宛名もない
手紙を書こう
いつまでも　いつまでも世の中を
ぐるぐる廻りして還らない

書いたら少しは
望みも湧いて
笑顔の日もくるだろに
明日も恐がらなくとも良いだろに

人生のこと
一人の物語を書こう
愛もあり　涙もある
少しでも人々に分るよに

一生かけて
作り上げる
誰にも分るよな
生きている手紙を書くのだ

汗で綴る
手紙を書こう
掌が胼胝（たこ）でいっぱいになっても
一生かかっても完成しないのを

世の中の人々が
誰でも分る生［き］てる字で

盲目の人も心の曲がった人も
　　かんたんな字で馴染む字で

　　人々が行けない程
　　永遠の手紙
　　宇宙のアポロの道よりも
　　もっとずっと長い手紙を書［こ］う

　　誰にでも良い
　　手紙を書こう
　　長い　長い　手紙
　　一生かかっても読み終わらない
　　　　　　　　　　　　　（ノート2　「手紙を書こう」九月三日）

　　俺は想い出を追う
　　追うのではない
　　想い出が俺を追ってくるのだ

　　俺の失敗ばかりの
　　おもしろいことなんか
　　一つもありゃしない
　　（以下略）
　　　　　　　　　　　　　（ノート2　「俺は——厭世家」九月三日）

　　ちかごろ
　　『死』ということ
　　かんがえるが
　　恐くないのである
　　なれたか
　　『死』が華麗にみえてきた
　　　　　　　　　　　　　（ノート3　「死のちかごろ」九月十五日）

求めたものは愛でした
願ったものも愛でした
探し歩いたものも愛でした
夢見たものも愛でした

こんな事言えたぎりじゃない　とても
ぼくは　殺人者
最っとも　許し堅［難］い　凶悪犯
白地に赤丸の裏を見せない国から魔という称をもらった

人間の形をした物なのでしょうか
ただの物質なのでしょ［う］か
人間ではないのでしょうか

おお……冷血の時　あの時
ぼくの良心は悪魔にすっかり売ってしまった
理性なんかなかったのか　一欠片でも
　　　　　　　　　　　（ノート3「もらった物と売った物」九月十九日）

私は何者なのか
増長は次第に激しくなってゆく
何ぜ　何の為に　どうしてなんだ
私は罪人だ　無学な罪人だ　痛感している
国という絶対者に独りで歯向かおうとしている
泣きを見るのを知りつくしているのに
こりず　罪をつくろうとしている
が　これは罪だろ［う］か
私の理想に　私の思想に　生きるのは
罪なんだろうか
……（中略）……
苦悩という物は　何時か　晴れる
秋のあの蒼穹のよに

第8章　ある「罪の償い方」——連続殺人事件犯・永山則夫の贖罪　　231

私よ　私よ　強い私よ……
　生きるべきではないのか
　若い私よ　若者の私よ……
　己れを造るべきではないのか
　……（中略）……
　死は待つべきではない
　それへ進むべきだ
　おまえは何故黙る

　明日を待つべきではない
　一直進していくのだ
　命ある若者よ
　信じられるのは自身だ　自身だけだ
　忘れず頭の中へナイフで彫れよ

（ノート3　「決意」十月二日）

　このふる雪に　足跡を残したい
　足跡で雪の上に文字を綴ろう
　想い出を書こう
　白かった頃の想い出を

　愛なんて　淡いもの　消えるもの
　この春の雪のよに
　あゝ　永遠の人よ
　私はここに眠りたい

（ノート5　「春の雪」三月四日）

　震えながら　冬の日を過ごして　煙りの溜息をはく
　人生の意義について　今ならはっきり語れる
　そのまえに　もし　許されるものならば
　最愛するものの側に　行きたい　そこで眠りたい

四面蒼い海しかない　幼い冒険のあれ　そうだろか
どこかで見た　モナリザの笑みを思わせた　あの人か
美しいものを愛する　なぜならば　私の魂は汚穢の見本
最愛するものの側に　行きたい　そこで眠りたい

枯れ葉　散る　散って舞う　並木路の直ぐわきの
ブランコ　ジャングル・ジム　好きだった砂場　想い出のある公園
私はベンチにすわり　いちょうの葉のゆくえ目で追う
最愛するものの側に　行きたい　そこに住みたい

（ノート5　「最愛するものの側に」十二月三十一日）

「……この108号事件は私が在っての事件だ。私がなければ事件は無い、事件が在る故に私が在る。私はなければならないのである。今考えて、あの時期に、四人を殺してしまう以前に、考える事は出来なかったのか？　あったのだ！　しかし死刑になるなら自殺した方が最良だと考えた訳である。自殺は出来なかった。理性をもって考えたのに、自殺は出来なかった。世論の同情する私であるために出……来……なかった……。

あの時期、後の二件は回避せるものであった。しかし、どうせ死刑になるという観念があれ等の事件を犯してしまった。「死刑になるという観念」それ故に惰走した。「死刑になるという観念」は凶悪犯を尚更、高段な凶悪犯行に走らせてしまう、自暴自棄というのであろう。

凶悪殺人犯には死刑は必然だ。だが、凶悪犯と成る凶悪犯には死刑は無い方がよい。……」

（ノート5 ―死する者より・その二十四「個人的凶悪犯心理の研究から」二月二十八日）

私が話すとき　他の囚人は同情してくれる
看守と語るとき　人間愛らしき物が胸を衝く
　　ここに　人間と呼ばれる時がある
私はこれらの物を要としない
　　人間でありたくない　ありたくない人で

第8章　ある「罪の償い方」──連続殺人事件犯・永山則夫の贖罪　233

若しも　復活することが可能なら
　私は私でありたい
　　人間嫌いの　厭人の私でありたい
　人は誰かを求めるが
　　私は私でありたい　憂える私で
　ピアノの音律が脳裏に響く　その時に　思った
　　　　　　　　　（ノート6「私でありたい」三月三十一日）

▎贖罪

　永山は獄中に入ってから必死に勉強し、あらゆる書物を読破し、本を出版するようにまでなります。永山自身「小学校へもあまり行ってない、中学校にも全然というくらいに行ってない。高校は定時制に行ったけれど体が続かなくて駄目だった」と告白するように、義務教育もまともに受けることができなかった彼が、この猛勉強のおかげで、逮捕されてほぼ2年後に出版されたのが、先の『無知の涙』でした。

　本を読むことで、新しい考え方を知ることで、彼はようやくみずからのアイデンティティを獲得していった。無知と貧困から殺人を犯し、獄中（拘置所）で無知だったむかしの自分を否定し、学問を知るひとりの人間として社会に発言することに贖罪と生きがいを見いだすようになった……。そう私には見えます。

　彼は拘置所の中でひとり、独学でくり返しなぞるようにして字を覚え、むさぼるように本を読み、その数、獄中の28年間で数千冊に及ぶといいますから驚きです。彼は獄中につながれながらでも「全身」で生きた証しでしょう。1985年には183冊。2日に1冊、多い日には1日2冊のペースで読んでいたことになります。

　フロイトの『精神分析入門』から宮城音弥の『心理学入門』、思想関係では河上肇の『貧乏物語』、マルクスの『哲学の貧困』『革命と反革命』『資本論』『賃労働と資本』、カントの『実践理性批判』『純粋理性批判』『永遠平和のために』、マルクス・エンゲルスの『共産党宣言』『ドイツ・イデオロギー』、エンゲルスの『反デューリング論』『自然弁証法』『家族・私有財産および国家の起源』『空想より科学へ』、フランツ・ファノンの『黒い皮膚、白い仮面』、ルソーの『孤独な散歩者の夢

想』『社会契約論』『告白』、プラトンの『テアイテトス』、デカルトの『方法序説』『哲学原理』、ヘーゲルの『小論理学』、アリストテレスの『政治学』『形而上学』、ヒルティの『幸福論』、キルケゴールの『誘惑者の日記』、同じくキルケゴールの『死に至る病』、ゴーリキーの『どん底』、チェーホフの『桜の園』、ウラジミール・コロレンコの『マカールの夢』、ドストエフスキー、トルストイ……。広辞苑もあったそうです。なかでもいちばんうれしかったのは「マルクスにふれたこと」だったといっています。

　また、『永山則夫の獄中読書日記——死刑確定前後』（朝日新聞社、1990）には、膨大な読書の中からみずからの心境を代弁するかのような箇所が抜き出してありました。引用として写し取っているとき、彼は自分の中にある普遍性を見いだし、昇華していったのでしょう。彼の小説にもその足跡がみられます。

　「……母虎はいつでも子虎のために多量の食べ物を調達できたが、こんごの自立を考えて子虎たち自身で狩りをするよう仕向けた。自分で狩りをしなければ飢え死にするしかなく、飢えが最良の教師や指導者であることを、母虎は十分知っていた」
　　　　　　　　　　　　　（ニコライ・A・バイコフ『偉大なる王(ワン)』から）
　「いかに現世を厭離(おんり)するとも、自殺はさとりの姿ではない。いかに徳行高くとも、自殺者は大聖の域に遠い」
　　　　　　　　　　　　　　　　　　　　　　（川端康成『小説の研究』から）
　「どのような危機に出会っても、それを契機として生まれ変わり、自己を再認識し、成長や生き甲斐につながるような変化を選びとることは誰にでも可能である」
　　　　　　　　　　　（ニーナ・オニール＋ジョージ・オニール『四十歳の出発』から）
　「……ヒナのときから一羽だけで育てられ、同じ種類の仲間をまったくみたことのない鳥は、たいていの場合、自分がどの種類に属しているかをまったく『知らない』」
　　　　　　　　　　　　　　　　　　　　　　（ローレンツ『ソロモンの指環』から）
　「社会の側から差別され疎外された人間が反社会的行為に走るのは、法と秩序の枠組みにおさまろうとするより、むしろ自然であろう」
　　　　　　　　　　　　　　　　（本田靖春『「戦後」美空ひばりとその時代』から）

第8章　ある「罪の償い方」——連続殺人事件犯・永山則夫の贖罪　　235

「私に言わせれば、この町のあらゆる人間が殺人者に対して責任を負うべきだ。生まれつきの人殺しなどいやしない。殺人者はつくられるんですよ……」

(『アメリカンハードボイルド（3）罪ある傍観者』から)

書くということ

　学校も満足に通えず、読み書きも満足にできない彼が、なぜあれだけのすばらしい作品を遺せたのでしょうか……。「書く」という行為は、自分の心を裸にして、自分自身を外に投げ出すということです。それはまた、自分が「生きている」という証を証明するためのものでもあるのです。すなわち、彼にとって「書く」という行為は「今日を生きる」ことと同義であり、"生命"と"時間"の貴重さはまさに同義でした。ですから神経を集中させ、彼には怠けるということがありませんでした。たいせつなのは「どれだけ"長く生きたか"ではなく、どれほど"よく生きたか"」なのです。

　永山はいいます。「刑務所に入ったおかげで、自分は本を読むことができるようになり、知識を得ることができるようになり、知識を得ることができたからだ」。そして「私は発見した。自分の無知であったことを、そして、この発見はこの監獄での今の少しばかりの勉強の功であることもである。私は囚人の身となり、もはや遅しである。世の中ままならぬである。このような大事件を犯さなければ、一生唯の牛馬で終わったであろう」……。そうして彼は「私」という実存に近づこうとしました。

　やがて彼は、"殺人"という自分が犯した罪と、その被害がもはや修復不可能（不可逆的）であることを認識し、理解するようになります。そして、その罪を反省し、遺族や社会に謝罪し、贖罪の姿勢を示していきます。ついには、「5人分」（被害者と自分）を背負って生きることが「償いになるのではないか」という結論に達します。永山はいいます。

　　「わたしは今、被害者たちとともに生きています。彼ら四名とわたしの生命分を精一杯、生きています。そして真実の反省とは何かを考えています」（1984年10月24日）。

　永山には、社会に受け入れられたい、受け入れられているという実感

（確信）が欲しいという願望がありました。それが「書く」ことでかなえられたのです。その後も彼は執筆活動を続け、新日本文学賞を受賞した『木橋』（立風書房、1984）など、多くの手記や文学作品を世に出すまでになっていきます。そのいくつかを挙げておきましょう。

『人民を忘れたカナリアたち』（1971）、『愛か―無か』（1973）、『動揺記1』（1973）、『反―寺山修司論』（1977）、『捨て子ごっこ』（1987）、『なぜか、海』（1989）、『異水』（1990）、『永山則夫の獄中読書日記―死刑確定前後』（1990）、『華』（1997）、『死刑確定直前獄中日記』（1998）……。

逃避行──心の軌跡

もうひとつ、永山の半生は「逃避」の連続でした。何かあれば逃げる……。家から逃げ、学校から逃げ、青森から逃げ、会社から逃げ、出自から逃げ、社会から逃げ、日本からも逃げ、そして殺人を犯して警察から逃げ、とうとう終のすみかとして刑務所にたどりついたとき、彼は人生で初めて「精神の安定」を得たのではなかったか。逮捕され、拘置所に入れられて初めて、彼は「自分の生」を、この世に生まれた人間の存在を真剣に問うようになっていった……。そう私には思えるのです。

さらに、永山（当時24歳）の心を開かせたのは「石川鑑定」で知られる精神科医の石川義博医師と、獄中結婚（1980年）した和美さんでした。彼女もまた、日本人の母とフィリピン人の父の間に産まれた国籍をもたない「捨てられた子」でした。この二人が永山の心を開かせ、心の闇を浮き上がらせていったといっていいでしょう。

永山は社会に、そして家族に受け入れられたかった。わかってもらいたかった。しかし受け入れられなかった。それが犯行に及んだ動機（理由）でした。それを明かにしたのが石川義博医師です。石川医師はただひたすらに彼の声に耳を傾けて、その真意に迫っていきました。100時間を超えるテープには永山少年が連続射殺事件へと向かう心の軌跡が刻印されています。石川医師はこう結論します。

「人には、こころを分かってもらいたい、こころを分かりあいたいという思いが本能的に存在する。分かりあえた時の気持ちの良さ、清々しさは万人に共通する感情である。則夫もセツ姉との心の葛藤

等を話し、分かってもらえたと分かった時、転機が生まれた。則夫は、こころを開いた話しあいを重ねる中で自分の人生を省み、なぜ犯罪を犯したのかを洞察するに至った。同時に、被害者や家族への贖罪の心も芽生えた。ついには、怨み憎んでいた母をも赦せる心境に至ったのである」

また彼は、いつも愛情に飢え、愛のある"家族"が欲しかった。その心の奥底に手を差し伸べたのが妻・和美さんでした。和美さんは獄中の永山にこう問います。

「あなたは『思想を残して死ぬ』というけど、それは自分のことしか考えていないからではないか」……。すると、それまで頑なだった永山は折れ、「うん、ミミ（和美）と生きるよ。ミミと一緒に生きるよ」といったといいます。そのとき「はじめて、本当にはじめて鎧を脱いで、剣を置いて、自分の命を処刑台じゃなくて、私のところへと置き換えてくれたんだと思います」と和美さんは語っています。

東京拘置所で、石川医師から永山の母の生い立ちを記した「大学ノート」を手渡されたとき、それを読んだ永山は、母も自分と同じような苛酷な目に遭いながら生きてきたことを知ります。そしてポツリとつぶやいたといいます。

「お袋の手記を知ってたら、事件なんか起こさなかったよ」……。

彼の瞳は潤んでいたそうです。

ガチョウと黄金の卵

イソップ物語に、黄金の卵を産むガチョウが欲深い農夫の手によって殺されてしまう「ガチョウと黄金の卵」という寓話があります。

ある日、貧しい農夫は飼っていたガチョウが黄金の卵を産んでいるのを見つけ、驚きます。ガチョウはそれからも1日1個の黄金の卵を産み、その卵を売った農夫は大金持ちになりました。ところが1日1個しか卵を産まないガチョウにもの足りず、「きっとガチョウの腹の中には黄金の塊がつまっているに違いない」と考えるようになります。欲を出した農夫はついにガチョウの腹を切り裂いてしまいます。しかし腹の中には黄金の塊などなく、ついにはガチョウまで失ってしまった、という話です。

私の目には、永山則夫が拘置所の中で「黄金の卵」を産み続けているガチョウのようにも映ります。しかし、そのガチョウは権力を持つ「国家」によって抹殺されてしまいます。
　永山則夫の獄中からの成果物は、彼が本当に更生した証しであったかどうかは専門家に譲るとしても、獄中においてもこれだけ人間は変わる可能性を示しているという点で驚きです。刑務所は罪人を更生させることができるという希望が彼の著作から感じることができます。とはいえ、彼の「更生」の結末は死刑という終身刑によって閉ざされました。
　無期判決が破棄されてしばらくしてのこと、永山は面会にきた弁護士にこういったといいます。「生きたいと思わせておいてから、殺すのか……」と。
　応報的な刑罰を課すことに主眼がおかれ、被告人の更生や修復的な機能をほとんど果たしていない日本の司法に疑問を感じるのは私だけではないでしょう。凶悪な犯罪者を死刑にして終わりではありません。彼には「更生」の可能性が十分にありました。彼の半生にふれて「人間とはこんなにも変われるのか」と驚嘆するとともに、そういった心境にさせて死刑執行する。これが国家の対応でした。
　永山は、「自分が処刑されるときは全身全霊で抵抗する」と多くの知人に語っていたといいます。それは単なる死への抵抗ではなく、処刑という形で「国家」が犯罪者を抹殺してすべてを終わらせることに抗議するためだともいっています。それは、自分と同じ犯罪者をふたたび生み出さないために「自分は生きるのだ」と訴え続けた永山の「たった一人の最後の闘い」だったのかもしれません。
　平成9年8月1日、永山の「絞首刑」が執行されました。遺灰は遺言どおり、網走の海に撒かれました。

さいごに

　永山は後半生において少しずつ人間性を取り戻していったように、私には思われてなりません。人間らしい生き方ができなかった人間が"人間性"を取り戻してゆく過程は、それだけで一篇の人間ドラマとなります。被害者の遺族は「何も報われていない」と思われるかもしれませんが、永山がどれだけ劣悪な環境に育ってきたか、どれだけ周囲の人間た

ちに打ちのめされてきたか、それを思うと胸に熱いものが込みあげてきます。実際、永山と同じ成育環境に置かれて正気を保ち続けられる人間が世に何人いるか、私にははなはだ疑問に感じます。

　ある人は「生きて、恵まれない人のために尽くしたい、遺族に贖罪したい」という永山のこの願いを絶つことにどれだけの意味があったのだろうか、といいました。また、彼の生きざまをリアルに知れば知るほど、死刑判決とその執行に疑問を抱く人もいます。

　罪の償い方、贖罪の方法は人それぞれであり、千差万別だと思います。殺人事件やその他の凶悪事件には直接的な被害者がいます。一方で、薬物使用などでは直接的な被害者、そして加害者は自分本人です。この二つの事例を考えても、贖罪の仕方は大きく違います。

　刑務所で刑期を終えて出所したことで「罪の償い」をしたことにはならないことはこれまでの議論から明らかです。本人の更生は当然としても、罪を犯したことに対する加害者や社会、国家への贖罪も当然必要です。後者のほうが罪の償い方としてはより重要であると思いますが、これも本人の更生後に続くものです。もちろん本人が更生したから社会的な償いが行なわれたというものでもありません。被害者の希望や社会に対する責任など、さまざまなことが考慮されて罪の償いは評価されるべきものであると思います。

　永山則夫と彼の作品を長々と紹介したのは、個人が罪を償い、更生するとはどういうことかを考察するためです。拘置所内で自分の罪を認め、かつ己の身心を切り刻んで、自分が犯した行動の結末を客観的に吟味しつつ、彼は執筆していたのではなかったか。彼にとって、どん底に落ちた人間が「来る死」におびえながら、獄中でできる唯一の方法が「執筆」という作業、労働であったのかもしれません。これが彼流の「罪の償い」でありました。しかし、国家はこんな彼を"極刑"をもって対応しました。

　私はここで永山則夫を事例にして死刑廃止とか、彼の詭弁性とかを論ずるつもりはありません。私は彼の心からの叫びに、一人の人間として共感しているのです。中学もろくに通えなかった若者が獄中で猛勉強して字を覚え、自分をめちゃめちゃに切り裂いて"生を謳歌"しているかともとれるその姿は、真の反省と更生からきているのではないかと思いた

いのです。

「最愛するものの側に　行きたい　そこで住たい」。叶えられない「愛の、生の叫び」であるがゆえに、叶えてあげたい！　たとえ彼が殺人者であったとしても……。

参考文献
堀川惠子、『死刑の基準「永山裁判」が遺したもの』、日本評論社、2009
堀川惠子、『永山則夫──封印された鑑定記録』、岩波書店、2013
堀川惠子、『裁かれた命──死刑囚から届いた手紙』、講談社、2011
岩波 明、『精神鑑定はなぜ間違えるのか？ ──再考 昭和・平成の凶悪犯罪』、光文社、2017
佐木隆三、『死刑囚　永山則夫』、小学館、2018
永山則夫、『無知の涙』（文庫版）、河出書房新社、1990
永山則夫、『木橋』（文庫版）、河出書房新社、1990
玉城英彦、『恋島への手紙　古宇利島の想い出を辿って』、新星出版、2007年

エピローグ

　筆者（玉城）は2017年度に、グローバルリーダーを育む北海道大学の特別教育プログラム、新渡戸カレッジのフェローの大任を承りました。その最初の大きな仕事がフェローゼミを担当するということでした。最初は、優秀な外部講師と学生支援員の協力を得て「2単位15コマ程度の講義をすればよい」と、いとも簡単に考えていました。しかしゼミのメンバーは20人以上の大人数で、その活動はすべて週末に行なうという厳しいものでした。新渡戸カレッジの学部1・2年生がゼミの対象であることから、学部の違うこれらの若者に魅力のある共通の課題を選ぶことはそう簡単ではありませんでした。
　フェローゼミ自体は前年度から始まっており、9つのゼミが平行して行なわれています。それゆえ課題が被らないようにもしなければならず、選べる課題はかなり限られてきます。また多くのフェローは企業のトップを経験した人たちで、実社会の成功者です。よって当然、新渡戸カレッジでは「成功物語」が多く語られます。つまり語り部は一般社会で「功成り名揚げた」人がほとんどです。
　そのようなフェローから語られるストーリーには迫力があって、聞く学生たちを魅了します。「将来のサクセスストーリーは君たち自身がつくるのだ」と学生たちを鼓舞し、夢を与えます。私には残念ながら、そこまで語れる成功物語はありません。
　また成功者は「失敗」から多くを学んだともよく言います。「失敗にこだわらない、それが成功の秘訣である」……と。実際、「失敗は成功のもと」ということわざもあるぐらいですから、一度や二度の失敗でくじけてはいられません。
　一方で私たちは、小さい失敗で消えていった人も少なくないという現実にも目を向ける必要があります。歴史は、その大半が一部の成功者のサクセスストーリーである面も否定できません。歴史に失敗や敗者の記述が少ないのは、それが歴史の中に埋没し、日の目を見ないことがほとんどだということなのかもしれません。

世間では成功した者、マジョリティが社会の多くのルールを決めます。失敗した者は少数派で、社会的マイノリティです。少数派は何かと窮屈です。少数派の代表的な人たちが"受刑者"や"元受刑者"です。彼らは学生たちのレポートにあるように、"前科者"あるいは"犯罪者"というレッテルが貼られ、一般の私たちとは違う"危険な人"という先入観と偏見、固定観念がもたれて社会に放り出されています。社会の大波に押しつぶされて否応なしに危険を冒し、人生に失敗した受刑者が、それを克服し「ふつう」の生活に戻れる道はあるのでしょうか。

　受刑者に対しては、罰を与えて苦しめて「もう二度とこの場所に戻って来たくないようにすべきである」と学生たちは刑務所を視察するまでは全員がそう思っていました。つまり刑罰重視で、「更生」についてはほとんどアイデアがなかったといっても過言ではありません。しかし、学習していくうちに更生プログラムの重要性がわかってきました。そして「もしかしたら自分が刑務所ではなくシャバ（娑婆）にいるのはたまたま偶然にすぎはしないのではないか」とも考えるようになりました。
　自分が受刑者と同じ環境や立場に置かれた場合に、罪を犯さないという保証はどこにもありません。それが「運の平等性」です。そう考えると、犯罪者や元犯罪者が非常に身近に感じられます。実際、多くの犯罪者は窃盗や覚醒剤などの罪で入所したり出所したりしている人たちで、殺人や強盗などの犯罪者は非常に限られています。
　この人たちの更生のためには、一般の人一人ひとりの対応が問題です。受刑者本人の努力はもちろんのこと、地域および社会を構成する住民が受け入れ、更生のためのプログラムを効果的に展開しなければ、彼らの"更生の道"は開けません。そのためには住民一人ひとりの協力・支援、そしてまた社会全体の寛容さが必要です。
　元受刑者はある種の"社会的障害者"の一人です。障害者の社会復帰を促進することを目的として、ノルウェーなどの北欧諸国を中心に1950年代以降導入された「ノーマライゼーション」（normalization）あるいは「インテグレーション」（integration）によるプログラムが、その領域において大きな成果を挙げています。これは、障害者を特別視したり、特別扱いするのではなく、障害のない人びとと一緒に普通に生活す

るという考え方です。障害者施設の中で障害者を介護するのに代わって地域においてケアすること（コミュニティ・ケア）、つまり通常の社会生活に統合したなかで「福祉」が保障されるべきだとする理念です。

　日本における「自由刑」のもとでの非人間的な収容や作業などには人権や尊厳の課題以外にも「更生」という観点からきわめて非効率的であることが多くのところで指摘されています。それゆえ、いろいろな「改善プログラム」を積極的に導入していくことが不可欠です。学生たちが受刑者の再犯防止の方法の一つとして提案しているセミオープンの「リエントリー施設」も障害者の「ノーマライゼーション・プログラム」にかなり近いものです。もちろん、すべての受刑者がこのようなプログラムで更生できるというものではありませんが、ある一定の条件を満たした者は当該プログラムの対象になりえるでしょう。この方法もまた世界的な流れであり、日本でも種々のモデル実験を試みる必要があると思います。これは「更生」の活動や事業などを刑務所の"堀の中"でなく、もっと開かれた社会の中で展開しようとする、つまり「更生の社会化」ともいえる概念です。

　近いうちに、この「更生の社会化」の波が日本にも急速に押し寄せてくることが予想されます。そのさい、日本の文化にあった新しいモデルを世界に提示するほどの気概をもって、受刑者と元受刑者の更生事業をより積極的にかつ効率的に展開することが求められます。

　最後に、玉城ゼミのメンバーの学生をはじめ、新渡戸カレッジのスタッフのみなさん、コラムを提供いただきました諸先輩、そしてその他の関係者のみなさんに深謝します。また、本ゼミの進行が可能になったのは、札幌刑務所と札幌刑務支所の関係者の絶大な支援のおかげであることも記しておきます。さらには本書が単行本として日の目を見ることができたのは「人間と歴史社」の佐々木久夫代表のご好意と、編集を担当された鯨井教子氏、井口明子氏のご尽力によっています。心から感謝いたします。

2018年4月

玉城英彦

編著者プロフィール

玉城英彦（たましろひでひこ）
1948年、沖縄県今帰仁村古宇利島生まれ。現在北海道大学名誉教授・客員教授、名桜大学共同研究員、台北医学大学客員教授、デラサル大学国際客員教授。北里大学・テキサス大学・旧国立公衆衛生院(現在国立保健医療科学院)卒。国立水俣病研究センター・世界保健機関（WHO）本部（在スイス・ジュネーブ）勤務後、北海道大学大学院医学研究科教授、米国ポートランド州立大学国際客員教授などを歴任、現在に至る。専門は疫学・グローバルヘルス。
著書：『恋島への手紙－古宇利島の想い出を辿って』（新星出版、2007年）、『世界へ翔ぶー国連職員をめざすあなたへ』（渓流社、2009年）、『社会が病気をつくる－持続可能な未来」のために』（角川学芸出版、2010年）、『ともに生きるためのエイズ－当事者と社会が克服していくために』（渓流社、2012年）、『「手洗い」の疫学－ゼンメルワイスの闘い』（人間と歴史社、2017年）、『新渡戸稲造　日本初の国際連盟職員』（渓流社、2017年）。
訳書：『疫学的原因論』（三一書房、1982年）、『疫学・臨床医学のための患者対照研究－研究計画の立案・実施・解析』（ソフトサイエンス社、1985年）など。
編著書：『グローバルリーダーを育てる北海道大学の挑戦』（玉城英彦・帰山雅秀・弭和順）、他多数。

藤谷和廣（ふじたにかずひろ）
1995年生まれ。東京都出身。
2014年3月城北高校卒業、2014年4月北海道大学法学部入学。2016年8月〜 2017年5月フランス・パリ政治学院に留学、2018年3月現在北海道大学法学部4年次在学中。

山下　渚（やましたなぎさ）
1995年生まれ。大阪府出身。
2014年3月私立桃山学院高等学校卒業、2014年4月北海道大学獣医学部入学。2018年3月現在北海道大学獣医学部4年次在学中。

紺野圭太（こんのけいた）
1971年生まれ。東京都出身。
2004年北海道大学大学院医学研究科社会医学専攻博士課程修了。2004〜2009年北海道立釧路保健所・帯広保健所を経て2009年より帯広刑務所医務課長。

刑務所には時計がない　大学生が見た日本の刑務所
2018年5月30日　初版第1刷発行

編著者	玉城英彦、藤谷和廣、山下 渚、紺野圭太
装　丁	植村伊音＋人間と歴史社制作室
発行者	佐々木久夫
発行所	株式会社 人間と歴史社
	東京都千代田区神田小川町2-6　〒101-0052
	電話　03-5282-7181（代）／FAX　03-5282-7180
	http://www.ningen-rekishi.co.jp
印刷所	株式会社 シナノ

Ⓒ Hidehiko Tamashiro, Kazuhiro Hujitani, Nagisa Yamashita and Keita Konno 2018
Printed in Japan
ISBN 978-4-89007-210-1　C0036

造本には十分注意しておりますが、乱丁・落丁の場合はお取り替え致します。本書の一部あるいは全部を無断で複写・複製することは、法律で認められた場合を除き、著作権の侵害となります。定価はカバーに表示してあります。視覚障害その他の理由で活字のままでこの本を利用出来ない人のために、営利を目的とする場合を除き「録音図書」「点字図書」「拡大写本」等の製作をすることを認めます。その際は著作権者、または、出版社まで御連絡ください。

シリーズ 死の臨床 全10巻

日本死の臨床研究会●編

【編集責任代表】大阪大学名誉教授・日本死の臨床研究会前世話人代表 **柏木哲夫**

我が国におけるホスピス・ターミナルケアの歴史を網羅

医学、心理学、哲学、思想、教育、宗教から現代の死を捉えた本邦唯一の叢書！
比類ない症例数と詳細な内容！

セット価格：62,640円（税込）
各巻定価：6,264円（税込）
各巻A5判上製函入

日本人はどう生き、どう死んでいったか

「本書は、全人的な医療を目指す医療従事者や死の教育に携わる人々の間で、繰り返し参照される感動的な記録として継承されていくだろう。
同時にこの大冊には、21世紀の医学創造のためのデータベースとすべき豊穣さがある」
　　　　……………作家・柳田邦男氏評